GABRIEL PRIOLLI

A SINTONIA DO SUCESSO

A FABULOSA PARCERIA DE
LUIZ CASALI E CARLOS COLESANTI
NO MUNDO DO RÁDIO E DA PUBLICIDADE

Noir

SCALE
FM FREQUENCY MODULATION 88
AM AMPLITUDE MODULATION 530
FM STEREO
AM/FM 2BAND STEREO CASSETTE RECORDER

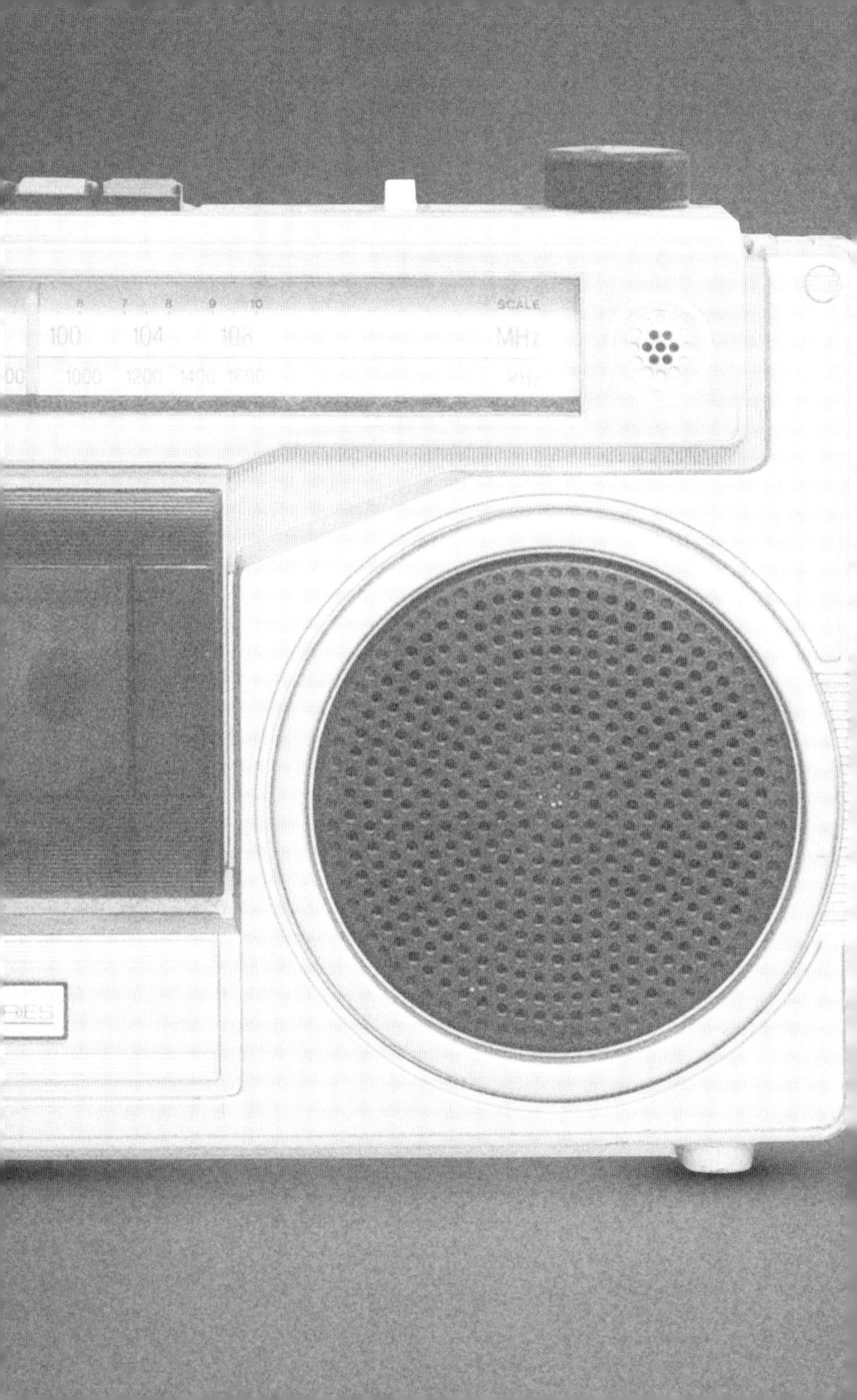
6 7 8 9 10 SCALE
100 104 108 MHz
1000 1200 1400 1600 kHz

A SINTONIA DO SUCESSO

A FABULOSA PARCERIA DE
LUIZ CASALI E CARLOS COLESANTI
NO MUNDO DO RÁDIO E DA PUBLICIDADE

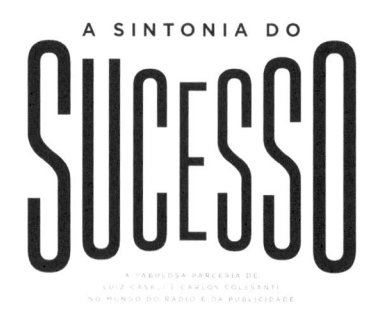

Edição: Gonçalo Junior
Projeto gráfico: André Hernandez
Foto de capa: Celia Saito
Sistema da foto de capa: Adriano Zagottis
Foto das páginas 2 e 3: Eric Nopanen/Unsplash,
Fotos de aberturas dos capítulos: Alexey Ruban/Unsplash
Produção Gráfica: Israel Carvalho
Impressão e acabamento: Leograf Gráfica Editora

Editora Noir
Praça da Sé, 21 cj 410
CEP 01001-000
São Paulo – Brasil

editoranoir.com.br
facebook.com/editoranoir
contato@editoranoir.com.br

© 2018 Editora Noir – Todos os direitos reservados
Permitida a reprodução parcial de texto ou de imagem,
desde que citados os nomes da obra e do autor.

N11

Dados Internacionais de Catalogação na Publicação (CIP)
Bibliotecária: Maria Isabel Schiavon Kinasz, CRB9 / 626

Priolli, Gabriel
C334   A sintonia do sucesso: a fabulosa parceria de Luiz Casali e Carlos Colesanti no mundo do rádio e da publicidade / Gabriel Priolli - 1.ed. – São Paulo: Editora Noir, 2018.
328p.: il.; 21cm

ISBN 978-85-93675-15-7

1. Rádio. 2. Publicidade. 3. Propaganda. 4. Música. 5. Casali, Luiz – Biografia. 6. Colesanti, Carlos – Biografia. I. Título.

CDD 923.8 (22.ed)
CDU 654.19

1ª impressão: outono de 2018

INTRO
DU

OÇÃO

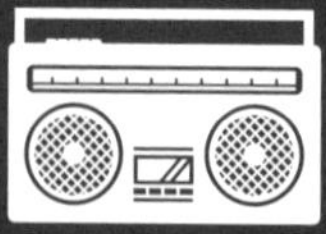

O QUE VOCÊ TEM EM MÃOS É UMA AUTOBIOGRAFIA. Pode parecer estranho designar assim um livro que conta a vida não de um, mas de dois sujeitos, e que foi escrito por um terceiro. Mas é exatamente disso que se trata. A história de dois amigos de infância e de sua convivência pessoal e profissional de mais de 60 anos, narrada a um jornalista que transpôs em texto, nas palavras deles, o que viram, experimentaram e guardaram na memória. Eles entraram com a bio, eu cuidei da grafia e o livro é o auto do processo.

Aqui se conta a trajetória de dois meninos de classe média paulistana, que se conheceram aos sete anos de idade no bairro de Vila Nova Conceição, converteram-se em unha e carne, sonharam empreender antes de experimentar as calças compridas, e começaram a realizar o seu sonho quando ainda pareciam usar as curtas. Enveredaram pela comercialização de publicidade no rádio, daí para um modelo de programação e gestão de emissoras, daí para as suas próprias antenas, daí para uma rede nacional de mais de 160 estações representadas. Fizeram acontecer a melhor fase de duas emissoras lendárias de São Paulo, a América AM e a Musical FM.

Como se fosse pouco, adentraram o mundo dos cartazes de rua e converteram-se em gigantes nele, expandindo horizontes até o mobiliário urbano, com a exploração de publicidade nos relógios de rua. Fizeram política classista em inúmeras instâncias e experimentaram uma intensa diversificação de atividades, dentro e fora do setor de comunicação, em parte exitosa, outra nem tanto. Sobretudo, compartilharam a vida como amigos inseparáveis, atravessando juntos as maiores conquistas e os mais terríveis infortúnios.

Luiz Casali e Carlos Colesanti são empresários bem-sucedidos e sua marca L&C brilhou nos mercados da radiodifusão e da publicidade exterior ao longo de três décadas. Eles viveram incontáveis aventuras no mundo dos negócios, quase todas lastreadas na força de mercado da L&C. Criadores e criatura se mesclam, inextrincavelmente, já nos três caracteres que compõem a marca.

Mas este livro não é uma história geral da L&C, no sentido de um painel multifacetado de histórias e visões. Ele apresenta o ponto de vista específico dos seus empreendedores, enriquecido por comentários de um grupo de amigos e colaboradores que participou da obra. No final de cada capítulo, o depoimento de um deles detalha ou acrescenta informações ao que Luiz e Carlão narraram.

A bibliografia sobre a radiodifusão brasileira, embora mais atenta à TV do que ao rádio, felizmente cresce ano a ano nos estudos acadêmicos e nos registros históricos. Mas ainda é carente de relatos autobiográficos, particularmente de empreendedores, em especial os do rádio. A importância deste tipo de narrativa está na proximidade, na materialidade objetiva que dá aos conceitos e processos descritos pelos teóricos.

A memória, bem sabemos, é seletiva e pode ser muito traiçoeira. Mas ainda que os depoimentos biográficos não possam contar exatamente como as coisas aconteceram, nem tudo que de fato se passou, eles têm o mérito insuperável de revelar o que as pessoas retêm da sua própria experiência, o que mais valorizam nela, e as lições que extraem daquilo que passaram e fizeram. Esta é a contribuição que *A Sintonia do Sucesso* pode dar.

O projeto começou quando Carlos Colesanti leu *O Campeão de Audiência*, a autobiografia de Walter Clark alinhavada por mim 1991 e reeditada em 2015. Carlão observou como foi contada a vida do ex-diretor geral da TV Globo, um personagem-chave na história da televisão brasileira, e julgou que era daquela forma que gostaria de ver escrita a sua própria história e a do parceiro Luiz Casali – os dois também personagens centrais, mas do rádio brasileiro e da publicidade, no último terço do Século XX. Luiz concordou com ele e a jornalista, hoje joalheira Isabella Blanco, sua mulher, se incumbiu de nos aproximar. O resultado aqui está.

    Cada linha foi escrita com o apoio profissional da jornalista e historiadora Marcia Maresti Lima, minha parceira de vida e de incursões editoriais. Como sempre, ela trabalhou na degravação e indexação de mais de 50 horas de depoimentos, tanto de Luiz e Carlão quanto dos entrevistados, a quem muito agradecemos pelo tempo e a atenção que nos deram. Marcia fez entrevistas, pesquisou informações, organizou os materiais coletados, indexou referências, fez observações sobre o texto. Além de cuidar de mim e me animar ao longo do trabalho, que foi tão fascinante quanto extenuante para nós dois.

    Sintonize, então, prezado leitor-ouvinte, a sua Rádio L&C Inovadora e viaje nas ondas da memória. Está entrando no ar *A Sintonia do Sucesso*. Uma reflexão sobre empreendimento e criatividade no mundo da mídia, na forma de um relato apaixonado de sonhos, projetos, ações, sucessos e fracassos. Que é também um testemunho comovente sobre o poder da amizade e a maravilha de uma convivência profissional fraterna e produtiva. Foi muito instrutivo e prazeroso fazer este livro, asseguro. Há de ser o mesmo para você, que agora vai ler e julgar.

Gabriel Priolli
Março de 2018

FLEC
LIG

HAS
EIRAS

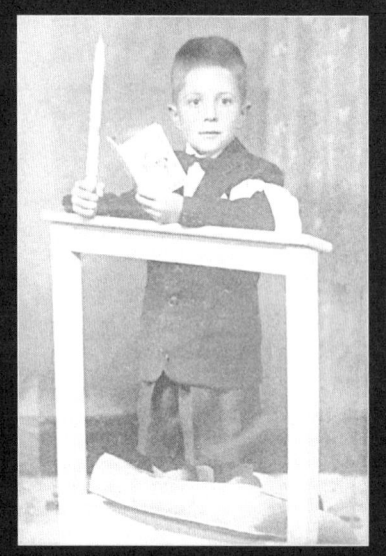

Primeira comunhão de dois diabinhos:
Luiz de catecismo e vela, Carlão com o amigo Daltro.

1

A Vila Nova Conceição, na São Paulo dos anos 1950, é um lugar encantador. A cidade cresce no ritmo frenético de uma nova onda de industrialização, desta vez com a mão de obra nacional substituindo a europeia nas fábricas e na construção civil. Chega gente de todo o Brasil, espigões surgem da noite para o dia, o ritmo de vida se acelera. Mas o bairro da Zona Sul da capital permanece como um oásis, uma clareira de bucolismo, ainda protegido da "selva de pedra" que já desborda da região central e avança na sua direção.

O que mais podem querer os garotos desse tempo, que mal conhecem a televisão e estão longe de saber o que é um videogame, senão morar em um bairro ainda repleto de chácaras e terrenos baldios, onde podem ser totalmente livres, andar soltos pela rua o dia inteiro e brincar em toda parte? Pois é exatamente isso que a Vila Nova Conceição, a vizinha Vila Uberabinha e as demais componentes do distrito de Moema oferecem à infância paulistana. Nada que um garoto de classe média do Século XXI consiga sequer imaginar.

Mas tudo que ele adoraria, se tivesse a chance de experimentar as delícias de um mundo menos virtual, menos embalado para consumo, mais aberto às inquietudes da imaginação infantil.

"Os primeiros registros da área são ainda dos anos de 1500, no tempo em que o Brasil era colônia", anota uma reportagem do jornal *O Estado de S. Paulo*. "Na zona alagadiça e cheia de mato, viviam os índios tupiniquins chefiados por Caiubi. Dizem que, mais adiante, o primeiro engenho de ferro do Brasil seria criado naquele pedaço".

A mesma matéria observa que, no começo do século XX, eram muitas as chácaras de imigrantes europeus, em que havia o cultivo de frutas e legumes, e ainda pastos. "Uma certa fazenda Santa Maria seria loteada para que a Vila Nova Conceição fosse oficialmente fundada, em 1936. Nos anos de 1950, o bairro já era um refúgio de tranquilidade, muito arborizado e com direito ao barulho dos riachos, que ainda não tinham sido enterrados para que fossem rasgadas grandes avenidas".[1]

Uma fazenda recentemente loteada... Árvores para escalar... Riachos para chapinhar... Chácaras abarrotadas de frutas, para pular a cerca e pegar... Melhor que isso, só se ainda houvesse a aldeia tupiniquim e Caiubi deixasse os livros de História para comandar pessoalmente as brincadeiras de índio da criançada. Caso o milagre acontecesse, Cauibi seria provavelmente o único adulto entre os pequenos, que passam os dias soltos, sem os pais por perto, muito menos babás, vigias, seguranças, monitores, instrutores – todos esses serviçais que, no futuro, estarão à disposição da classe média, mas que, por ora, servem exclusivamente aos muito ricos, nenhum deles na Vila Nova Conceição.

Nesse lugar e nesse tempo tão especiais de São Paulo, tão mais humanos e acolhedores que os vindouros, muitas amizades de infância estão brotando e vão perdurar. Mas talvez nenhuma outra consiga florescer e frutificar como uma delas. Amizade única, capaz de manter dois sujeitos de personalidades diferentes unidos como irmãos siameses, por mais de 60 anos, desde o dia em que se conheceram. Unidos pelo afeto e também no objetivo de conquistar o mundo juntos e deixar a sua marca nele, o que efetivamente farão, mais rápido que a maioria de seus contemporâneos.

A primeira metade dessa dupla em breve inseparável é Carlos. Na certidão de nascimento, Carlos Alberto Colesanti, vindo ao mundo em 3 de abril de 1945. Sete anos depois, em 1952, ele já é um menino compridão para a idade, que mora com a família na Rua Natividade, 164, quase na divisa das vilas Nova Conceição e

Uberabinha. É o primogênito do casal Maria Rodrigues Colesanti e Orlando Felix Colesanti, que também tem uma filha um pouco mais nova, Vera Lúcia. Com a família vive Luiza, a mãe de Maria.

Maria e Orlando trabalham demais, mal têm tempo para os filhos. Ela é enfermeira da Caixa Econômica Federal e passa os dias enfurnada no serviço médico da agência central, na Praça da Sé. Ele é propagandista de laboratório e, ao contrário da mulher, tem um cotidiano movimentado, visitando consultórios médicos e clínicas para divulgar as novidades em remédios. Ambos saem cedo e voltam apenas à noite. As crianças têm mais contato diário com a Vó Luiza, que cuida delas para ajudar o casal.

O pouco contato e as diferenças de temperamento distanciam Carlos da mãe, com quem ele nunca terá uma relação muito próxima. Maria é uma mulher de saúde frágil, irritadiça, que trabalha demais e não percebe o quanto isso esfria o seu relacionamento com o filho. Já Orlando, mesmo com pouco tempo disponível, tem uma convivência bem mais calorosa com Carlos. É a principal influência na formação do menino, especialmente no padrão moral.

Orlando é um "Caxias", de honestidade e rigor a toda prova, e transmite esses valores para os genes do herdeiro mais velho. Mas é um homem de mentalidade aberta, moderna, dos raros que permitem aos filhos tratá-lo por "você", nesses tempos em que chamar o pai de "senhor", beijar-lhe a mão e pedir a sua benção é o comportamento padrão da criançada.

O convívio familiar mais amplo, aquele que envolve o contato também com tios e primos, Carlos experimenta fora de São Paulo. Seu pai é o décimo filho do italiano Januário Colesanti, padeiro em Rincão, cidade vizinha de Araraquara, e é lá que o neto paulistano passa as férias escolares. Todo ano, devidamente munido de uma autorização do Juizado de Menores para viajar sozinho e embarcado por Orlando na Estação da Luz, Carlos pega o trem da Companhia Paulista e faz o trajeto de cinco horas até Rincão. Faz a sua viagem às raízes, aos afetos familiares e à vida no campo, ainda mais bucólica e calma do que a da Vila Nova Conceição.

A família Colesanti inteira vive da padaria, a única de Rincão no início dos anos de 1950. Além de uma infinidade de primos, são nove tios à disposição de Carlos, todos adoráveis e adorados por ele.

O Tio César já é o padeiro principal, para sossego de Januário, e Carlos maravilha-se em vê-lo trabalhar naquele maquinário todo, batendo e cortando a massa, a esteira passando repleta de bisnagas, pãezinhos e doces. Já o Tio Luis, alfaiate de profissão, é o tipo engraçado da família, aquele que conta as piadas sacanas e faz a alegria da molecada. Também adora pescar, o que desperta o mesmo gosto no sobrinho. Em um dia comum de suas férias, Carlos amarra a vara de pesca na bicicleta, vai à procura de uma boa margem de riacho, e passa a tarde por lá, dando banho nas minhocas.

Mas o menino tem mais afinidade com Tio Pascoal. É na casa dele, onde vivem também Tia Mariazinha e os primos Cecivaldo, Marilena e Januarinho, que Carlos fica hospedado. Januário deveria ser o anfitrião natural para o neto que vinha da capital, mas é um homem austero, durão, e Carlos prefere companhia mais leve dos tios, que lhe dão mais liberdade para curtir a vida de moleque com toda a intensidade.

Só muito mais tarde, quando já tiver a idade do avô, ele terá a exata dimensão do rigor moral de Januário. Descobrirá que Pascoal e Mariazinha não eram formalmente casados e viveram juntos por alguns anos, sem que o velho padeiro soubesse, mesmo morando numa aldeia como Rincão. O neto Cecivaldo ia sempre à padaria, acompanhado de uma empregada, e o avô brincava com ele, encantado, sem saber do laço de sangue. Só quando a união já estava totalmente consolidada é que Pascoal teve coragem de contar a verdade ao pai. O velho italiano, com o coração já amolecido, perdoou o deslize e abençoou a relação.

Fora das férias, quando está em São Paulo, Carlos estuda no Grupo Escolar Martim Francisco, ali na rua Domingos Fernandes. Sua rotina é escola pela manhã e o resto do tempo, brincadeiras. O melhor amigo é Daltro, que, décadas mais tarde, será o engenheiro mecânico-industrial Daltro Henrique Pellegrini Brissac. Daltro é um garoto tão criativo quanto ele, ótimo companheiro para inventar brinquedos. Os dois gostam de serrar, martelar, pregar e fazem bom uso das ferramentas de marcenaria de Orlando. Constroem trenzinhos, carros, foguetes. Divertem-se mais com a imaginação do que com brinquedos prontos, não exatamente abundantes para garotos como eles, da classe média baixa.

Enquanto exercita a criatividade com o Daltro, Carlos ainda não conhece a outra metade da dupla que logo formará para a vida toda. Ela mora a apenas 280 metros de sua casa, na rua Quiçaba, 90, trajeto para menos de 5 minutos de caminhada. Mas Carlos ainda não sabe da sua existência. É um garoto da sua idade, cinco meses mais novo. Oficialmente, no registro civil, é Luiz Arnaldo Casali, nascido em 10 de setembro de 1945, filho de Clorinda e Tulio Casali. Mas, aos 7 anos, ainda é tão somente Luizinho, um menino miúdo, inquieto, criado em um lar repleto de gente e de uma afetividade bem expansiva, típica da Calábria, a região italiana de onde a família provém.

Luizinho tem três irmãos: Carlos Alberto, Maria Bernardete e Maria Lúcia. É o neto primogênito dos avós maternos, Antonieta e Antonio Rosati. O casal gerou seis filhos, que, em média, procriaram duas ou três vezes. São quase vinte primos, portanto, que se encontram aos domingos na casa dos *nonni*, ali no bairro vizinho do Itaim-Bibi. Uma casa ampla, com quintal e galinheiro, onde há espaço para acomodar os barris de vinho do Vô Antonio e os de azeite da Vó Antonieta, itens domésticos quase obrigatórios das famílias ítalo-paulistanas desse tempo.

Ver a avó correndo atrás das galinhas, com sua técnica apurada de torcer pescoços e depenar a vítima escolhida para acompanhar o macarrão do almoço, é uma cena comum para os olhos de Luizinho. Assim como ver o avô encher a jarra de vinho para levá-la à mesa e bebericar o seu tinto calmamente, na santa paz de Bacco, enquanto a balbúrdia e o alarido da italianada se instauram ao redor dele. Impensável para o menino é imaginar, naqueles dias, que a Rua Tapera, onde vivem os Rosati, ganhará mais tarde o pomposo nome de Bandeira Paulista, e que a sua casa modesta e todas as outras serão derrubadas, para abrir espaço aos prédios de alto padrão.

Com o tempo, é a residência dos Casali na Vila Nova Conceição que se converte no epicentro do convívio familiar. Tanto pelas características do imóvel, amplo como o do Itaim, quanto do casal proprietário, caloroso e gregário como os Rosati. Receber a parentada aos domingos é o seu momento de lazer em um cotidiano muito duro, de trabalho intenso, que começa bem cedo e vara as madrugadas. Esse é o exemplo que Clorinda e Túlio dão a Luizinho e seus irmãos desde sempre: o de que a vida é luta, muita luta, para ser vencida com trabalho e mais trabalho, mas também com amor, solidariedade, alegria e festa. Argentino nascido na Boca, em Buenos Aires, Túlio é mecânico de profissão. É o próprio baixinho invocado: pequeno, magro, nervoso, comprador de encrenca. Um galinho garnizé de briga, na definição que o filho lhe dará décadas mais tarde. Apesar do gênio forte, é um sujeito muito querido nos lugares onde trabalha e vai avançando. De mecânico passa a motorista, depois abre a própria oficina. O que o atrapalha é a saúde, precária. Ele chega a se internar por um tempo no famoso sanatorinho de Campos do Jordão, hospital de destino dos pulmões aflitos do Brasil, para se tratar de um princípio de tuberculose.

A combinação de saúde frágil com o gênio explosivo complica a vida profissional de Túlio, nesses anos da infância de Luizinho. Produz muita instabilidade nos ganhos, gera incertezas. Quem garante a estrutura familiar e a sustentação financeira é Clorinda, com uma oficina doméstica de costura que faz dela modista reputada na grã-finagem do Jardim Paulista e adjacências. As matriarcas, as jovens senhoras, as mocinhas brejeiras, todas chegam à rua Quiçaba com uma foto da revista *Burda*, ou de outro título da moda, e só precisam mostrá-la a Clorinda. Em poucos dias, estão exibindo a réplica exata daquele vestido nos salões da Paulicéia endinheirada, vaidosas e seguras da elegância do traje como se o tivessem comprado numa loja de Paris.

Clorinda trabalha febrilmente, dia e noite cortando moldes, costurando, pregando, chuleando. Trabalha sempre contra o relógio, com prazos de entrega inflexíveis – um casamento, uma formatura, a festa imperdível do próximo sábado. Para vencer a correria, vale-se de uma marca muito popular de metanfetamina, o *Pervitin*, ainda de livre comércio naquele tempo, e quem vai à farmácia buscar as pílulas da mamãe é o Luizinho. Uns comprimidos goela abaixo e lá está Clorinda entre panos e tesouras, ligada, frenética, costurando noite adentro para cumprir o compromisso com as suas clientes.

Perfeccionista, porém, Clorinda não consegue ter auxiliar. Faz tudo sozinha e trabalha, trabalha, trabalha. Esfola-se em ritmo de deixar os outros cansados só de olhar. Tem todas as razões para se estressar e todo direito de reclamar da vida, mas ninguém ouve uma queixa da sua boca. Ela mereceu do Criador a dádiva de um temperamento ameno, conciliador, positivo, que equilibra bem a personalidade difícil do marido. A casa e a família giram em torno dela, e o seu exemplo educa os meninos a enfrentarem as dificuldades com coragem e determinação.

Os meninos, aliás, são quatro, mas estão prestes a serem cinco. Não por conta de uma gravidez tardia de Clorinda, mas de um moleque da vizinhança que acaba de entrar pela sua porta, para se tornar praticamente um novo membro da família. Através de Daltro, amigo comum, o Carlos dos Colesanti finalmente conhece o Luizinho dos Casali. Os dois ficam amigos instantâneos e nunca mais vão se separar. Clorinda ganha um quase filho de criação. Para não haver confusões com o seu próprio Carlos Alberto, o residente homônimo da casa, o compridinho recém-chegado é logo "rebatizado" de Carlão. É a primeira mudança superlativa em sua vida, das muitas que ele experimentará nas décadas seguintes.

Agora, a Vila Nova Conceição tem um trio parada dura solto pelas ruas. Três meninos campeões da traquinagem, gastando a vitalidade infantil em turno integral. Na adolescência, Daltro não terá muita convivência com os amigos, porque a família mudará para a Vila Olímpia e os contatos irão se espaçar. Mas, nessa doce infância que vivem, são próximos o bastante para se divertirem muito e aprontarem o bocado que se espera de garotos sadios, inteligentes e incansáveis como eles.

Nos baixios do bairro, por onde a Avenida Hélio Pellegrino fará o seu trajeto no futuro, ainda corre a céu aberto o Córrego Uberabinha, sem canalização. É apenas um riacho, já não mais limpo, porque as indústrias que se instalam aos poucos na região seguem a prática ambiental clássica dos paulistanos, de descartar o lixo no curso d'água mais próximo. Uma delas fabrica seringas, tubos de ensaio, pipetas e assemelhados, para uso em laboratórios, e lança os resíduos no córrego. É nessa verdadeira mina de vidro, puro ouro para invenções infantis, que Carlão, Daltro e Luizinho vão garimpar.

Os meninos se entusiasmam tanto com os materiais que coletam no Uberabinha, nos fundos da fábrica, que Orlando monta um lugarzinho no quintal dos Colesanti para eles acomodarem o seu "laboratório". Empreendimento , diga-se, que ostenta a precursora das diversas marcas comerciais que seus "diretores" criarão quando forem adultos, em suas aventuras pelo mundo profissional. É o avançadíssimo Laboratório Cadalu – acrônimo formado pela primeira sigla do nome de cada um dos seus químicos responsáveis. Responsáveis? Não exatamente. Além das alquimias inconsequentes, aquelas poções que resultam no máximo em mau cheiro e um novo tom de cinza, os três pestinhas também se esforçam para obter produtos mais... fulgurantes, por assim dizer. Caso de uma bomba incendiária que eles se atrevem a fazer, misturando inseticida com querosene. O petardo funciona muito bem, mas, no endereço errado, porque é atirado no terreno vizinho ao lar dos Colesanti e toca um fogaréu no mato. Carlão gasta muita água pendurado em cima do muro, mangueira na mão, para apagar os traços dessa travessura química.

  O Córrego Uberabinha é pródigo em oferendas para meninos que caminham em suas margens, em busca de novas emoções. Na esquina da Avenida Santo Amaro, está instalada uma cutelaria, que também descarta no riacho o seu lixo industrial. O que mais interessa a Carlão, Luizinho e Daltro são as pontas de canivete, as belas lâminas de metal que reluzem em seu arsenal de armas infantis. Eles fazem arcos e flechas caprichadíssimos, com técnicas apuradas para aquecer e curvar a madeira, revestir a peça com um cordame, decorar com penas de pássaros e outros detalhes.

  As lâminas são colocadas na extremidade das setas, para desespero dos gatos que têm o azar de atravessar o caminho dos pequenos arqueiros. Gatos e outras vítimas, na verdade. Por exemplo, balões. Por alguma razão que a memória apagará, os moleques não gostam muito dos vizinhos dos fundos da casa de Carlão. Em determinado Dia de São João, esses vizinhos fazem uma festa no terreno baldio ao lado, que é o espaço perfeito para essa finalidade. Mas só quando não está em chamas, evidentemente, incinerado por certas bombas incendiárias...

  Os convivas, divertem-se entre o quentão e os pinhões, quando chega a hora de soltar os balões-galinha, os chinesinhos e outros expoentes do balonismo de celebração junina. Aí, quem se diverte mesmo é a dupla dinâmica de artilheiros mirins, desfalcada do terceiro mosqueteiro nesse dia. Sobe o primeiro balão e zás! Uma flecha abre um buraco nele. Sobe o segundo, zás de novo! Outra flecha rasga o papel de seda.

Carlão e Luizinho, escondidos atrás de um pé de mamona, formam a bateria antiaérea de combate à festa alheia. Põem abaixo o esquadrão de balões dos vizinhos e morrem de rir com a molecagem. Sorte deles que não são apanhados, porque o estraga-prazeres de seu tiro ao alvo é digno de punição severa, tipo atravessar descalço o braseiro da fogueira, sem fé em Deus que mantenha os pés a salvo. A imaginação dos garotos é tanta que vai além do universo das brincadeiras infantis. e eles passam a se interessar por teatro. Quem envereda primeiro pelo caminho dos palcos é Luisinho, lá pelos 10 anos de idade. Túlio Casali é muito católico, a família frequenta uma igreja do Itaim e é ali que seu rebento participa de seu primeiro grupo de teatro. Mas, nada de interpretar o sol, uma florzinha ou um mimoso bichinho, nas festas da paróquia. Logo Luiz vai estrear no papel que celebrizou 11 em cada 10 atores brasileiros, antes de sonharem com o Hamlet de Shakespeare, ou a novela das 9 da TV Globo: *Pluft, o Fantasminha*, campeão de audiência no teatro infantil. A peça de Maria Clara Machado foi lançada em 1955 e, pelo jeito, conquistou o público-alvo desde o primeiro "buuuu".

Mais tarde, Carlão também adentrará o proscênio. Será ator iniciante nas montagens da Associação Cristã de Moços, assim como um certo Osmar Prado, que depois se profissionaliza e chega ao estrelato. Junto com Luizinho, Carlão terá uma carreira de sucesso no teatro amador paulista. Mas, por ora, sua paixão maior é o rádio e ele evidentemente não sabe, nem pode desconfiar, que a mídia mais popular da época será o centro de suas atividades no futuro. Por enquanto, o rádio é apenas a melhor diversão gratuita que ele pode obter, com um mero girar de botão e um par de ouvidos atentos.

Carlão é um radiouvinte fanático, na sua pouca idade. Ouve rádio o dia todo e sua preferência são novelas e seriados, particularmente os da Rádio São Paulo, emissora poderosa nesses anos de 1950. Gosta do *Grande Teatro Manuel Durães*, escuta o *Festa na Roça*, vibra com *Lampião, o Rei do Sertão*. Mas a curiosidade do garoto não se contém nos limites municipais. Precisa explorar o mundo inteiro, de alguma forma. Orlando ganha um aparelho de rádio enorme numa rifa e Carlão o confisca para a cabeceira de sua cama. Passa as noites surfando nas ondas curtas, com atenção a tudo que se diz ou se canta. É tão fanático pela coisa, tão empenhado em obter uma boa sintonia para suas investigações sonoras, que estica um fio de cobre do telhado de casa até o seu quarto, para fazer uma antena que permita captar emissoras até da Argentina.

No lar dos Casali, ali perto, o rádio também fica ligado direto. É a companhia de Clorinda nas horas de costura, que, como já se viu, são muitas e muitas, nos dias e nas noites. Casa modesta, Luizinho dorme em beliche montado no cômodo em que a mãe trabalha. Adormece e desperta entre vozes, acordes e estáticas. Assim como Carlão, ele é fã da Rádio São Paulo e um fã bastante participativo. Tanto que é até premiado por isso.

O programa de Nelson de Oliveira na Rádio São Paulo é do tipo interativo. Estimula os ouvintes a exercitarem os seus dotes artísticos e distribui prêmios aos que se saem melhor. Certo dia, Luizinho está na casa da Vó Antonieta e o desafio é contar uma piada. Confiante da sua proficiência na modalidade, o garoto pega o telefone e encara tarefa de ligar para a rádio, pelo tempo que precisar para vencer o habitual congestionamento do tráfego telefônico. Liga uma, duas, dez, muitas vezes, até que alguém atende e o coloca no ar, ao vivo. A piada?

Um português estava caminhando pela praia e, de repente, acha um relógio. Ele pega, põe no ouvido e ouve o tic-tac, tic-tac. Imediatamente, joga o relógio no mar. Ô raios, esse ainda está vivo!

Sim, claro, é humor infantil. Ainda bastante desajeitado. Mas Nelson de Oliveira gosta da piada e ri do jeito de Luizinho contá-la. Manda que ele passe na emissora para pegar o seu brinde. Décadas mais tarde, quando contar essa história, o premiado não lembrará mais que brinde foi esse, mesmo que a memória ainda registre o número do telefone dos avós: 80.5584. De qualquer forma, o verdadeiro prêmio que Luiz cobiça na Rádio São Paulo é uma colocação como radioator infantil. Só que esse, ele não ganha. Algum tempo depois da piada ao telefone, ele vai ao estúdio da rádio, na Avenida Angélica, e faz um teste para integrar o *cast* de radioteatro. Mas é reprovado.

Quando se forma no Grupo Escolar Martim Francisco, o mesmo de Carlão, Luizinho ganha de presente da avó um rádio Spica, aparelho cobiçado nessa época. Agora ele já é pré-adolescente e ajuda a mãe no trabalho, fazendo as entregas das roupas que ela costura. Pendura o rádio no guidão da bicicleta, põe a caixa do vestido em cima dele e sai rodando pela Zona Sul paulistana. Se estiver chovendo, vai de rádio, caixa e ainda o guarda-chuva, testando habilidades de equilibrista em cima da bicicleta.

Além das entregas para a mãe, Luizinho carrega sacolas para donas de casa nas feiras, levantando um dinheirinho para os seus gastos. Vende pares de meias, que compra no atacado no centro. Ele e Carlão tentam trabalhar como engraxates, mas, aí, a atividade é julgada modesta demais pelos pais e ambos são proibidos de exercê-la. De toda forma, os Casali e os Colesanti podem ver que os seus meninos estão inquietos por começar no mundo do trabalho e sonham com grandes conquistas.

Melhorar de condição, ir além do que os pais conseguiram, fazer sucesso, ganhar dinheiro, tudo isso é, desde já, o objetivo comum da dupla. E a arrancada para alcançá-lo começará quando os dois completarem 13 anos de idade, em 1958. Nesse ano feliz, em que o Brasil levanta a sua primeira Copa do Mundo de futebol, eles festejam um grande marco: o primeiro emprego de suas vidas.

*A infância de Carlão: a família Colesanti reunida;
o Grupo Escolar Martim Francisco;
com os pais e a irmã e com os amigos na rua.*

O mundo de Luiz: brincando com os irmãos; com a avó Antonieta, em Aparecida do Norte; posando para o álbum da família e os pais, Clorinda e Túlio.

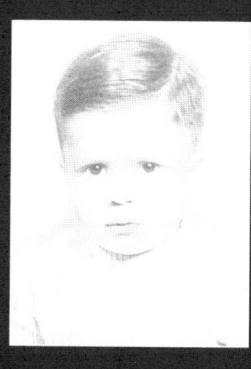

FOI UMA INFÂNCIA FELIZ, UMA ÉPOCA BOA

Eu morava na mesma rua que Carlão, a rua Natividade. Conheci e convivi com todos da família dele: a mãe, dona Maria; o pai, seu Orlando; Vera Lúcia, que era a irmã, e a avó, dona Luísa.

Carlão sempre foi muito criativo e inventava muitas coisas. Por exemplo: o laboratório de química, onde fazíamos substâncias e remédios milagrosos. Construímos também uma máquina para projeção de filmes. Era uma caixa de madeira com lâmpada e lentes de aumento. Conseguíamos projetar na parede ou numa tela as figuras que nós mesmos desenhávamos.

Fizemos arco e flecha com lâminas de canivetes que conseguíamos em descartes de uma fábrica próxima. Uma vez, quase acertamos um cachorro. Noutra, construímos um foguete para ir à Lua e quase incendiamos a casa do vizinho.

Uma especialidade de Luiz eram os teatrinhos de fantoches, que ele apresentava para a vizinhança. Naquela época, escutava-se rádio à noite, não eram todas as casas que tinham televisão. Esses espetáculos ao vivo e ao ar livre faziam parte das nossas brincadeiras.

Luiz foi um menino que, aos 12 anos, de calças curtas, tinha muitas responsabilidades. Ele ajudava a mãe na entrega das costuras, dos vestidos que ela fazia. Ia de ônibus ou de bicicleta, e era muito esperto para a idade dele, muito inteligente. Falava muito bem e se comunicava com grande facilidade. Andava pela cidade toda, conhecia tudo. Ao contrário de mim, porque o meu pai não me deixava sair sozinho muito além do bairro.

Aos 13 anos, eu mudei para outro bairro próximo, a Vila Olímpia. Aos 15, mudei novamente para a região de Santo Amaro, no Alto da Boa Vista. Nossos contatos diminuíram, mas continuaram por toda a vida. Minha mãe era cliente de dona Clorinda, então, eu sempre estive próximo.

Quem a ajudava nas costuras era dona Páscoa, irmã dela, casada com seu Zelão. Eu me lembro que tiveram um bebê, Selma, que ficava deitadinha ao lado da mãe. Pois o primeiro nome que essa criança falou foi o meu.

As nossas recordações são de uma infância feliz, de uma época muito boa das nossas vidas.

Daltro Brissac

Daltro Henrique Pelegrini Brissac carrega o título de Primeiro Amigo na infância de Carlão e Luiz. Se não na precedência, certamente na importância. A mudança de bairro, na adolescência, o afastou dos amigos, mas não os isolou completamente. Daltro cursou Engenharia Elétrica e sempre trabalhou em indústrias. Faleceu, aos 72 anos, poucos meses depois deste depoimento.

ENSA
DE

IOS
VIDA

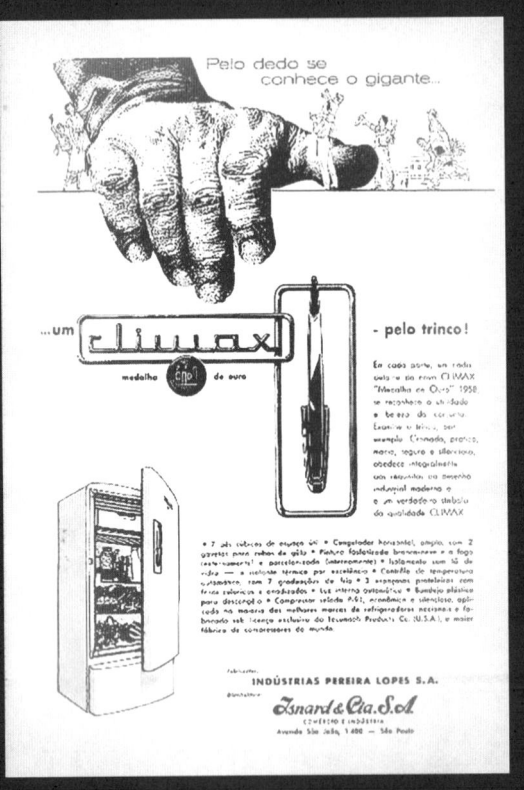

Reclame da geladeira Climax
à venda nas lojas Isnard.

2

No ano em que Luizinho e Carlão nasceram, o médico, empresário e político paulistano Ernesto Pereira Lopes expandia um de seus negócios. Para aproveitar os incentivos fiscais da Prefeitura de São Carlos, no interior do estado, a 240 quilômetros da capital, ele e os irmãos, seus sócios, transferiram para aquele município a produção da Indústria Pereira Lopes. A metalúrgica era ainda recente, de 1942, mas já fazia sucesso na fabricação de panelas e fogões, e buscava um novo espaço para ampliar as atividades.

Em São Carlos, a IPL daria o passo à frente que influiria no futuro da família Casali e afetaria também, por proximidade, o menino dos Colesanti. "Além daqueles produtos, a empresa passou a fabricar geladeiras em parceria com as Lojas Isnard, da Capital, produzindo a bem aceita marca Climax, principalmente em razão de custar metade daquela importada", conta uma biografia do empresário. "Basta ver que a produção, em 1951, somava 2.913 unidades, e passou a produzir e a vender 150.000 unidades em 1960".[2]

O volume de vendas demonstra o sucesso da marca junto aos consumidores, mas, também, o poder de mercado da Isnard, uma das grandes lojas varejistas de São Paulo na época, ao lado do Mappin,

Clipper, Mesbla, Sears e outras empresas semelhantes, anteriores ao surgimento dos shopping-centers. Pois é justamente nessa gigante do varejo que Túlio Casali vai trabalhar como mecânico, para dar manutenção à frota de veículos de serviço e de uso da diretoria. E é nela que, em 1958, ele cava para o filho o seu primeiro emprego formal. Aos 13 anos, Luiz é agora office-boy.

A Isnard é importante para o destino do garoto. Não apenas por inaugurar a sua carteira profissional, mas por definir a sua opção de carreira e colocá-lo na rota do sucesso e da fortuna. Depois de bater perna pela cidade, apoiando a área de vendas dos refrigeradores Climax, Luiz é transferido para o serviço interno e encarregado de cuidar do estoque de catálogos da marca.

Seu escritório é uma espécie de almoxarifado, abarrotado de material promocional. E esse é o seu primeiro contato com o mundo da publicidade, o universo que, daqui por diante, e para sempre, será o seu. Logo mais, também o de seu parceiro inseparável, Carlão.

Nesse momento, a Isnard é atendida pela Panam Propaganda e uma das funções do imberbe funcionário é montar e operar um projetor de cinema, no qual a agência exibe aos clientes os comerciais que ela produz. De rolo em rolo de filmes 16mm, de catálogo em catálogo, Luiz se converte em auxiliar do departamento de publicidade da loja.

Figura fácil por ali é o radialista Silvio Santos, então no início da carreira que o levaria a construir um poderoso grupo de empresas voltadas à comunicação e ao consumo popular. Ele é o titular do programa *O Peru que Fala,* na Rádio Nacional, e tem uma permuta de publicidade com a Isnard. Em troca de comerciais no programa, pega na loja os eletrodomésticos que sorteia aos ouvintes.

Luiz o vê por ali, mas só vai conhecê-lo pessoalmente anos depois. Por enquanto, é apenas um fã entusiasmado que, na hora do almoço, engole rápido um lanche e corre até os estúdios da rádio na Rua das Palmeiras, para assistir ao vivo, no auditório, a performance do ídolo.

Enquanto o amigo já enverada pela publicidade em seu trabalho inicial, mesmo em função pequena e periférica, Carlão estreia na vida profissional nesse mesmo ano de 1958 com uma atividade que se poderia chamar de cosmética, literalmente. Ele ganha o posto de recepcionista na Wella, a multinacional especializada em produtos para os cabelos. Várias horas por dia, atende gente no balcão ou ao telefone, um serviço para descabelar qualquer um, muito mais do que manter as melenas alinhadas. Por isso mesmo, dura pouco entre os shampoos e condicionadores. Logo mais, a exemplo de sua mãe, ele consegue ingressar na Caixa Econômica Federal, um emprego disputadíssimo na época, pela estabilidade e o prestígio que conferia aos funcionários. No banco público, Carlão também é office-boy, ou quase. É contratado como mensageiro, um office-boy que tem a favor de si a diferença de trabalhar apenas internamente, sem necessidade de desgastar-se na rua.

Na Caixa, Carlão tem contato com uma ferramenta que ainda pouquíssimas pessoas conhecem e que será essencial para o trabalho futuro, não só dele, mas de todos os humanos: o computador. Também referido como "cérebro eletrônico" nesses tempos iniciais da informática, o aparelho do banco é um monstrengo desmesurado da IBM, que ocupa quatro salas e processa informações contidas em cartões perfurados. É um sistema tosco, comparado aos que serão massificados a partir da década de 1990, mas já indiscutivelmente digital, porque exige todos os dedos da mão para pegar os maços de cartões e empunhar o espeto que os organiza na máquina, para o bestunto cibernético matutar.

Mensageiro efêmero, logo Carlão está alimentando o computador, em um ambiente refrigerado como o interior de uma Climax, vestido com roupa especial, gorro e luvas, como se ali fosse um hospital. Os saques e depósitos, os investimentos, os pagamentos, todo o movimento financeiro gerado nas agências da Caixa converge para a imensa máquina, onde é devidamente registrado e processado. O serviço de Carlão é conferir os formulários contínuos que o computador expele, apontando erros e fazendo pequenas correções. Este é o seu aprendizado na tarefa de interpretar um grande volume de dados, habilidade que lhe será de extrema utilidade mais à frente.

Nesses primeiros passos profissionais, Luiz e Carlão estão apenas acumulando conhecimentos e experiência. Não têm ambição de fazer carreira em empresa nenhuma, mas de empreender o próprio negócio, serem donos do seu tempo e das suas opções. Tanto é assim que, por volta de 1960, apenas dois anos depois de começarem a trabalhar, eles "montam" a sua primeira "empresa": a Eco Publicidade Ltda. As aspas se justificam perfeitamente. Os empreendedores são dois adolescentes espinhentos de 15 anos, sem dinheiro nem condição legal para abrir negócio em lugar nenhum. Por isso mesmo, toda a formalização e o patrimônio de sua presumida agência de propaganda resume-se a um cartão de visitas, que traz o endereço e o telefone da família Colesanti.

    Nas proximidades da Páscoa, os jovens candidatos a empresários têm uma ideia para alavancar a Eco. Nesse tempo, as padarias ainda não funcionam maciçamente como ponto de venda de produtos, não ostentam cartazes de publicidade nas paredes. É raro encontrar alguma assim e, quando ocorre, é só no centro de São Paulo, quase nunca nos bairros. Eis então que a dupla dinâmica bola um cartazete para impressão em *silkscreen*. O ilustrador da Isnard, Ildefonso Loureiro Pozo, desenha um coelhinho e ovos de Páscoa, eles põem uma mensagem de celebração da data e deixam espaço para incluir o nome da panificadora, desejando os melhores votos a seus distintos clientes.

    Pastinhas debaixo do braço, Luiz e Carlão percorrem padaria por padaria das redondezas da Vila Nova Conceição e adjacências. Estão certos de que vão encher as burras, de tanto vender cartazes. Mas ignoram que a Chocolates Pan, uma fabricante reputada de São Caetano do Sul , tem a mesma ideia publicitária para promover a sua marca nessa Páscoa. Também ela imprime belos cartazes, para os padeiros celebrarem a festa com os clientes, sob os seus interessados auspícios. Mas com uma diferença fundamental. "Por que eu vou 'pagarei' esta porra, se a Pan me dá de graça?", perguntam sucessivamente os portugas padeiros aos dois garotos perplexos, com uma lógica irretorquível.

    De fato, não há como vender algo que um concorrente muito maior e mais conceituado oferece gratuitamente. E é assim que, na falta de uma pesquisa do mercado e das iniciativas da concorrência, naufraga o primeiro empreendimento de Luiz e Carlão, depois de meia dúzia de vendas obtidas com muita lábia, a duras penas. O saldo não dá para comprar nem moedinhas de chocolate, muito menos acumular as de verdade.

    De volta ao batente com cartão de ponto e chefe para prestar contas, sina dos empregados, Luiz e Carlão adiam o sonho do negócio próprio. Mas, não se conformam em esquentar cadeira no negócio alheio. Farejam oportunidades, fazem bicos, buscam mais salário e melhores condições. Os dois ainda têm diferenças de foco profissional. Enquanto um avança no mercado publicitário, já claramente definido por realizar-se nele, o outro gira em torno da Caixa Econômica Federal e das portas que ela lhe abre.

Luiz não suporta o ambiente excessivamente católico da Isnard. A praxe na empresa é dizer "Salve Maria", toda vez que se bate na porta e se adentra a sala de uma pessoa. Mas o que reina por ali é muito mais a hipocrisia dos homens do que os bons ensinamentos do Senhor. E isso vai saturando o garoto. Com ajuda de um parente, e contra a vontade do pai, Luiz pede as contas e se muda para o Largo do Tesouro, ao lado da Bolsa de Valores. Vai trabalhar na Lloyd Propaganda, onde exercita a sua competência de bom datilógrafo no preenchimento das autorizações de publicidade que a empresa encaminha aos veículos de comunicação.

Esta é a sua primeira posição de poder. Ou do que parece poder. Ele atende os contatos de rádio, que vão à Lloyd vender a excelência de suas emissoras para as necessidades dos anunciantes e esperam sair de lá com uma autorização devidamente preenchida. A agência tem a conta do jipe Wyllys e da perua Rural Wyllys, utilitários de grande penetração no campo, e todas as rádios interioranas querem anunciá-los. Dessa forma, mesmo sendo ainda um garoto com cara de bebê, Luiz começa a achar que virou gente importante. É paparicado de todas as formas pelos contatos, tratado com a máxima reverência. Pagam almoços para ele, dão presentes. Tanto lhe oferecem cigarros, depois do tapinha no ombro, que ele cansa de recusar e torna-se fumante.

Mas todo poder é transitório e o de Luiz logo acaba. De surpresa, sem mais aquela, por motivos que não lembrará no futuro, ele é demitido da agência. A situação é delicada. Luiz corre o risco de retroceder, de deixar o mundo da comunicação que já o fascina. Mas, por sorte, ele tem um bom relacionamento com Alberto Guimarães, que é sócio e contato das rádios Atalaia do Paraná, em Londrina e Maringá. Isso lhe dá a chance de continuar na comercialização de publicidade – só que, agora, do outro lado do balcão. Guimarães o convida para trabalhar na sua empresa, como contato das rádios.

Na mudança de emprego, Luiz enxerga com toda a clareza as assimetrias no mercado publicitário, entre quem manda e quem obedece. Ou entre quem, de fato, reina – os anunciantes, as agências e os grandes veículos – e quem apenas vive para servir – os veículos pequenos e os fornecedores em geral. Ele experimenta a efemeridade de amizades que parecem muito sólidas, mas desaparecem tão logo os "amigos" ficam sabendo que ele não é mais aquele rapaz bacana da Lloyd, que compra espaços publicitários para grandes clientes, mas um vendedor igual a eles. Um pedinte, não mais um ofertante.

A rua Sete de Abril, entre a Praça da República e a rua Xavier de Toledo, concentra algumas agências de publicidade de São Paulo, nos anos de 1960. A multinacional McCann Erickson é, talvez, a principal delas, nesse momento. Fica no lendário prédio dos Diários Associados, no número 230, onde Assis Chateaubriand e Pietro Maria Bardi instalaram originalmente o Museu de Arte de São Paulo, em 1947, e de onde foi feita a primeira transmissão de televisão no Brasil, experimental, em maio de 1950. Do outro lado da rua, um bar reúne, no fim do dia, os profissionais que gravitam na órbita da grande agência e do mercado publicitário. É para lá que Luiz se dirige, para informar à praça que mudou de emprego e agora também é contato de veículo.

Ele está na porta do bar e, na outra calçada, passando em frente aos Diários Associados, vem um colega de atividade, também contato publicitário. É Edson Faixa Branca, um sujeito grandão que recebeu o apelido porque tem uma mecha bem nítida no cabelo. Um homem grande e também grande amigo, na crença ingênua do garoto, que grita para chamar a sua atenção.

– Edsoooonnn!!!!
– Ôôôôô, Luiz! – responde Faixa Branca, com o habitual sorriso.
– Tudo bem com você?
Luiz atravessa a rua, abraça o suposto amicíssimo e informa a novidade.
– Saí da Lloyd.
– Saiu?!? – espanta-se Edson.
– Em que agência você está agora?
– Em nenhuma, rebate Luiz.
– Agora estou trabalhando em veículo, na Rádio Atalaia de...
– Prazer em vê-lo... – encerra Edson, secamente, antes que ele continue. E segue em frente, sem querer ouvir qualquer detalhe da mudança de emprego.

Em segundos, Luiz entende que na publicidade, como em todos os setores profissionais, certas "amizades" são apenas as que unem os interesses às oportunidades. Ele descobre que quem tem amigos, na verdade, é a vaga que o sujeito ocupa, não ele mesmo, que nada vale quando deixa de ocupá-la. Luiz não pode fazer mais nada pelos contatos agora, tornou-se um deles, um concorrente. A lição de Faixa Branca lhe valerá para o resto da vida e o fará limitar a um pequeno grupo de amigos íntimos as suas relações sociais no meio publicitário.

A propósito, o amigo mais íntimo ainda está distante da publicidade nesse momento. Carlão segue a vida no maravilhoso mundo dos bancos estatais, invejado pela boa posição que conquistou tão cedo, embora o salário não seja de entusiasmar ninguém. Para melhorar os rendimentos, ele arranja uns bicos no próprio sistema de empresas da Caixa. Trabalha sucessivamente na área de loterias e depois na Sasse, a seguradora do banco.

Dá um duro danado, das 7:00 às 18:30, e ainda pega na escola até as 23h. Exceto pelo sonho compartilhado do negócio próprio e a fugaz experiência da Eco Propaganda, nada indica, por enquanto, que Carlão e Luiz construirão um futuro comum como publicitários.

Juntos eles já estão em outra atividade, que é trabalho, mas, não dá dinheiro. E, que é prazer, mas também ensinamento: o teatro. Depois das peripécias do fantasminha Pluft e outras incursões na cena infantil, em pecinhas encenadas em casa, na escola, na igreja ou na Associação Cristã de Moços, que Carlão frequentava, agora eles levam o palco muito a sério e são jovens atores amadores, com talento também para direção. Carlão é ainda mais, um empenhado candidato a dramaturgo, autor de esquetes e de peças inteiras. Na arte teatral, eles vão aprimorar habilidades que serão muito úteis à frente, quando a desinibição, a boa conversa e a interação com o público forem insumos necessários ao seu trabalho.

Desde o tempo da Isnard, Luiz exercita sua paixão pelo teatro nas encenações que acontecem nas festas de final de ano. Ainda não há a tradição do "amigo secreto" nessas festas, para sorte de todos, e o garoto do departamento de publicidade aproveita para se mostrar como um amigo explícito e entusiasmado das artes cênicas. O que fazia também em casa, com o parceiro Carlão, igualmente nas celebrações natalinas, que reuniam a parentada toda e uma infinidade de convidados. Casalis e amigos formam uma enorme plateia, convenientemente simpática e indulgente. Portanto, bem estimulante para o desenvolvimento artístico dos garotos.

Em determinado reveillon, para entreter os convivas, Carlão escolhe a peça *Morrer Para Ter Dinheiro*, escrita pelo português Pedro Carlos de Alcântara Chaves, em 1855. É uma comédia mirabolante em torno da disputa de uma fortuna, com uma herdeira angelical, um pai espertalhão, seus inquilinos caloteiros e até um casamento de defunto, além de uma profusão de nomes hilariantes: Roberval Finório, Piedade Maviosa, Felizardo Batoteiro, Elvira Sovina.

A peça é simples de encenar, não exige cenário, apenas algumas cadeiras. No grande quintal dos Casali, Luiz e Carlão montam um teatro de arena, com tablado e o público sentado em volta, juntam um grupo de amigos também apaixonados pelo palco – Serafim Abrantes, Nelson de Jesus Ferreira, Antonio Altobello Neto (chamado "Lacerda", porque fala muito como o político carioca) – e fazem um sucesso danado, devidamente atestado pelos altos decibéis das gargalhadas.

O interesse dos garotos pelo teatro tem motivação pessoal, certamente. Mas, também, acompanha o espírito do tempo e responde aos estímulos do ambiente cultural que os cerca. O teatro é uma arte muito difundida pelo rádio, o que lhe dá um alcance de massa, porém, particularmente cultuada pela televisão, ainda uma mídia recente, de acesso mais caro, focada no gosto da elite e da classe média mais educada.

As três emissoras existentes na cidade de São Paulo – Tupi, Record e Paulista – oferecem peças de todos os tipos, de todas as procedências, para todos os públicos. São os chamados teleteatros. Carlão e Luiz acompanham o *Teatro para a Juventude*, de Julio Gouveia, assim como o *TV de Vanguarda* e o *TV de Comédia*, todos eles programas seminais da teledramaturgia brasileira. E, como muitos jovens da época, entusiasmam-se em participar das artes do palco.

Em março de 1963, Luiz e Carlão já têm o seu próprio grupo teatral. Na ata de fundação da CATE - Companhia Amadora de Teatro Estudantil, eles aparecem como os diretores, junto com o amigo Nelson Ferreira. O irmão de Luiz, Carlos Alberto, está no elenco e é contraremregra. Também atores são os amigos Daltro, Raul, Flávio, Áurea e Ivany.

E o repertório é original: esquetes humorísticos e peças curtas escritas por eles mesmos. No embalo da teledramaturgia que todos cultuam, não estranha que uma de suas primeiras encenações seja inspirada no humorístico *Praça da Alegria* e leve o nome de *TV Tantã*. É montada no Teatro João Caetano, em Santo Amaro, com um cenário que reproduz um estúdio de televisão. O humor é ingênuo, como demonstra bem este *sketch*:

Locutor
Uisque-zito anuncia a próxima atração, *Calouros de Passagem!*

Locutora
Permaneça em sintonia com a sua *TV Tantã*, Canal 12!

Locutora
Para mim, para ela e para você, água de colônia CC!

Locutor
A fábrica de martelos Irmãos Marreta lança na praça a sua mais recente novidade no ramo: martelo de borracha, especial para não machucar a cabeça do prego!

Locutor
A Agência Funerária Boa Viagem abre seu crédito instantaneamente, sem fiador. Pense no futuro pensando bem – e compre já o seu caixão!

Locutora
Senhoras e Senhores, passamos a apresentar *Calouros de Passagem*

(Sobe a música)

Locutor
E para abrilhantar o nosso programa, chamamos o mestre de cerimônias Tretorino Obscuro.

Mestre de Cerimônias
Boa noite, senhoras e senhores tel-espectadores! Cá estamos novamente para apresentar-lhes *Calouros de Passagem*, hoje chegando ao final de tão longa e gloriosa jornada! Trazendo os dois finalistas, dos quais o bencedoire será premiado com uma viagem a Lisboa, gentilmente oferecida pela Panificadora Camões, de Antonio Maria da Graça, um português de confiança![3]

Esse humor "brejeiro", para defini-lo com um adjetivo da época, pode dar a ideia de que os membros da CATE não ultrapassam os limites da inconsequência adolescente, em suas aventuras dramatúrgicas. Que são apenas um grupo de garotos interessados em rir muito, se divertir ao máximo com bobagens e ligeirezas, sem maiores pretensões artísticas em seus espetáculos, muito menos ambições profissionais. Isso talvez valha para alguns deles, mas de modo algum para Luiz e Carlão. Um já tentara a carreira de rádioator ainda menino, como visto. E o outro, um adolescente fascinado pelas artes do palco e meticuloso no seu estudo, será tentado a atuar na TV.

Depois da fase ginasiana da CATE, Carlão aprimora consideravelmente a sua escrita de dramaturgo quando faz, à noite, o curso clássico, no Instituto de Educação Professor Alberto Conte, uma das joias do ensino público paulistano. Desde 1958, o colégio de Santo Amaro é um dos precursores do ensino vocacional do Brasil, que procura detectar aptidões dos alunos nas séries iniciais de sua aprendizagem e ajudá-los a definir a sua vocação profissional, para orientá-los na continuidade dos estudos.

Além das "classes experimentais" que oferece, orientadas pela avançada pedagogia francesa, inglesa e do norte-americano John Dewey, o Alberto Conte é uma usina de produção cultural, com atividades e eventos constantes, que os estudantes adoram a ponto de passar os sábados e os domingos enfurnados na escola, onde já vão na semana inteira.

Em algum momento desses anos, Carlão estuda a história greco-romana e propõe ao professor da disciplina que seja avaliado por um texto teatral e não uma dissertação corriqueira. Meio na brincadeira, aposta com o mestre que vai entregar uma peça completa, que analise os problemas da época, os anos de 1960, a partir da mitologia. E encara o desafio, para produzir *A Assembleia dos Deuses*, um exercício dramatúrgico infinitamente mais sério e complexo do que qualquer esquete da *TV Tantã*. O esforço lhe rende ótima nota e a peça é devidamente encenada pelo ATAC - Agrupamento Teatral Alberto Conte. Diz a cópia mimeografada ainda existente que a cena "desenrola-se numa boate onde os deuses do Olimpo se reúnem, na época atual".

O primeiro ato se abre com um garçom limpando o balcão do bar, quando entra Júpiter, senta-se na ponta da mesa com a cabeça entre os braços, cansado e desanimado, e nota a presença do público, na platéia. Então ele fala, com a palavras de Carlão:

Oh! Desculpem-me, meus filhos. Mas não reparei que vocês todos estavam aí. Vieram para assistir a nossa assembléia? Possivelmente. Eu sou Zeus. Talvez conheçam-me por outro nome... Júpiter *(inflamando-se aos poucos)*, o senhor supremo, o rei do Olimpo, o senhor do mundo, o pai comum de todos os homens e dos deuses.

(Com expressão de desprezo) Vocês, mortais, nem existiam, mas por todos os deuses, é verdade!... *(Bastante inflamado)* O céu, a terra, tudo estava submetido ao meu cetro e desde o mais rasteiro fio de erva até a água rapace, tudo dependia de um movimento da minha cabeça. Eu era chefe do mais fabuloso exército, o das nuvens, e manifestava no céu radioso ou tempestuoso minha grandeza benéfica... ou terrível.
(...)

Ah! Mas os tempos mudaram... *(rindo-se)* ... Primeiro o avião, depois a bomba atômica e agora os malditos foguetes, que em todos os instantes tentam invadir os meus domínios...
(...)

Em nossa última assembléia, isso já passados dois anos, no Olimpo, decidimos, eu e todos os deuses, nos espalharmos pelo mundo na esperança de virmos a nos humanizar, e ficou combinado de tornarmos a nos reunir para decidirmos se continuamos na terra ou se voltamos ao Olimpo, e o local escolhido para a reunião... *(fazendo uma expressão vaga)...* foi esta boate. Eu, como o chefe da mesa, cheguei primeiro e espero pelos demais, que não devem tardar.[4]

Na sequência, entram Marte, Mercúrio, Vulcano, Baco, Apolo, Juno, Diana, Vênus e Minerva, cada qual com a sua personalidade terráquea: músico, militar, ferreiro, playboy, professora, madame, comerciante, esteticista. Fazem um inventário das infinitas mazelas do planeta e de sua gente, e aterradoras previsões para o futuro, para concluir que o melhor que têm a fazer é voltar ao Olimpo. Aquele saudoso monte em que, "no inverno, seu píncaro cintilante ficava envolto em espessas névoas e, no verão, a sombra das grandes e belas árvores alastra-se pelos seus profundos abismos e escarpados barrancos". Muito mais agradável e amistoso que a perdida Terra...

Se era caso dos deuses caírem fora, em busca de melhores perspectivas, fica a juízo do espectador. Mas é o caso de Carlão e Luiz, que estão perto de dar um novo rumo às suas vidas. No teatro, logo mais eles subirão outro degrau, para atingir um novo patamar na arte da encenação e na repercussão de seus esforços. E, no trabalho, ambos irão completar a sua formação como publicitários e homens de rádio, tendo como preceptor o mais improvável e efêmero de todos os mestres. Está começando a sua convivência com Hélio Barroso, o sócio de Alberto Guimarães nas rádios paranaenses, a vida e a alma da HB Promoções.

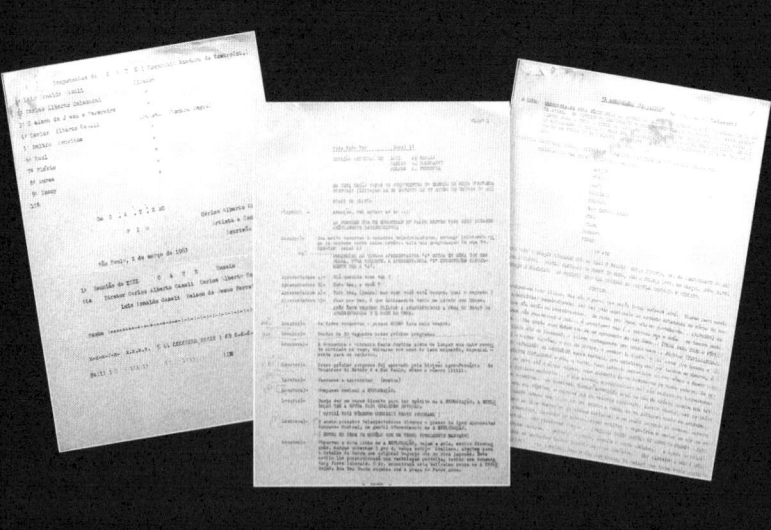

As aventuras cênicas da dupla começam no teatro infantil, em peças como Pluft, O Fantasminha, e evoluem para as próprias criações: a CATE-Cia. Amadora de Teatro Estudantil (ata de fundação); a TV Tantã, humorístico inspirado na Praça da Alegria; e A Assembléia dos Deuses, um trabalho escolar em formato dramatúrgico.

ECO
PUBLICIDADE LTDA.

carlos colesanti

rua natividade, 164   tel. 61-8629

No final dos anos de 1950, os primeiros empregos: Luiz nas Lojas Isnard, Carlão na Wella Cosméticos e na Caixa Econômica Federal. Aos 15 anos, os dois empreendem pela primeira vez, uma agência de publicidade que dura apenas uma Páscoa.

SÃO A CORDA E A CAÇAMBA, A CRUZ E A CALDEIRINHA.

A VIDA ERA MUITO DURA. Eu e Luiz construíamos carrinhos de rolimã para fazer carretos nas feiras, levar as compras para as madames. Depois, inventamos de vender meias. Abríamos um lençol no começo da feira e vendíamos as meias que comprávamos no atacado. A minha família e a de Luiz não tinham dinheiro para nos manter na escola, pagar condução, lanche, essas coisas. E a gente sabia que, se quiséssemos, teríamos de correr atrás.

Começamos a trabalhar meninos ainda e temos trajetórias semelhantes. Os nossos pais nos deram o exemplo do trabalho, da seriedade, do esforço – e os meus mal sabiam assinar os nomes. De todos nós, os mais criativos foram o Casali e o Colesanti. Desde pequenos inventando negócios, empreendendo.

No fim de semana, nós dávamos voltas de lambreta. Consertávamos as lambretas, íamos aos bailes, cinemas. Depois foram os carros, as farras, as namoradas. Tinha baile no salão do Aeroporto de Congonhas e nós voltávamos andando de madrugada, às três ou quatro horas da manhã, pegando leite e pão na porta das casas, tocando a campainha e saindo correndo.

Carlão e Luiz eram muito criativos e o negócio deles sempre foi a publicidade. Carlão tinha muitas ideias, Luiz realizava. Carlão era explosivo, briguento. Luiz esperava, tinha paciência e, depois, executava. Mas, tinha que ter paciência com Carlão porque valia a pena, ele tinha ideias geniais. Eles estavam sempre inventando e montando apresentações teatrais, mas, eu não fazia parte da ação, não tinha jeito. Só acompanhava e aplaudia da plateia. Carlão sempre foi mais organizado, todo certinho. Luiz, não. Até hoje, se preciso de algum documento, quem envia é Carlão. Ele tem tudo guardado e organizado. Luiz não liga para essas coisas. Eles se completam e um não existiria sem o outro. São a corda e a caçamba, a cruz e a caldeirinha, essas coisas.

José Serafim Abrantes

O português José Serafim Abrantes é próximo de Carlão e Luiz desde a adolescência. Contabilista, cursou também Economia, Direito e Relações Internacionais, e tornou-se proprietário da ORCOSE - Organização Contábil Serafim, onde seus amigos planejaram a futura L&C, ocupando uma edícula que ele emprestou. Desde sempre e ainda hoje, Serafim cuida da contabilidade das empresas e do imposto de renda pessoal de Luiz e Carlão. Poucos conhecem tão bem os dois empreendedores da L&C.

PROF
ALOP

ESSOR
RADO

Na Casa da Selma, dois jovens publicitários aprendem lições de vida com um mestre da boemia – que também ensina tudo a eles sobre programar e dirigir uma rádio.

3

A boate Diana, na rua Vila Velha, atrás da linha do trem, é a mais sofisticada da zona do meretrício de Londrina. Pertence a uma cafetina polaca, uma loura muito querida dos homens, locais ou visitantes, e bem pouco das suas esposas. Selma disputa o mercado do sexo no interior do Paraná com a estratégia de oferecer requinte a seus clientes e sua casa é normalmente tão discreta quanto exige a elegância. Mas, hoje, é um dia anormal, um dia de escândalo. Tem barraco forte no ninho do amor.

A confusão começa com um alerta. "Tem uma mulher aqui procurando o marido!", grita uma das profissionais da casa, enquanto tenta conter a fúria de uma certa invasora. A esposa ultrajada atende por Franci e o seu alvo é um sujeito tão boêmio e maluco que não apenas pula a cerca do bordel de vez em quando, pecadilho comum de tantos jovens casados, mas é capaz de se enfurnar ali, perder-se entre os lençóis do amor comprado, com tanta entrega e por tanto tempo que as operações conjugais de resgate são necessárias.

É o caso desta diligência em curso, numa noite dos anos de 1960, na terra das araucárias. Aos gritos e safanões, a moça acaba com a farra do marido malandro e seus muitos dias de internação em camas alheias. O fauno em questão tem um histórico de exotismo bem considerável. Aos 16 anos, ele já estava fugindo de casa para viver uma paixão – o que não seria algo tão incomum se a companheira e motivo da fuga não fosse uma cigana. Quando inicia a vida profissional, vai vender túmulos em cemitérios.

Agora, com pouco mais de 30 anos, é um homem enorme, com quase dois metros de altura e a mesma dimensão em brilho, criatividade e poder de surpreender. Ele é Hélio Barroso, o patrão de Luiz e, doravante, pelos próximos anos, seu mentor para assuntos de rádio, propaganda e mundanidade, digamos assim. Dele e também de Carlão.

O Paraná de 50 anos atrás, nas fronteiras de expansão agrícola do oeste e do norte do estado, é um legítimo faroeste. Terra de empreendedores e aventureiros de todo tipo. O café é a grande riqueza, o "ouro verde" que atrai milhares de migrantes e produz novos ricos em profusão. Hélio é ligado a um deles, o advogado e cafeicultor paulista Nelson Maculan. Um pioneiro que está em Londrina desde 1938, preside o Instituto Brasileiro do Café no governo de João Goulart e tem uma longa carreira política no Partido Trabalhista Brasileiro, de vereador a senador da República.

Graças a essa amizade influente, Hélio obtém concessões de rádio em Londrina e Maringá. Sem dinheiro, no peito, na raça e na lábia, ele consegue pôr as emissoras no ar. Depois, abre mais duas, em Curitiba e Belo Horizonte, e ainda pega a representação comercial de outras tantas. O conjunto forma a base de atividades da HB Promoções, empresa que ele toca em sociedade com Alberto Guimarães, que tem uma participação minoritária.

Um escritório está montado em São Paulo, para explorar o mais rico mercado anunciante do país. Em 1963, aos 18 anos, como visto, Luiz aceita o convite de Alberto e estreia na HB, na função de contato publicitário. As rádios Atalaia (todas as de Hélio se chamam assim) lançam muitos nomes no radialismo paranaense. Nomes que deixarão a sua marca na comunicação e na política.

Na emissora de Londrina, faz sucesso um rapaz bonitão e de voz doce, que no futuro será governador do estado e senador da República. Álvaro Dias é *disc-jockey* no programa *É uma Brasa, Mora!*, e Luiz testemunha, com a compreensível inveja dos menos afortunados, o quanto chove de mulher em sua disputada horta. Todas querem pedir música ao locutor-galã e não é difícil entender por que ele se torna o vereador mais votado da cidade, logo na primeira eleição que disputa.

Mas, a estrela maior das Atalaias é mesmo Hélio Barroso. Ele brilha para o mundo, a quem cuida de fascinar com a sua personalidade única, e, especialmente, para Luiz, que ainda está aprendendo o ofício de contato e cuida das agências menores, as que têm menos clientes e menos verba para programar comerciais. Luiz admira a multiplicidade de talentos do patrão e a sua capacidade de desempenhar igualmente bem as tarefas "de Exatas" e as "de Humanas".

Ao mesmo tempo em que discute com um engenheiro a montagem de um transmissor, com pleno conhecimento técnico, Hélio trata da contabilidade da empresa, desenvolve a estratégia de vendas, cria o material promocional das rádios e ainda desenha os anúncios para mídia impressa. Joga nas onze posições do campo e faz gol em todas elas.

Conviver com Hélio Barroso equivale a fazer um curso intensivo de programação de rádio e de publicidade nessa mídia. Curso avançado, diga-se, porque o impetuoso dirigente da HB Promoções é um inovador nas duas matérias. Aplica uma metodologia própria para analisar o gosto dos ouvintes, apoiada em pesquisas de audiência e entrevistas casa a casa, e desenvolve uma estrutura sólida de programação para as suas emissoras, que ultrapassa o amadorismo então generalizado no mercado radiofônico.

As emissoras de rádio, nesses meados dos anos de 1960, estão todas voltadas para os apresentadores dos programas. Ou "comunicadores", como serão conhecidos mais tarde. Eles são as grandes estrelas do dial. São eles que o público conhece e idolatra, é a eles que o público pede músicas, são eles que mandam e desmandam nos seus horários. Tanto assim que os programas, em geral, levam seus nomes. Além do mais, ganham uma pequena fortuna, somados os salários com as comissões que recebem pela venda de anúncios.

Não é por acaso, portanto, que os apresentadores têm os empresários das rádios nas mãos. Eles se consideram donos da audiência e, a qualquer desavença, ameaçam sair e levar o público com eles, chantagem que sempre funciona com os temerosos patrões. Mas, não com Hélio Barroso. Ele logo percebe que não pode depender de nenhum apresentador e que jamais conseguirá dar alguma organicidade às suas rádios se elas oferecerem apenas uma sequência de programas personalistas, concebidos a bel prazer de seus titulares, sem qualquer visão estratégica da emissora e de sua posição no mercado.

Hélio trabalha para dar unidade à programação e adequá-la às expectativas dos diversos públicos que se alternam na audiência, ao longo do dia: trabalhadores saindo para o serviço, donas de casa na lida doméstica, jovens depois da escola, idosos no final da tarde. Ele programa para os ouvintes, para as necessidades de cada segmento da audiência, e não para os interesses ou conveniências dos apresentadores.

A pesquisa é a sua principal ferramenta de trabalho. Ele examina as curvas de audiência, para saber o que dá certo e o que não funciona em cada horário. Por que houve um pico aqui? Por que embarrigou ali? Quem estava no ar nesses momentos? Quem falava? Que música tocava? Hélio cruza os dados da pesquisa com a grade de programação e vai à casa dos ouvintes, perguntar diretamente a eles, o que gostam, o que desgostam e o que preferem em cada momento do dia.

O trabalho de campo desenvolve nele uma grande sensibilidade para interpretar os dados estatísticos a partir das expectativas das pessoas. É assim que ele descobre que o público das 9h prefere o apresentador das 15h, e que seria melhor mudar o das 21h para as 6h. Desse modo, faz o óbvio, não enxergado pelos concorrentes: concentra o maior volume possível de programas adequados a cada público, nos horários em que esse público está sintonizado nas suas rádios.

Pesquisa de audiência, análise da programação e unidade na grade de atrações, portanto, são os três fundamentos que Hélio Barroso aplica em suas emissoras, com a meta de gerar o maior volume possível de ouvintes e, com isso, cobrar caro pelos espaços publicitários. Faturar alto, para ele, deve ser consequência de uma rádio bem ajustada, com programas adequados a todos os públicos, nos horários em que eles se dispõem a ouvir. Essa é a lição que Luiz aprende do patrão e que logo será absorvida também pelo amigo Carlão, cuja carreira na Caixa Econômica Federal se aproxima rapidamente do fim.

Carlão está decepcionado com o emprego dos sonhos da classe média brasileira. Está farto de falsas promessas. Ele trabalha duro, com o máximo de empenho. Prometem-lhe que será promovido. Mas, o que vale para isso é o "pistolão" político, o favor de um padrinho – que ele não tem. Assim, vê os colegas progredindo, mesmo os semianalfabetos, mas a sua promoção nunca sai. Carlão está desestimulado, pronto para mudar de vida e de destino. Luiz avança na HB e ele compartilha do seu entusiasmo com o mundo da publicidade e do rádio. Sente que chegou o seu momento de pular fora da vida bancária. É o que ele vai fazer, tão logo Luiz atenda ao seu pedido e lhe arrume alguma coisa para fazer, na área promissora em que está se aventurando.

Guilherme de Freitas, um amigo de Hélio Barroso, tem uma empresa de representação de emissoras de rádio no Rio de Janeiro, a SITRAL, e quer abrir uma filial em São Paulo. Precisa de um lugar para operar e de um bom talento local para ajudá-lo. Hélio resolve a primeira parte de seu problema, oferecendo-lhe um espaço no escritório da HB Promoções. Luiz resolve a segunda, indicando Carlão para a vaga de gerente da unidade paulista.

O dia em que Carlão comunica que pedirá demissão da Caixa é de tragédia no lar dos Colesanti. O herdeiro da família, que Maria e Orlando julgam encaminhado na vida, com uma carreira segura e prestigiosa à frente, simplesmente renuncia a um dos melhores empregos do Brasil. É inacreditável! E inaceitável. Maria desespera-se, chora, suplica. O pai discute, argumenta, pondera. Mas Carlão se mantém firme na decisão. Para amenizar um pouco o trauma familiar, resolve pedir uma licença sem vencimentos de dois anos, possibilidade que o banco concede aos funcionários. "Se não der certo na SITRAL, eu volto para a Caixa", promete.

Mas, ele confia que vai dar certo. É assim então que, em 1966, Carlão começa a trabalhar na mesma área de Luiz, a publicidade, e, na mesma função, a de contato de rádio. Seu batismo também acontece com um choque de realidade, como aquele que Luiz levou do "amicíssimo" Edson Faixa Branca, quando trocou a Lloyd pela HB. Uma de suas primeiras visitas profissionais é a Hernani Finazzi, o programador de mídia da agência Proeme, um cliente grande que ele tem todo o interesse em impressionar. Mas não tem a menor chance. Quando Carlão entra na sala de Finazzi, ele está no alto de uma escada, consertando uma cortina. Não desce nem se vira, e mal cumprimenta o visitante. Apenas manda, secamente, que ele fale logo o que tem a dizer.

Carlão tem em mãos um caderno que Guilherme de Freitas edita na SITRAL, com informações das emissoras que representa: suas características, seu público, sua tabela de publicidade. Foi lá para entregá-lo a Finazzi. Gaguejando, intimidado pela situação, ele balbucia alguma coisa sobre os dados, mas, logo percebe que é inútil tentar um diálogo naquelas condições. O mídia afinal lhe concede a benevolência de um olhar e responde com meia dúzia de palavras, totalmente desinteressado. Carlão agradece pelo tempo dispendido na reunião inútil e cai fora assim que pode.

Já está devidamente apresentado às contingências da relação entre agências e veículos, que é delicada por definição, frequentemente deselegante e sempre desfavorável para os veículos, com exceção daqueles poucos que tem poder (leia-se, grande audiência) para inverter esse jogo. De todo modo, as perspectivas são animadoras para ele. Mais do que conviver no mesmo ambiente, ele e Luiz agora trabalham juntos, de fato, porque a HB e a SITRAL são praticamente a mesma empresa, tão integrada que é a sua operação.

Em pouco tempo, Carlão está familiarizado com todos os esquemas de trabalho de Hélio Barroso e também passa a fazer, com o ousado mestre, o seu "curso avançado" de programação e comercialização de rádio. Também para ele, a HB será uma inesquecível escola.

Carlão acompanha Luiz e Hélio nas andanças por Londrina e Maringá, em busca de conhecimento do mercado e sucesso para as rádios Atalaia. Eles viajam entre as duas cidades numa Kombi do patrão, que funciona como veículo, moradia e escritório. Vivem uma rotina de trabalho duro durante o dia, desde as seis da manhã. Batem perna pelos bairros e visitam os ouvintes de casa em casa, para as suas exaustivas pesquisas.

À noite, acompanham Hélio na farra, o que pode ser arriscado, a depender do estado em que ele sair da zona. Numa das viagens, já voltando do Paraná a São Paulo, Hélio está de porre, cochilando, e acorda no meio da noite para urinar. Sem perceber que está na Kombi, ou lixando-se para isso, faz o serviço ali mesmo. Em cima do pobre Luiz, que dorme no chão da perua e é acordado pelo jato quente de cerveja processada.

O ano de 1966 é um período de mudanças também na vida pessoal dos dois amigos. Luiz entra na Faculdade de Direito do Mackenzie, de onde sairá advogado formado, para nunca exercer a profissão. Ele também ganha na loteria, comprovando que é um rapaz de sorte e que a vida está mesmo disposta a lhe sorrir. O bilhete rende um prêmio de 10 mil cruzeiros, um bom dinheiro à época. Ele aplica Cr$ 8,5 mil a juros, compra um fogão para a mãe e ainda faz uma grande festa de Natal para a família. Já a sorte de Carlão é bem outra.

Há seis anos, ele namora uma morena pernambucana com nome de rainha, Anne Elizabeth Caldas Morais, mas a família dela se muda de volta para Recife. Isso põe fim ao romance, para grande pesar do jovem e promissor publicitário, que ainda não sabe que a separação será bem longa, mas não definitiva. Tão logo cura as dores do coração partido, ou até para acelerar a cicatrização, Carlão se apresenta para a farra com os amigos.

Até agora, ele é um perfeito santo, exemplo de bom moço, aquele tipo "muito caseiro" com quem toda mãe sonha casar a filha. Nos finais de semana, enquanto Luiz, Nelson, Serafim e os outros da turma saem atrás de garotas, especialmente daquelas mais... dadivosas, Carlão fica na casa de Anne e namora comportadamente até as 22h, 22h30. Depois, em vez de correr ao encontro da rapaziada e mergulhar na esbórnia, vai para a casa de Luiz e faz companhia a Clorinda, que atravessa a noite costurando e conversando com ele.

Esse dedicado "filho de criação" é também um amigo exemplar. Um verdadeiro abnegado. Luiz e o amigo Nelson Ferreira juntam uns parcos caraminguás e compram em sociedade um velho Fiat ano 1947, para transporte e também para "apoio operacional" às suas incursões sensuais na Paulicéia, onde ainda não existem motéis. Quem cuida do carro é Carlão, que lava, encera, engraxa, deixa a máquina pronta para os embalos do sábado à noite.

Mas, depois, ele vai namorar e quem aproveita o possante é Luiz, em dupla com Nelson. Domésticas, comerciárias, colegiais e quantas mais se disponham a acompanhá-los nas estripolias das madrugadas experimentam o potencial erótico do banco de trás. Agora, entretanto, sem namorada, Carlão também está no grupo da farra, que tem considerável evolução tecnológica. Os rapazes fazem ótimo uso de um carro imenso que Túlio comprou, um Hudson que parece uma limusine, de tão espaçoso.

Com o seu banco traseiro enorme, o Hudson está sempre rodando pela cidade, sem parar, quando está com Luiz e seus amigos.

Enquanto um deles dirige, o outro entretém alguma convidada. Depois, eles invertem. O tempo todo estão atentos, olhos bem abertos, temendo que a Polícia apareça para estragar a festa. Certa noite, cansados do amor em movimento, Luiz e Carlão resolvem estacionar numa fábrica da Avenida República do Líbano. Ela tem um terreno baldio atrás, isolado, perfeito para a prática do esporte que consagrou Adão e Eva. Os dois estão com duas garotas, funcionárias públicas, já se concentrando nas preliminares, quando explodem dois faróis no para-brisa do carro. Logo encosta a viatura da lei, a serviço da moral e dos bons costumes. "O que é isto aqui?", pergunta o meganha, pegando um minúsculo pedaço de pano que já está no chão. Bem, flanela de limpeza certamente não é. Nem é nisso que o agente da ordem está interessado. O que ele quer não é de tecido e sim de papel, para fazer de conta que não vê o que está bem diante de seus olhos. Dinheiro que os jovens publicitários obviamente não têm, na penúria em que vivem nesse início de carreira. Haja conversa, então, para convencer o policial a retomar as suas obrigações profissionais, sem levá-los ao distrito. Haja argumento para se livrar dele, e para permitir que o pano em suas mãos volte ao par de pernas de onde ele saiu.

  A diversão dos rapazes, nessa juventude que eles estão iniciando, inclui também rodadas de pôquer com Tulio Casali, nos fins de semana. Mas nada para eles supera o prazer do teatro, onde avançam como praticantes amadores de algo que já é semiprofissional. Assim como criaram o seu próprio grupo estudantil, o CATE, agora Luiz e Carlão iniciam uma nova experiência, com um grupo que será importante no teatro amador paulista.

  Talvez o mais importante, a julgar por uma reportagem de 25 de julho de 1968, publicada no jornal *Diário da Noite*. A matéria anuncia a montagem de *A Revolução na América do Sul*, de Augusto Boal, e faz um histórico do Grupo Porão, criado quinze meses antes. "O Grupo Porão, responsável pela montagem, tem condições de sobra para apresentar um espetáculo de alto nível profissional", diz o jornal.

  Prossegue o texto: "O grupo nasceu principalmente pelo amor que cada elemento do conjunto devota ao teatro. E desde o início havia um propósito: promover e popularizar a arte através do teatro. Entendem os componentes que a função do amador é levar o teatro até aqueles que ainda não o conhecem, ou por falta de condições econômicas, ou por falta de algo que despertasse a sua atenção para ele. Fundado em 12 de fevereiro de 1967, o Porão tem norteado suas atividades nesse sentido, sempre orientado pela necessidade de participação na realidade brasileira".⁽⁵⁾

O primeiro trabalho do "hoje mais famoso conjunto amador da capital", na avaliação do jornal, é a encenação de *Os Fuzis da Senhora Carrar*, a clássica peça de Bertold Brecht, sobre a Guerra Civil Espanhola e as tensões entre democracia e fascismo na segunda metade da década de 1930. A senhora do título perde o marido, um miliciano das brigadas de autodefesa contra o exército franquista, e tenta evitar que o filho siga o mesmo caminho, alistando-se nas forças republicanas. Luiz é o filho nessa montagem e Carlão, um operário. Estreiam em 25 de agosto de 1967, no Teatro Artur Azevedo, na disputa do V Festival de Teatro Amador do Estado de São Paulo. Passam pela eliminatória paulistana, vão para as finais em Santo André e vencem o certame. Sueli Ferrari, que interpreta a protagonista, ganha o prêmio de melhor atriz. Carlão, de melhor ator. E Luiz, de melhor ator coadjuvante.

O Diário da Noite informa que "a peça foi encenada em todos os locais possíveis e imagináveis: escolas, fábricas, clubes, sendo ainda levada no Instituto Padre Chico, com uma sessão para 1.200 cegos; na ocasião, os atores fizeram uma preleção inicial, para que a peça pudesse ser entendida pelos internos". Depois dessa maratona, o Porão se dedica ao texto de Augusto Boal, que contém elementos do teatro brechtiano, e traz à cena a problemática política e social do Brasil no período, através de um protagonista operário que se aliena do caos ao seu redor e cuida apenas de obter comida para se alimentar.

"O trabalho para a encenação de obra de Boal tem sido exaustivo", conta o jornal. "Os ensaios têm sido realizados diariamente. A montagem já se encontra em fase final, com os últimos retoques sendo dados para a estreia, que deverá ocorrer em setembro". Mas, por alguma razão que os atores não lembrarão no futuro, o espetáculo não é encenado, para frustração do elenco. Carlão está nele, assim como Luiz, seu irmão Carlos Alberto e sua prima Maria do Carmo Rosati. Esta última, por enquanto preocupada em revolucionar a América do Sul, vai promover mesmo, dentro de dois anos, uma forte mudança institucional na vida de Carlão. Será sua esposa.

Pode parecer estranho que dois jovens publicitários, já devotados à profissão e com planos firmes de serem empresários, tenham tanto interesse pela dramaturgia de autores socialistas, como Brecht e Boal. Mas, Carlão e Luiz se entendem nesse tempo como pessoas de esquerda, assim como milhares de jovens da classe média, iguais a eles. O mundo ainda vive a Guerra Fria entre capitalistas e comunistas e a mudança política por meio de revoluções é um método praticado em inúmeros países.

Todo o ideário da esquerda, com a sua prioridade aos temas sociais, está vivíssimo e seduz os intelectuais, os artistas, a juventude e setores da igreja. Há um espírito do tempo e ele valoriza as visões políticas mais críticas, contestatórias. É, antes, a força desse espírito e uma forte preocupação social que embalam Carlão e Luiz, do que uma convicção mais profunda na inviabilidade do capitalismo. O perfil dos dois é de "esquerda festiva", como se dizia então e eles confirmam hoje. Mais para o entusiasmo com o momento do que para a convicção ideológica.

Um episódio nos bastidores do Grupo Porão dá uma boa medida do clima político em 1968 e da mentalidade desse tempo. O futuro crítico Leon Cakoff, que terá o seu nome indelevelmente associado à Mostra Internacional de Cinema de São Paulo, criada por ele, é cenógrafo no grupo. Sírio naturalizado, ele ainda usa o nome de batismo, Leon Chadarevian, e só irá iniciar a carreira na sétima arte no ano que vem.

Neste momento, no verdor dos seus 20 anos e na paixão pelo teatro amador, Cakoff é um esquerdista radical, visceralmente antiamericano. *Yankees, Go Home!*, para ele, é pouco. Se pudesse, mandaria todos diretamente ao inferno. Mas ele tem um ponto fraco, nessa rejeição extrema aos Estados Unidos: fuma cigarro americano. Philip Morris, em embalagem plástica. Um belo dia, Carlão chega para o ensaio e flagra Cakoff fumando o seu cigarrinho *yankee* num canto, discretamente. Para brincar com o seu radicalismo, conta para todo mundo sobre o "desvio ideológico burguês" e a "rendição ao imperialismo" que havia testemunhado.

É uma grande besteira. Cakoff fica extremamente chateado, sofre muito com a provocação. Mortifica-se em ser pilhado no que considera uma fraqueza, a de simplesmente gostar de um produto norte-americano. Carlão se arrepende logo da brincadeira, que o colega recebe como um ato de alta traição. Ideologia é coisa séria demais, há jovens matando e morrendo por ela. Não é de estranhar que alguns se desesperem, se a firmeza de suas convicções for questionada. Mesmo na forma de piada.

Mas esse é um problema dos radicais, não dos "festivos". A convicção de Luiz e Carlão não está na política, mas na beleza do teatro e em seu poder de sensibilizar as pessoas, para que reflitam sobre o que é importante. Para eles, acima de tudo, o teatro é uma diversão, um enorme prazer, que cada um desfruta a seu modo, na sua própria medida.

Carlão leva o hobby extremamente a sério, mais que Luiz. Estuda os métodos de encenação (o do russo Constantin Stanislavski é uma febre), ouve palestras, faz até curso de monitor teatral. Chega a ser convidado a fazer telenovela na TV Excelsior. Não está em seus planos, entretanto, desviar-se da rota que vem traçando com o amigo. O projeto profissional da dupla é a publicidade, em empresa própria. E eles vão se aproximando cada vez mais dela.

Carlão já está há um ano e meio na SITRAL, quando lhe aparece pela frente José Siqueira, também representante de emissoras de rádio, conhecido no meio por J. Siqueira. Famoso como grande picareta, diga-se. É péssima a sua reputação. Ele vê aquele rapaz comprido e falante circulando pelas agências, gosta da forma como trabalha e lhe faz uma proposta. Oferece um salário quatro vezes maior a Carlão, para que venha trabalhar com ele. Quatro vezes maior! Não é proposta que se descarte, mesmo partindo de um eventual picareta, e Carlão a considera. Com todo o receio, contrata um advogado para lhe preparar um contrato muito protetivo e vai trabalhar com Siqueira.

Se o novo patrão é ou não um profissional pouco sério, Carlão não pode dizer. Com ele, é ponta firmíssima. Siqueira é um homem simplório, de pouca cultura, mas honra a palavra que empenhou e cumpre o contrato. Mais que isso, afeiçoa-se a Carlão. Ele não tem filhos e praticamente o adota, gruda nele, pede seus palpites até para a casa que está construindo. Liga-se tanto ao rapaz que se ofende quando, cerca de um ano depois, ele pede demissão. De tão possesso, fica um longo tempo sem lhe falar.

Mas Carlão tem convite de uma empresa maior, a Rede Nacional de Divulgação, especializada em rádios do Paraná, para ser gerente comercial. E é para lá que ele se transfere, com novo aumento em seus vencimentos. A essa altura, entretanto, as empresas onde trabalham são apenas estações de baldeação para Luiz e Carlão, rumo ao negócio próprio.

Tanto que, faz algum tempo, eles mantêm uma conta no Banco Português do Brasil, apenas para depositar 1/3 de seus salários e aplicar o dinheiro. É um fundo para financiar a montagem da sua empresa, que não tem um nome de fantasia pensado. Desde sempre, é apenas L&C, as suas iniciais unidas pelo "e" comercial, a mais sintética e perfeita expressão de um projeto de dois amigos de infância, ligados como unha e carne, dispostos a conquistar juntos o mundo da publicidade.

O voo próprio se torna uma urgência cerca de um ano e meio depois que Carlão entrou na RND. O diretor ao qual ele é ligado, o carioca Ronaldo Bastos, cai em desgraça na empresa e é demitido. Em situações desse tipo, de modo geral, a posição dos subordinados de confiança fica imediatamente comprometida. As empresas consideram menos a competência e produtividade desses funcionários do que a sua lealdade ao chefe destronado, que pode gerar um grande transtorno. Carlão ainda está no escritório, por volta das 21h00 desse dia da degola, quando recebe a má notícia. Preocupado, vai direto para a casa de Luiz.

– Estou frito, estou na rua! – diz ao amigo.
– Não vai ter jeito, eu sou filhote do cara. Se ele cai, eu vou cair junto. Nós temos que sair agora para a L&C.
– Mas, como vamos fazer? – pergunta Luiz.
– Sei lá. Vamos ter que nos virar.

No dia seguinte, começa a viração. O amigo Serafim Abrantes já tem o seu escritório de contabilidade, desde 1965. Ainda não é a poderosa Orcose de 2018, a Organização Contábil Serafim, com sede própria em prédio de oito andares no Itaim Bibi, 120 funcionários e mais de 350 clientes. A empresa ocupa um sobradinho modesto na rua Clodomiro Amazonas e tem uma pequena edícula, que Serafim cede a Luiz e Carlão.

Eles improvisam mesas com portas e caixotes, e vão para lá depois que saem do serviço, para planejar o futuro. Matutam, discutem, fazem contas. Vão dar um passo decisivo, bastante arriscado, e querem estar totalmente preparados, quando for a hora. Essa hora, os dois decidem, será em janeiro de 1969. Quando terminar este bom ano de 1968, bem-sucedido no teatro, produtivo no trabalho, eles vão começar a nova etapa de suas carreiras.

É isso que se propõem e mentalizam, com a mais plena convicção. Mas a vida tem das suas e seu nome é surpresa. Ela está prestes a aprontar uma das grandes, que afetará a vida de diversas pessoas. Com tudo pronto para ser implementado, o plano de Luiz e Carlão terá de ser adiado.

Hélio Barroso, gigante em tamanho, humor e criatividade, é o mentor de Luiz e Carlão no negócio do rádio. Ele brilha como orador e na HB Promoções, com os sócios Alberto Guimarães (esq) e José Pascoalotte (dir).

Nos anos de 1960, em meio às farras com Luiz e amigos, Carlão namora Anne. A paixão pelo teatro vira coisa séria no Grupo Porão, onde os dois são premiados por empunhar muito bem Os Fuzis da Senhora Carrar.

ELES VESTIRAM A CAMISA, TIVERAM MUITA GARRA.

THAIS

A morte do Hélio foi um choque para todos nós. Morreu sem aviso, sem passar mal, sem nada. Simplesmente caiu em cima do Alberto. E, por incrível que pareça, não foi a única vez em que Alberto viveu essa experiência terrível.

Antes do Hélio, um outro colega também caiu morto em cima dele. Foi na rua 24 de Maio, em São Paulo. *(Nota do autor – O colega citado era pai do radiodifusor Oscar Piconez, que também dá depoimento para este livro, adiante).*

Quando Hélio morreu, Franci, mulher dele, trouxe um irmão que era bancário para trabalhar na HB, José Mauro Barros. Ele quis dar de entendido, mas provocou mesmo foi desentendimento. Não sabia nada de rádio e chegou querendo mandar, dando ordens absurdas, fazendo coisas que não eram do feitio de quem estava nesse negócio. Começou a hostilizar o Alberto e o José Pascoalotte, e aí não deu para continuar. Eles desfizeram a sociedade e a firma acabou.

Alberto
No momento da morte do Hélio, estávamos na Lintas, vendendo novelas. Antes do sucesso na televisão, elas tinham uma programação fantástica no rádio e eram muito importantes para as emissoras. Fazíamos várias nas rádios Atalaia. Tínhamos *cast*, não era nada gravado. Produzíamos em Londrina, depois mandávamos para as nossas emissoras.
Fizemos *O Direito de Nascer, Os Anjos Também Choram*. Comprávamos as novelas de Raimundo Lopes, que era um autor importante da época e fez *Redenção* na TV Excelsior, a telenovela mais longa da história da TV, que durou quase dois anos. E eu precisava de bons contatos para vender essa programação.

Alberto e Thaís Guimarães

Alberto Júlio Guimarães Araújo foi sócio minoritário de Hélio Barroso na empresa de representação HB Promoções, onde Luiz e Carlão tiveram o seu aprendizado em produção e comercialização de rádio. Outro sócio, também minoritário, foi José Pascoalotte. Thais é a companheira de Alberto há 66 anos. Aos 86 anos, a memória já não é o forte dele, mas a dela está tinindo aos 84. Em sua casa do Morumbi, em São Paulo, os dois recordaram os tempos da HB Promoções e das rádios Atalaia.

Thais
Quando conhecemos Luiz e Carlão, eles eram dois meninos, muito amigos.

Alberto
Luiz era um rapazote de 18 anos quando eu o via pela cidade, nas agências de propaganda que ambos frequentávamos. Eu vi nele um grande potencial e como ele havia perdido o emprego, carreguei o moleque para o nosso escritório. Depois ele trouxe o Carlão.

Thaís
Nossa convivência foi maior com Luizinho. Tivemos mais contato com ele e conhecemos a sua família, que era muito humilde. Lembro bem da mãe, Dona Clorinda, e de Seu Túlio, o pai dele. A família de Carlão eu conheci menos.

Quando Luiz ganhou na loteria, em 1966, ele comprou uma fração e eu comentei: "Que azar que você comprou só um pedaço. Poderia ter comprado tudo!". Eu mexi muito com ele por conta disso.

Alberto
Eu achava que eles iriam ter um futuro brilhante. Eram trabalhadores, sérios.

Thaís
E foi o futuro que tiveram. Eles vestiram a camisa, tiveram muita garra e venceram na vida. Merecem o que têm, porque foi muito suado.

DOISKO

NA
MBI

*Rádio Santa Catarina, de Florianópolis:
a primeira cliente de Luiz e Carlão.*

4

Poderia ser numa noite de farra, em alguma alcova paranaense. Poderia ser na estrada, numa das viagens para Londrina ou Maringá. Poderia ser no escritório, em casa, na rua. Em qualquer caso, deveria acontecer muitas décadas à frente. Mas o destino decreta que acontecerá na visita a um cliente e muito antes de qualquer prazo aceitável. Em outubro de 1968, Hélio Barroso está em uma reunião de trabalho na agência Lintas, no centro de São Paulo, e, sem aviso prévio ou socorro possível, sofre um infarto fulminante e tomba morto.

Aos 37 anos, o profissional brilhante na arte e no ofício da comunicação pelo rádio, o mentor de Luiz e Carlão na atividade, encerra dessa forma inesperada a sua passagem pelo planeta – mas, não pela vida dos dois amigos. A morte de Hélio impacta imediatamente no plano de instalação da L&C. Àquela altura, além de amigos do falecido e reconhecidos do papel que ele teve em sua formação técnica, Luiz e Carlão são muito ligados também a seu sócio, Alberto Guimarães, e sentem-se constrangidos em deixá-lo na mão, em momento tão delicado para a HB.

Dessa forma, sem nenhuma hesitação, eles decidem adiar por seis meses a saída de seus empregos, para ajudar Alberto na transição. A montagem da empresa própria fica transferida para o meio do ano seguinte. Facilita a decisão, com certeza, a surpreendente reação da RND, quando Carlão vai apresentar a sua demissão.

Certo de que seria cortado da empresa depois da queda de Ronaldo Bastos, ele decide se antecipar e mal acredita quando os novos chefes se recusam a aceitar a sua saída.

Ao contrário, até lhe dão aumento, para mantê-lo feliz no cargo. É com tranquilidade e dinheiro no bolso, portanto, que ele e Luiz podem atravessar os meses que os separam de seu próprio escritório, agora que a morte de Hélio muda todo o cenário e impõe o adiamento do plano. Se considerassem apenas a situação presente e não tivessem a firme ambição de um futuro autônomo, dificilmente os dois deixariam os empregos.

Carlão e Luiz ganham bem, para os seus 23 anos e o início de carreira em que ainda estão. Eles têm prestígio junto aos chefes, são reconhecidos pelo trabalho que fazem, nada impede que continuem e evoluam na HB e na RND. Se já dão certo como funcionários, logo poderão dar certo também como dirigentes das empresas. O caminho está aberto para isso. Mas eles têm absoluta certeza de que terão ainda mais sucesso em seu próprio negócio. "Não cai no exame", em nenhum momento, a questão de que podem fracassar.

Embora importante, o dinheiro não é a motivação principal de seu plano. Carlão e Luiz querem montar a L&C pelo desafio de serem empresários, a liberdade de serem donos do próprio nariz, não terem mais patrão. "Nós somos filhos de pobres, mas vamos vencer!". dizem a si mesmos. Sedimentam essa convicção e eliminam qualquer fissura nela, por onde possa se infiltrar o perigo da hesitação.

Dos salários que recebem, Carlão e Luiz retiram apenas o necessário para os gastos básicos do dia a dia e o lazer de fim de semana. O restante segue sendo investido, mensalmente, rigorosamente, para financiar o futuro. Que, afinal, chega, depois de cumprida a "carência moral" com o amigo Albertinho, no prazo exato que estabeleceram de meio ano. Em junho de 1969, finalmente, eles constituem a L&C Promoção, Pesquisa e Publicidade Ltda.

A primeira providência é encontrar um lugar para trabalharem. A edícula emprestada no escritório do amigo Serafim na Vila Olímpia foi útil para a fase de planejamento. Mas é acanhada demais para sediar a empresa. Carlão e Luiz vão encontrar um espaço mais adequado no centro da cidade, na Avenida Cásper Líbero, junto à Estação da Luz e próximo à Estação Sorocabana.

Eles sublocam uma das salas ocupadas por um argentino que trabalha com tratores e dividem o telefone com ele. Mas não há PABX nem recepcionista para dirigir as ligações a uma empresa ou à outra. Toda vez que o telefone toca, o argentino atende e eles correm para puxar a extensão. Quando ligam para a L&C e ouvem o número cantado em típico sotaque portenho, as pessoas acham que é engano e desligam, se um dos dois não está na linha, atento, para impedir. A outra providência inicial dos agora empresários é confiscar uma Kombi que está com Carlos Alberto, irmão de Luiz.

Com os bons vencimentos da HB, entre salários e comissões, Luiz havia comprado a perua para ajudar o irmão a fazer transporte turístico com hóspedes do Hotel Maksoud Plaza, junto à Avenida Paulista, onde ele fez o ponto. Mas o negócio não dá certo e Luiz pega a Kombi para o trabalho na L&C. Nos próximos tempos, em sua dupla função de transporte e hospedagem, adequada para viagens ininterruptas, cômoda para um dormir enquanto o outro dirige, ela será o veículo ideal para as necessidades de uma pequena empresa nascente, cujos sócios têm de correr mundo em busca de clientes – e vão buscá-los bem longe.

Neste momento, a mídia eletrônica está em plena mutação no Brasil. Em 1º de setembro de 1969, a TV Globo lança o *Jornal Nacional*, o primeiro programa transmitido simultaneamente para várias cidades do país, em tempo real. Ele inaugura a era da televisão em rede, que nos primeiros tempos é apenas regional, cobrindo somente o sudeste e o sul, mas logo atinge as demais regiões e torna-se efetivamente nacional.

A TV em rede oferece aos anunciantes a possibilidade de atingir com um mesmo comercial, de uma única vez, todo o mercado consumidor brasileiro, o que representa um ganho espetacular em rapidez e facilidade sobre o esquema anterior, de exibir os filmes cidade por cidade, emissora por emissora. Com essa enorme vantagem competitiva, a Globo logo drena o grosso do dinheiro da publicidade disponível no mercado e deixa os demais veículos em apuros, particularmente o rádio.

Bem dirigida, atraente e enriquecendo rápido, já em 1970, a emissora de Roberto Marinho obtém a liderança absoluta da audiência, com o impulso adicional da vitória brasileira na Copa do Mundo do México – a primeira transmitida ao vivo no Brasil – além do êxito extraordinário das telenovelas. O faturamento explode e permite que a emissora invista na profissionalização de todas as suas equipes, das áreas artística, técnica e comercial. Surge o célebre "Padrão Globo de Qualidade", que passa a ser o novo parâmetro de exigência no mercado de comunicação brasileiro, afetado por ele em seu todo.

Em contraste com esse profissionalismo crescente da televisão, o amadorismo no rádio é total. A precariedade da programação, feita em toda parte com muito subjetivismo e nenhum planejamento, encontra equivalência na comercialização. Também nessa área tudo está atrasado, cheirando a mofo. O mercado é regido pela tradição e pelo poder do dinheiro, não pelo rigor técnico. Como as pesquisas são raras e o empirismo domina, as emissoras mais conhecidas, mais tradicionais, levam enorme vantagem.

São mais programadas pelas agências simplesmente porque sempre foram. Não por serem as mais adequadas para os anunciantes. Faturam no "piloto automático", com o seu nome e prestígio. Além disso, as grandes empresas de representação, concorrentes da HB, da RND e agora da L&C, funcionam praticamente como bancos para as rádios. Pagam adiantado o que elas estimam faturar em seis meses, ou até mais.

Sem se mexer da cadeira, o radiodifusor assegura o faturamento da sua emissora e vê o dinheiro imediatamente na conta bancária. Antes mesmo de veicular o primeiro *spot* comercial vendido pelo representante. É um esquema irresistível para ele, mas viável apenas para três ou quatro grandes empresas de representação, com capital suficiente para fidelizar clientes dessa forma. São elas que dominam, amplamente, a publicidade no rádio.

Luiz e Carlão sabem que não podem competir com isso. Não têm cacife para disputar a representação das melhores emissoras, as líderes de audiência, o coração do mercado. Barrados no banquete dos poderosos, eles têm de comer pelas bordas, buscando atender as rádios de menor porte. Mas, na capital paulista, mesmo essas são disputadíssimas, por representantes maiores e mais estruturadas do que a nascente L&C. Resta, então, o vasto mundo da interlândia, com as suas centenas de emissoras pequenas, carentes de tudo, a começar dos recursos publicitários.

É no seu encalço que partem os dois amigos, de volta ao estradão, às viagens de Kombi, agora sem Hélio Barroso, mas com muita esperança de vencer. Luiz e Carlão levam na bagagem a certeza de que não podem seguir os métodos convencionais das empresas de representação comercial. Não podem oferecer tão somente a intermediação de negócios entre as rádios e os anunciantes, muito menos "serviços bancários".

Seus potenciais clientes interioranos têm uma infinidade de problemas, em todos os níveis de sua operação, e isso exige uma abordagem integrada, para que as emissoras tenham as condições mínimas de atrair o investimento publicitário, em especial o dos grandes anunciantes, que se concentram em São Paulo. É exatamente isso, portanto, que eles saem para vender Brasil afora. Um mix de serviços, um pacote de consultoria envolvendo pesquisa da audiência, planejamento da programação, orientação de gestão e, claro, comercialização de publicidade. O modo Barroso de atuação, em suma, devidamente assimilado, desenvolvido e ampliado.

A primeira viagem que os dois fazem é a Santa Catarina. No período da RND, Carlão fez amizade com Aírton Rebelo, dono da Rádio Blumenau, emissora que come poeira de todas as outras, no ranking de audiência da cidade. Situação ideal para convencer um radio-difusor a reorientar o seu negócio, com outra visão e outros parceiros. Por isso mesmo, ele é o escolhido para o primeiro esforço de venda da L&C. A missão vai exigir todo o conhecimento e habilidade dos sócios, além de uma aparência mais adequada ao seu novo perfil de empresários.

Para disfarçar a pouca idade, Carlão deixa crescer o bigode e Luiz corta o cabelão. E lá vão eles, entusiasmados, confiantes, para as terras catarinenses. Aírton recebe os dois, escuta sua longa peroração sobre o atendimento diferenciado e suas vantagens, recebe a proposta de representação e... topa! Logo na primeira tentativa, Luiz e Carlão conquistam seu cliente inicial. Isso augura um futuro radioso para a L&C.

Se as coisas avançarem assim, se eles colherem clientes com essa facilidade, o resultado não poderá ser outro. Ao menos, é o que parece agora. A primeira providência no novo trabalho é conhecer o ouvinte da Rádio Blumenau. Carlão e Luiz estudam o mapa da cidade, dividem os bairros conforme o perfil socioeconômico, definem roteiros para percorrê-los e contratam dois estudantes para ajudar na pesquisa de campo.

No bater das pernas, de um canto a outro no pequeno enclave alemão à beira do Rio Itajaí, eles colhem uma infinidade de informações da audiência, tabulam tudo e vão ao cliente, apresentar a situação. "Aírton, a sua rádio está em quinto lugar, mas isso não nos abala", diz Carlão. "Se você concordar que a gente entre com tudo, temos todas as condições de elevar esse patamar".

A Rádio Blumenau está na lanterninha da audiência porque tem uma programação refinada, elitista, ao gosto apenas do *high society* local. Destina-se, essencialmente, a entreter os amigos de Rebelo, a gente rica igual a ele. Se a ideia é fazer a emissora faturar, certamente ela terá de ampliar o público ouvinte, para trazer os anunciantes. Luiz e Carlão têm a metodologia para fazer isso acontecer, estão prontos para iniciar a reformulação.

Desta vez, entretanto, para surpresa dos jovens representantes, Rebelo não topa. Não quer decepcionar os amigos ricos, nem conspurcar a santa grade da sua emissora de elite com o pecado da popularização. O acordo de representação com a L&C se desfaz. A Kombi volta à estrada, agora no rumo de Florianópolis. Os dois empresários a bordo viajam em péssimo estado. Não apenas emocional, pela decepção com o negócio fracassado em Blumenau, mas físico, por obra de uma caldeirada imprudentemente consumida na saída, no modesto Rancho do Baturité, que provoca uma forte – e dupla – intoxicação alimentar.

Os 150 quilômetros do percurso são torturantes para Luiz e Carlão. O estômago de cada um é um vulcão em ebulição. A todo instante, eles têm de parar para vomitar. Já estão quase desidratados e com um hálito de hiena quando chegam à Rádio Santa Catarina, para a reunião que agendaram com o diretor Amílcar Cruz Lima. Não é, certamente, o momento ideal para apresentar uma proposta de trabalho. Muito melhor seria um banho, um chá de boldo e uma cama quente.

Mas a chance é esta e os jovens empreendedores não vão desperdiçá-la por conta de uns crustáceos rebeldes e inoportunos. Vão mais é vender o seu peixe, que é para isso que vieram. O mesmo discurso que convenceu em Blumenau é recitado novamente agora – e funciona outra vez. A emissora está em 4º lugar na audiência, Amílcar quer dinamizá-la e topa tudo que Luiz e Carlão propõem. A pesquisa, a programação, a gestão, a comercialização, ele concorda com a proposta inteira.

E dá a carta credencial aos dois, autorizando a L&C a representar a Rádio Santa Catarina com exclusividade. Desta vez, Luiz e Carlão evitam começar o trabalho na cidade imediatamente. Acham melhor retornar a São Paulo, para planejar as atividades com mais cuidado. Eles já têm o primeiro cliente e a credencial em mãos, julgam prudente cair logo fora, antes que as conjunções astrais catarinenses mudem as coisas novamente e também Amílcar volte atrás.

É o que eles fazem sem hesitar. Assim que chegam a São Paulo, mergulham na problemática da Rádio Santa Catarina. Passam o dia todo no escritório, trabalhando no planejamento da consultoria. No início da noite, toca o telefone. Quem na linha? Amílcar, claro. Com qual assunto? Não é muito difícil imaginar. A emissora pertence ao sogro dele, o deputado Aroldo Carvalho, e ele liga para contar como o referido reagiu, quando informado de seus novos representantes comerciais.

Nada bem, outra vez. "Olha, o Dr. Aroldo não quer", desculpa-se Amílcar. "Diz que está há muito tempo com o representante atual, que o cara é amigo dele, que não vê por que mudar. Ele mandou desfazer o que nós combinamos". Ducha gelada é pouco. Carlão e Luiz levam uma Iguaçú de água fria. De novo, não! Duas vezes seguidas, em tão pouco tempo, fechando negócios e perdendo antes mesmo de começar o trabalho? É muito azar. Mas, leite derramado, o melhor é não reclamar.

O mais recomendável é retomar logo a batalha, até para não ter muito tempo de se frustrar e desanimar. É o que eles fazem, de imediato. Descem, procuram uma banca de jornais e compram todos os que têm caderno de classificados. Começam a recortar ofertas para representantes comerciais, em qualquer área. Se não dá para trabalhar com rádio, eles vão pegar qualquer coisa, porque precisam ganhar a vida e não dá para esperar por rádiodifusores mais assertivos, menos hesitantes que os catarinenses visitados.

O prédio da Cásper Líbero, comercial, fecha às oito horas da noite e eles já estão quase indo embora, quando toca outra vez o telefone. É Amílcar, de volta. Exaltado, gritando. Mas felicíssimo. "Ele topou! Ele topou! Eu disse a ele que ou fico com vocês ou abandono a rádio! Ou ele me deixa dirigir a rádio ou eu vou embora! E ele topou!" Isto sim é montanha russa. Subir, descer e subir de novo, sem tempo para respirar. Num dia fecham o negócio, no outro perdem e, meia hora depois de perder, ganham de volta. Ainda bem que Luiz e Carlão têm o coração jovem, mais imune aos efeitos dos grandes baques, porque se há um caso para ele sair pela boca, é justamente este. O que aconteceu em Florianópolis foi que o representante dispensado por Amílcar, mesmo sem conhecê-los, queimou a reputação dos substitutos junto a Aroldo Carvalho.

Suas palavras chegariam à dupla, que não as esqueceria. "São dois moleques, dois irresponsáveis, você vai entregar a sua rádio para eles?", perguntou, criando insegurança no deputado. A sorte de Luiz e Carlão foi que eles venderam muito bem os seus serviços a Amílcar e chegaram na hora certa, exatamente quando o genro buscava autonomia para dirigir a rádio, sem a tutela do sogro.

Conquistado o primeiro cliente, outros surgirão naturalmente, sem grandes dificuldades, porque a L&C inicia as atividades em momento especialmente favorável. Há um mal-estar muito grande no setor de rádio com o crescimento avassalador da televisão. Os empresários estão tensos, preocupados em revigorar o negócio. Todo mundo diz que o rádio vai morrer e, para não velar o moribundo até o último suspiro, seus melhores profissionais vão se bandeando para a TV.

O rádio fica abandonado, quase acéfalo, entregue à própria sorte. Vê-se empobrecido, sem apoio, tido e havido como ultrapassado. Ninguém acredita nele. Para agravar a situação, nas emissoras ninguém entende, de fato, a dinâmica de consumo do veículo. Ele ainda está parado nos padrões da Rádio Nacional do Rio de Janeiro, a grande líder do mercado nos anos de 1940 e 1950, sem perceber que tudo dela – a programação, o elenco, o esquema comercial e o prestígio – já se mudou para a televisão e é lá que reina agora.

O pacote de serviços oferecidos pela L&C, bem embalado por uma convincente argumentação de venda, cai na hora certa nesse mercado em transição, ávido por atualizar-se. Enquanto os outros representantes só conseguem oferecer mais do mesmo, o velho sistema de sempre, a L&C vem com a novidade. Luiz e Carlão falam em rotatividade da audiência, alternância de públicos, programação segmentada, encadeamento da grade, uma série de conceitos que poucos ainda dominam. Mostram aos empresários que o rádio não é mais aquele aparelho do meio da sala, que reunia a família e falava com todos os membros ao mesmo tempo. Esse aparelho, agora, é o televisor. O consumo de rádio se tornou individual, cada um tem o seu receptor, seu horário de ouvir e as suas preferências de programação. O desafio é identificar quais são os ouvintes de cada faixa e atendê-los da melhor forma possível, nas suas exatas necessidades.

 Daí a importância da pesquisa. O IBOPE faz a medição de audiência das emissoras, mas apenas nas principais praças do país e de forma ainda limitada, sem investigar em maior profundidade as preferências dos ouvintes. Para piorar, a informação disponível sobre o rádio circula pouco, mesmo nas agências de publicidade. Forma-se um círculo vicioso, que compromete tudo: a TV engole as verbas dos anunciantes, o rádio perde faturamento, fica sem dinheiro para investir em pesquisa e programação, a TV investe, atrai a audiência e afunda cada vez mais o rádio.

 Luiz e Carlão sabem que é indispensável romper essa circularidade perversa. É estratégico recuperar o prestígio do veículo, o que só pode acontecer se ele projetar profissionalismo e credibilidade em sua imagem pública. A pesquisa é a chave para obter isso. A televisão obriga o mercado publicitário a trabalhar com novas métricas, que o rádio ainda ignora. Por exemplo, o GRP, do inglês *gross rating points*, ou pontos de audiência bruta.

 Essa medida indica o resultado que uma campanha obtém, somando as audiências registradas em todos os horários em que os comerciais têm veiculação. É uma ferramenta importante para medir a eficiência da ação publicitária, porque permite quantificar o público atingido e avaliar se o dinheiro investido em comunicação é bem gasto. Luiz e Carlão são atentos a essas novidades introduzidas pela TV e procuram pesquisar tudo que seja do interesse dos radiodifusores.

Não apenas o volume e perfil da audiência, mas o seu gosto, as suas preferências, as músicas que ela quer ouvir, os artistas que aprecia.

O contato face a face com os ouvintes, em suas casas, possibilitado pelo método de "flagrante domiciliar", leva Carlão e Luiz a descobertas importantes, entre incontáveis cafezinhos e outras gentilezas das pessoas, para quem os pesquisadores são visitas importantes. Eles descobrem, por exemplo, que as pessoas não reconhecem com facilidade as emissoras que sintonizam. E que muita gente, sem relógio em casa, liga o rádio apenas para saber as horas.

As vinhetas de caracterização, com locutores dando a hora certa, tornam-se então obrigatórias em todos os intervalos comerciais das rádios clientes da L&C. Santa Catarina, especialmente, é um manancial de informações para Luiz e Carlão. Ali, os dois estudam, com grande aplicação, os mínimos detalhes do comportamento dos radiouvintes. Quando alguém diz que não está ouvindo nenhuma emissora porque o rádio "está zangado", eles ficam sabendo que o aparelho está quebrado.

Aprendem também que, em casa de família enlutada, não se liga rádio; guarda-se silêncio em respeito ao morto. E observam, surpresos, que na Semana Santa, em especial na sexta-feira da Paixão, a praxe das emissoras catarinenses é oferecer uma programação especial, com músicas suaves, mais circunspectas. Não exatamente músicas sacras, mas "de respeito", porque a solenidade do período exigiria e seria esperada pelo público – nunca consultado a esse respeito.

Ao contrário do que é a praxe no mercado, entretanto, a L&C não guarda para si as muitas informações que colhe. Não oculta suas pesquisas nem mesmo – ou até especialmente – quando elas mostram que as emissoras representadas estão mal de audiência. Seja boa ou ruim a situação dos seus clientes, Luiz e Carlão abarrotam o setor de mídia das agências com uma infinidade de dados sobre os consumidores de rádio, nas cidades onde operam.

Eles explicam o que estão fazendo para seduzi-los, as estratégias que criam, os resultados que vão obtendo. Acordam os mídias para a realidade de que a TV pode ser a bola da vez, mas o rádio segue vivíssimo, falando diariamente com milhões e milhões de brasileiros. Vendem credibilidade, em síntese; do próprio veículo e deles mesmos, como profissionais da área. E, com essa estratégia, vão ganhando a confiança das agências, novos clientes e fôlego financeiro.

Nos primeiros tempos, o trabalho é pesado e a vida dos dois sócios é duríssima. Eles fazem tudo sozinhos, sem auxiliares. Almoçam sanduíches ou ovos cozidos que levam de casa, porque não há dinheiro para restaurantes. Luiz ainda está na faculdade e tem de encontrar tempo para os estudos. Carlão atrasou-se no curso secundário, perdeu dois anos, e corre atrás do prejuízo.

No final das tardes, enquanto Luiz encara uma caminhada até o Mackenzie, em Higienópolis, ele sai do escritório na Cásper Líbero para a Estação Sorocabana, onde pega o trem até o Largo do Socorro. Lá, toma um ônibus para chegar ao colégio, em Santo Amaro. São três turnos puxados de atividade, de segunda a sexta, para os dois jovens. Jovens senhores, melhor dizendo. Com responsabilidades que já ultrapassam o próprio sustento.

Em 1970, Carlão se casa com a prima de Luiz e colega do Grupo Porão, Maria do Carmo Rossati, e mantém o lar que os dois montaram em um sobradinho da Chácara Santo Antonio. Luiz vai pelo mesmo caminho. Namora Maria Cecília Moysés, professora no SESI e na prefeitura de São Paulo, que conheceu na casa de uma amiga de faculdade, durante uma festa. Em 1971, também ele terá uma aliança no dedo e uma penca de contas domésticas para pagar.

Quando a L&C atinge o sexto ou sétimo cliente de sua carteira de representados, fica impossível para Luiz e Carlão tocarem o serviço todo sozinhos e eles contratam o seu primeiro funcionário. A vaga é de office-boy e o recrutado é um primo de Maria Cecília, um garotão cabeludo de Santana, "bicho-grilo", que Luiz tira do ócio ao violão em que vivia para ralar nas filas de banco e na antessala das agências de propaganda.

Ronaldo Cruz Assunção começa nessa função, mas, inteligente e esforçado, logo está cuidando de tarefas administrativas e ajudando Carlão a montar a grade de atrações das rádios representadas. Na divisão de responsabilidades que os dois sócios estabeleceram, Luiz cuida das vendas e das relações institucionais, Carlão se concentra nas pesquisas e na programação, e ambos dividem a gestão.

Neste início dos anos 1970, a radionovela está em declínio com o avanço da telenovela, mas ainda faz muita ouvinte chorar. É um produto importante na grade das emissoras de rádio, como é o seu similar para a TV, pelo poder que a ficção seriada diária tem de fisgar o público e fazê-lo voltar todos os dias, no mesmo horário. Além da qualidade que oferece, a TV Globo explode justamente porque intercala com maestria as novelas e os outros programas, em um esquema de grade que segue inalterado até hoje.

Não é por acaso, portanto, que a L&C recorre aos folhetins eletrônicos, estruturando a partir deles a programação das rádios clientes. Em Florianópolis, por exemplo, Carlão descobre que a principal concorrente da Rádio Santa Catarina, a líder Diário da Manhã, arrebenta na audiência entre 9h00 e 9h30 com o *O Sheik de Agadir*, estrelado pelo mesmo Henrique Martins que fez sucesso na versão televisiva da Globo, em 1966.

Para atrair esse público, ele põe outra radionovela na grade da Santa Catarina às 8h30 e, a cada dia, estica um pouco os capítulos, de modo que invadam o horário da adversária e o público não mude de estação. Chega a dobrar as emissões, emendar um capítulo no outro, para reter a audiência. E é assim que o pobre sheik Omar Ben Nazir passa a ter mais problemas com o Ibope do que com o capitão francês Maurice Dumont, que disputa com ele o amor da bela Janette Legrand. Logo ele perde a luta para Carlão. Nocauteado por pontos... de audiência. A menos.

Enquanto a telenovela não derruba definitivamente o folhetim radiofônico, tornando-o anacrônico e sem graça diante das suas belas e coloridas imagens, que o Brasil só conhecerá a partir de 1972, a L&C é uma voraz compradora de radionovelas. Adquire títulos da Rádio São Paulo, ainda uma grande produtora, compra também das Rádios Atalaia, onde Hélio Barroso deixou montada uma estrutura de produção, e luta para obter as superproduções que a Gessy Lever e a Colgate, grandes fabricantes de produtos de higiene, distribuem gratuitamente às rádios, em troca de espaços publicitários.

A L&C chega a deter lotes de radionovelas, vários títulos simultaneamente, e alicerça com elas a programação das suas representadas. Põe três novelas pela manhã e mais duas ou três à tarde, para fisgar as mulheres, e completa a grade com atrações para a juventude, programas sertanejos e jornalismo policial para atender aos homens. Um desses policiais, *Assim Aconteceu*, era adaptado de um programa semelhante de Hélio Barroso.

O pacote de atrações é enviado às rádios clientes em fitas, pelo correio, ou mesmo por via aérea, nas mãos de passageiros que fazem a gentileza do carreto, quando a entrega é urgente. Desse modo, a L&C prende a atenção da audiência, que é devidamente vendida aos anunciantes. O ajuste no conteúdo, orientado pelas pesquisas e reforçado com chamadas constantes, insistentes, dos programas, uma prática incomum nesse tempo, completa-se com as medidas administrativas que a L&C sugere às emissoras clientes.

Mudanças na programação levam algum tempo para produzir aumento de audiência e é necessário esperar até que isso aconteça, para que a venda de publicidade melhore e o faturamento cresça. A otimização dos gastos, entretanto, não requer espera nenhuma e resulta em ganho imediato para os radiodifusores, pelos cortes que invariavelmente produz em seus custos. O que fortalece neles a confiança nos seus representantes e dá a estes a tranquilidade para que possam trabalhar.

Por isso mesmo, Carlão e Luiz são atentos aos problemas de gestão de suas representadas, desde a primeira delas. A Rádio Santa Catarina opera com quase 30 funcionários, sem necessidade, e é orientada a reduzir o quadro de pessoal à metade. O custo humano é alto, eles lamentam, mas não há outra forma de enfrentar a crise. Recomendações semelhantes, para qualquer aspecto da administração, são feitas às outras representadas. Em pouco tempo, todas elas experimentam os mesmos resultados: redução de custos, ampliação da audiência, aumento no faturamento e lucros.

Em alguns casos, é uma sensação inédita para o radiodifusor. O sucesso das intervenções da L&C amplia seu prestígio, no boca a boca do mercado, e novos clientes são atraídos por sua fama de "socorrista" infalível para rádios em crise. As emissoras ficam com 70% do dinheiro que começa a entrar e a L&C, com justiça, remunera-se com o percentual restante.

O sucesso crescente da empresa ganha mais empuxo quando Carlão e Luiz contratam Álvaro Almeida, no final de 1970, para atuar como contato. Ele é um vendedor habilíssimo, com grande facilidade para persuadir clientes, e contribui bastante para que a L&C amplie, com rapidez, a sua carteira de rádios representadas. Essa virtude não escapa a quem está mais antenado nos movimentos do mercado e sabe o valor de um bom contato publicitário. Caso da Rádio Globo, que tenta levar Álvaro para o seu time e lhe oferece um ótimo salário. Carlão e Luiz vencem a disputa com uma proposta ainda melhor: uma participação na empresa. Em menos de um ano, Álvaro vai de funcionário a sócio. Luiz e Carlão logo abrem uma sucursal no Rio de Janeiro, que começa modesta, numa salinha pequena, sem banheiro, na Avenida Presidente Vargas.

Luiz Figueiredo se torna o primeiro diretor da L&C nessa praça estratégica, onde a MPM é a agência do momento e onde estão anunciantes importantes do rádio, como Petrobrás, Banco do Brasil, Caixa Econômica Federal, Gillete e Souza Cruz. Figueiredo será seguido mais tarde por Eládio Nunes Sandoval e, depois, por Joaquim Souza Pereira, que terá sociedade nos negócios cariocas.

A L&C abrirá também um escritório em Brasília. O faturamento em alta incrementa a vida automotiva dos jovens sócios. Em vez da veterana Kombi, agora eles circulam em vistosos Opalas zero quilômetro, o de Carlão branco e o de Luiz, verde-piscina. Quando tiram os carros da concessionária Vigorito, em 1972, cuidam de colocar galhos de arruda nos porta-malas, para afastar as más vibrações da inveja alheia.

Como o de um conhecido de Carlão, que se morde de cobiça quando o vê estacionando a "caranga" diante da casa de seu pai. Os Opalas serão trocados por humildes Chevettes mais à frente, em um período de aperto, mas ficam como símbolos iniciais da prosperidade de Luiz e Carlão, que, para sua felicidade, seguirá avançando.

O rápido destaque que a L&C obtém no mercado não escapa ao radar das empresas concorrentes. Nem mesmo das gigantes, que controlam os negócios publicitários no rádio. A maior delas é a Organização N. de Macedo & Cia. Ltda, de Nestor de Macedo, cuja família também possui uma churrascaria famosa em São Paulo, a Rodeio, endereço certo do apetite publicitário na cidade.

Com pouco mais de dois anos de operação da L&C, Macedo chama Luiz e Carlão para uma conversa. "Eu quero que vocês venham trabalhar comigo", convida. "Vocês vão ter uma excelente posição aqui". Não é força de expressão. A proposta é mais que tentadora, é daquelas muito difíceis de recusar. Macedo propõe a Carlão e Luiz, de saída, uma retirada mensal mais de dez vezes superior àquela que eles conseguem na L&C.

Além disso, oferece participação no faturamento da empresa e um vasto escritório para os dois, com todas as comodidades e estrutura de apoio, no prédio elegante que ele ocupa na Praça da República. Mas os seus jovens concorrentes são muito mais obstinados em desenvolver o negócio próprio do que o simpático e envolvente Macedo pode imaginar.

Um aspecto da proposta dá a eles o argumento para rejeitá--la. Nestor quer que seu filho Fernando Macedo divida com Luiz e Carlão as atividades que exercerão, mas esse Fernando tem fama de playboy. Consta que, trabalhando para rádios de Porto Alegre, enfurna-se frequentemente nos prostíbulos da cidade e desaparece por dias seguidos. Não é exatamente o parceiro de trabalho que Luiz e Carlão precisam, depois de encarar por alguns anos as loucuras semelhantes de Hélio Barroso.

Com a diferença crucial, em desfavor de Fernando, que ele não tem, nem de longe, a mesma genialidade do farrista desaparecido. Os dois sócios têm certeza de que não querem trabalhar com ele e dizem não ao convite de Nestor. A certeza maior, de qualquer forma, é de que o seu único rumo é seguir construindo a L&C. Tudo vai bem, a empresa cresce de forma segura e o próprio convite de Nestor de Macedo é uma prova de seu sucesso.

O que está declinando rapidamente, logo mais de forma irreversível, é o modelo de programação tradicional do rádio, apoiado nas radionovelas. O interesse do público por elas míngua na proporção inversa da atenção que dedica às telenovelas globais, cada vez mais sedutoras. O rádio terá de se reformular outra vez, para acompanhar as mudanças no ambiente da mídia eletrônica e no gosto das pessoas.

A música, mais do que nunca, será o eixo estruturante das programações radiofônicas – e a L&C terá um papel destacado nessa nova fase.

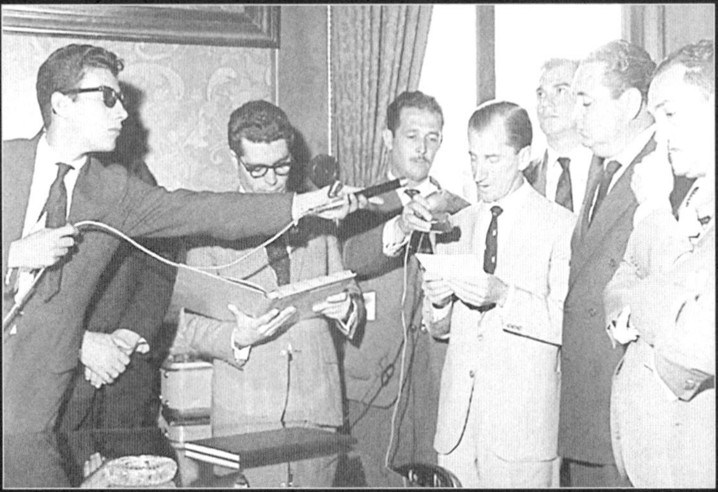

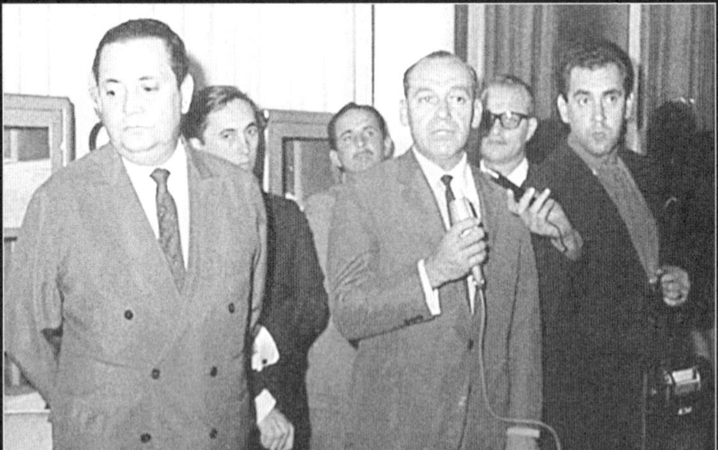

Na Rádio Santa Catarina, do deputado federal Aroldo Carvalho (de jaquetão escuro, mãos para trás, nas duas fotos), Luiz e Carlão começam a experimentar novas fórmulas de programação, ainda dominada pelas radionovelas.

COM AS MUDANÇAS, A AUDIÊNCIA FOI LÁ EM CIMA.

É NESSE MOMENTO QUE LUIZ E CARLÃO PROCURAM O CASAL, que será os seus primeiros clientes. A Rádio Santa Catarina dá uma guinada na programação, para um estilo totalmente popular. Amplia a linha noticiosa, passa a cobrir o cotidiano local e, principalmente, dá acesso ao ouvinte, para que ele expresse as suas opiniões e os seus desejos musicais.

É assim que a emissora entra nos anos de 1970 e encontra, enfim, o sucesso – que ficará com ela por muito tempo. Quem dá o testemunho é Heloísa Cruz Lima, viúva de Amílcar. Hoje com 73 anos, ela está afastada da direção da rádio, mas não ausente do seu cotidiano.

Eu tive boa impressão deles assim que os conheci. Vi que eram dois jovens que estavam começando e eu era pelas mudanças. Não dávamos audiência, estávamos em terceiro ou quarto lugar, lutando por ser ouvidos. E eles vieram com uma programação nova, que mandavam escrita de São Paulo, com muita coisa gravada lá, mas mantendo alguns programas locais.

Fazíamos muita pesquisa, espalhávamos urnas por todos os bairros da cidade, para os ouvintes depositarem as suas sugestões. Recolhíamos duas vezes por semana. E havia também as cartas. A programação, então, foi feita em cima do que o ouvinte queria.

Com todas as mudanças, a nossa audiência foi lá em cima. Fomos líderes por vários anos e ficamos muito contentes.

Com o falecimento do meu marido, Luiz e Carlos vieram me ajudar. Amílcar tomava conta da rádio toda e os meus três filhos ainda eram adolescentes. Carlos ficou um tempo em Florianópolis, me ajudando a tocar a rádio em frente, até as coisas se organizarem. Foi uma parceria muito certa que fizemos com eles. Sempre foram muito corretos conosco. Eu só tenho a agradecer aos dois, porque sempre nos ajudaram em tudo. Me ajudaram na hora em que eu mais precisei.

Heloísa Cruz Lima

Em 1962, o deputado catarinense Aroldo Carvalho, da UDN, inaugura a Rádio Santa Catarina, em Florianópolis. Ele sonha com uma candidatura ao governo do estado e, para isso, se apoia nas concessões de rádios que obteve em Canoinhas, Tubarão e na capital. Sete anos depois, quando a L&C começa a operar, a Santa Catarina tem uma programação que é considerada elitista e vai muito mal de audiência. A saúde de Aroldo também não vai bem. Quem dirige de fato a rádio é a sua filha e herdeira, Heloísa, junto com o marido, Amílcar Cruz Lima.

QUAL
MÚ

É A
SICA

A sede da L&C na Bela Vista: muita conversa de Luiz para fechar negócio com o proprietário, um militar norte-americano.

5

Carlão está trancado há três dias no quarto do hotel, com três aparelhos de rádio ligados simultaneamente, estudando o mercado local. Anota a sequência dos programas, os nomes dos apresentadores, o tipo de música que veiculam. Analisa cada ínfimo detalhe, para propor as ações mais eficazes à emissora que a L&C representa na cidade. A meta é aumentar os índices de audiência e ampliar o faturamento, como prometido ao cliente.

Os garçons do hotel que vão levar lanche para Carlão vêm aquela parafernália instalada e comentam com os colegas em tom desconfiado. Em pouco tempo, o boato se espalha: "Tem um cara do DENTEL fiscalizando as rádios!". DENTEL é a sigla do Departamento Nacional de Telecomunicações, o órgão fiscalizador da radiodifusão até o surgimento da ANATEL, e a cena descrita ocorre mais de uma vez, em cidades do interior do Paraná ou Santa Catarina, nos tempos iniciais da L&C.

Os profissionais da hotelaria e demais munícipes não estão acostumados a ver (no caso, ver e ouvir) um trabalho de planejamento publicitário feito assim, dessa forma algo improvisada, com aparência clandestina. Com toda razão, suspeitam que o jovem grandão e bigodudo enfurnado no quarto do hotel é um implacável agente federal, prestes a multar ou suspender as estimadas rádios locais por alguma infração à lei.

Mas, logo Carlão não precisará fazer a radioescuta, nem o trabalho de campo nas cidades onde atua. Não sozinho, ao menos. Na primeira metade dos anos 1970, a L&C já tem um setor de pesquisa organizado, com cinco funcionários fixos, contratados, para estudar os mercados locais, a grade das emissoras e as características dos ouvintes.

Um deles é José Rodrigues, um rapaz que vai muito bem no serviço e logo estará incumbido de coordená-lo. É o principal auxiliar de Carlão nas pesquisas e, junto com ele, trabalha na delicada operação que a L&C vem empreendendo em todas as emissoras que representa: substituir as radionovelas na programação, agora que o seu declínio chega ao ponto final.

Acaba a era da dramaturgia, começa o império da música no rádio brasileiro. Vão acabando também, aos poucos, os tempos de precariedade da L&C. Em 1970, a empresa deixa o escritório apertado da Cásper Líbero e se instala no segundo andar de um prédio na rua Álvaro de Carvalho, 118, junto à Praça das Bandeiras.

Mas, os dois jovens empresários são avessos a gastar dinheiro com aluguel. Tão logo mudam, já começam a pensar em ter uma sede própria. No caderno de classificados do *Diário Popular*, Luiz encontra uma casa na rua Almirante Marques Leão, 684, na Bela Vista. Pertence a uma terapeuta e seu marido, um militar reformado do exército americano.

Como a verba para o negócio é curta, Luiz convence o casal a fazer a venda em longas e suaves prestações. E, para a resolver o problema da reforma, indispensável, chamam um pedreiro conhecido, Euclides, para morar no imóvel com a família e fazer a obra aos poucos, conforme o modesto fluxo de caixa da L&C.

Em 1974, finalmente, depois de um longo período segurando aluguel do escritório, prestações da casa e despesas da reforma ao mesmo tempo, Luiz e Carlão mudam a L&C para a nova sede, onde a empresa ficará por 27 anos. A cada novo endereço, novos funcionários são incorporados à empresa. Já estão a bordo Ronaldo Assumpção, José Rodrigues e a equipe de pesquisa, a secretária Dorinha e o auxiliar administrativo Alemão.

Na composição societária, além de Álvaro Almeida, entram também o irmão de Luiz, Carlos Alberto Casali, e seu cunhado José Eduardo Moysés, com pequenas participações. Nesse momento, quando a década vai chegando à metade, ainda não existe rádio FM no Brasil. Ou melhor: a Frequência Modulada é utilizada há muito tempo, mas não constitui um segmento específico da radiodifusão.

Nos Estados Unidos, o formato surge nos anos de 1940 e, desde logo, as emissoras implantam um estilo voltado aos jovens, que é imitado no mundo todo: faixas contínuas de programação, em vez de atrações específicas, apoiadas na figura do "disk-jockey", um apresentador de estilo vibrante e informal, além de muitas vinhetas e efeitos sonoros.

No Brasil, entretanto, esse estilo demora a pegar. Por aqui, a FM é utilizada desde a década de 1950 como *link* (conexão) entre o estúdio e o transmissor das emissoras de ondas médias (AM), quase sempre instalados em locais distintos e até distantes entre si. Também é usada para o fornecimento de música ambiente a escritórios, hospitais ou indústrias, sem intervalos comerciais.

A primeira empresa a oferecer o serviço é a Rádio Imprensa, do Rio de Janeiro, em 1955. Outras emissoras surgidas nessa década, como a Rádio Eldorado, de São Paulo, ou a Rádio Tropical, de Manaus, já transmitem programação em FM, mas apenas repetem o sinal de suas estações AM. Oferecem a mesma rádio em duas frequências, até porque não há um parque receptor de FM instalado e, portanto, não há público ouvinte dele.

A mudança demora. "Até meados da década de 1970, o rádio FM no Brasil era inexpressivo; não tinha alcance popular por vários fatores", explica um estudo de 1998. "Primeiro, os empresários de rádio consideravam desvantajoso investir na expansão de uma frequência de alcance reduzido, quando tinham o objetivo de atingir o maior público possível. Segundo, praticamente inexistiam aparelhos de recepção a preço acessível que captassem as faixas AM e FM".

Ao mesmo tempo, "os aparelhos existentes eram importados e de alto custo. E terceiro, o estilo de programação das cinquenta emissoras instaladas até 1970 era totalmente insípido quanto à seleção musical e à locução, e não atraía ouvintes nem despertava interesse comercial maior, além da venda do serviço a hospitais e escritórios".[6]

Esse quadro começa a mudar em 1968, quando o governo resolve reestruturar o espectro da FM. Uma das medidas proíbe o uso da frequência como *link*, transferindo a linha de serviço das emissoras para a faixa de VHF. Depois, já na década de 1970, cassa as concessões de FM existentes para redistribuir e obriga os detentores das novas outorgas a manterem uma programação exclusiva para o FM.

A partir daí, o segmento vai se organizando paulatinamente, até explodir na preferência do público e converter-se no polo dinâmico do negócio radiofônico, o que se consolida no final da década.

Antevendo a concorrência futura das FM e pressionados a mudar a programação das suas representadas, agora que o filão da radiodramaturgia se esgotou, Luiz e Carlão têm uma proposta simples: fazer FM na AM.

Ou seja, implantar uma grade que tenha a música no centro e não incomode o ouvinte com muita falação. Reduzir o foco em programas e apresentadores, muitas vezes confundidos em uma coisa só, programas que carregam o nome dos apresentadores; e padronizar aos poucos a locução, no estilo jovem dos *disc-jockeys*, com falas rápidas de ligação entre uma canção e outra.

A meta é fidelizar o ouvinte à emissora, ao todo de sua programação, marca e estilo, e não mais a programas ou apresentadores específicos. A música é uma atração quase exclusiva, nessa nova fase de programação da L&C para as suas representadas. O esporte só entra muito eventualmente, quando um jogo tem importância crucial para alguma cidade e motiva demais os ouvintes.

Não é por falta de talento à mão, absolutamente. Recém-chegado de Marília, ainda distante de se tornar uma estrela nacional, o narrador Osmar Santos é uma presença frequente na L&C. Passa lá uma vez por mês, no mínimo, para pegar um valor que seu amigo Marcelino Medeiros, da Rádio Verinha, manda separar do dinheiro de publicidade que recebe de seus representantes. Seria muito simples convidar Osmar para ser a voz esportiva da L&C.

Luiz e Carlão não gostam de trabalhar com esporte porque, além de caro, ele é um grande gerador de problemas. Os programas esportivos, as indefectíveis "mesas redondas", dão pouca audiência, porque o grosso do público de rádio é feminino. Nas transmissões de torneios, se a rádio é de Uberaba, por exemplo, e um time local vai jogar em Montes Claros, é necessário pagar o aluguel da linha de áudio exclusiva entre as duas cidades, além de deslocar e hospedar a equipe, o que gera despesas pesadas para uma emissora pequena. Só vale a pena quando é jogo decisivo, que garante audiência. Além do mais, o pessoal do esporte é difícil de lidar, tem uma visão muito exclusivista e acaba criando pequenos enclaves de poder autônomo dentro das rádios.

Mas a maior resistência a vencer, no novo projeto de programação, é a dos apresentadores dos programas de entretenimento, que em São Paulo já ganharam a designação mais pomposa de "comunicadores".

Desde o aprendizado com Hélio Barroso, Luiz e Carlão sabem que a falta de unidade e a desatenção à audiência específica de cada horário são problemas na programação das rádios AM. Aprenderam que a autonomia excessiva dos apresentadores é uma das fontes disso e representa um risco imenso para os empresários, porque são os ases do microfone que mandam, objetivamente, em seus programas.

Fazem a seleção musical a seu bel prazer, baseados no próprio gosto. Falam pelos cotovelos, sobre o que querem e quando querem. E, se o patrão não gostar, pior para ele. Pegam mala, cuia, o vozeirão e suas idiossincrasias, e simplesmente mudam de emissora. Deixam o queixoso a ver navios, com mais problemas do que já tinha.

Muitos apresentadores gostam de se vangloriar dizendo que são donos "da maior discoteca do país" e, por isso mesmo, não repetem "uma música sequer". Consideram um feito admirável passar semanas sem tocar uma canção novamente, mesmo que ela seja o sucesso do momento e o ouvinte não canse de querer escutá-la. É comum também Luiz e Carlão ouvirem de apresentadores que "em programa meu, não toca Roberto Carlos". E por que não? "Porque eu acho cafona e não toca mesmo".

Isso, no absoluto auge da carreira do mais adorado cantor do Brasil, um sujeito que praticamente não sai do topo das paradas musicais, dá audiência só ao dizer "alô" ao microfone e arrasta multidões a shows, de norte a sul do país. Um campeão da preferência popular, vetado por estupidez e preconceito em rádios AM interioranas, desesperadamente carentes de audiência e faturamento.

É uma situação incompreensível, mas muito frequente nas representadas da L&C, antes que Carlão e Luiz tomem as rédeas de sua programação e gestão. Para montar a grade musical das emissoras clientes, Carlão usa um sistema de classificação que organiza as músicas conforme a sua atualidade e repercussão, e determina quantas vezes cada uma delas deve ser executada.

A sigla SQ, por exemplo, significa "superquente" e indica que a canção deve ser tocada diariamente, três a quatro vezes. RE indica uma "recente", música de sucesso de dois a três meses atrás. AR quer dizer "alternada recente" e isso significa que ela ainda é nova, mas já deve ser veiculada em esquema alternado, dia sim, dia não. FB aponta os *flash-backs*, a reprodução de músicas antigas. D é o código para veiculação "diária", e assim por diante.

As siglas não expressam nenhuma avaliação estética sobre as músicas, apenas o sucesso que elas obtêm junto aos ouvintes. A L&C monitora permanentemente a preferência do público, tanto com as pesquisas domiciliares, que são feitas em profusão, como estimulando todas as formas possíveis de interação das pessoas com as emissoras. Qualquer pedido de música é tratado com a máxima consideração, porque ele informa sobre o gosto do ouvinte, é a bússola da programação.

Colhidos de casa em casa, chegando pelo telefone ou por carta, reunidos às centenas, depois aos milhares (chegam a atingir 100 mil), os pedidos musicais estruturam a grade das emissoras da L&C. O trabalho consiste, rigorosamente, em dar ao público o que ele quer. Ele pede a música, ele define o sucesso, ele faz a rádio. São tempos jurássicos na informática e não há computadores na L&C para catalogar as músicas e produzir os mapas de veiculação para cada emissora.

Tudo é feito à mão, em fichas, que depois são convertidas em planilhas e enviadas para processamento numa empresa da Praça Dom José Gaspar, que possui um computador gigante da IBM, como o dos tempos de Carlão na Caixa Econômica Federal. Ele engole planilhas e cospe formulários contínuos, indicando qual deve ser a programação de cada rádio representada, para que tenha sucesso de audiência e possa faturar.

A metodologia implantada por Carlão, com ajuda do auxiliar Ronaldo Assumpção, permite compor gráficos sobre o desempenho da programação. Com base nas preferências do público e nas grades em execução, tanto na emissora cliente como em suas concorrentes, Carlão mostra ao radiodifusor a "Curva de Interesse do Ouvinte" na programação de cada uma delas e compara com a curva que ele propõe.

As músicas são quase sempre as mesmas, o que muda é apenas a forma de arranjá-las, isto é, a sequência e a frequência de reprodução. O gráfico comparativo é indiscutível e tem efeito infalível. Na programação aleatória, sem critérios técnicos, a curva fica lá em baixo, irrisória. Na programação da L&C, feita para e pelo ouvinte, a curva aponta para cima – e dispara. "É como este seu VU aqui", dizem Carlão e Luiz aos clientes, mostrando a eles o ponteiro que indica o nível de sinal nos equipamentos de áudio.

Eles ressaltam: "A nossa programação está no máximo, encostando ali na marca vermelha. A dos concorrentes está lá atrás, quase sem se mexer'. Uma chave do "Sistema Unificado de Programação", como é batizado esse esquema da L&C, é justamente o que muitos programadores de mentalidade atrasada detestam: a repetição das músicas. As pesquisas deixam muito claro que o público não tem qualquer problema em ouvir muitas vezes as canções que ele gosta.

O ouvinte não rejeita a repetição nem mesmo se ela for imediata, ou seja, duas execuções seguidas. No caso do sucesso do momento, ele escuta numa estação e sai procurando nas outras, imediatamente; vasculha o dial até encontrá-lo de novo. Ora, se é assim, por que não poupá-lo desse trabalho? Reter o ouvinte o máximo possível é o desejo de qualquer emissora e, em busca disso, Carlão e Luiz lançam a "Dose Dupla": toca a música, entra vinheta e hora certa, repete a música. A fórmula simplesmente arrebenta os índices de audiência.

O Sistema Unificado de Programação da L&C é totalmente apoiado nas informações de pesquisa, que Carlão refina cada vez mais. Nas agências de propaganda, nas emissoras e mesmo nos institutos de pesquisa, ninguém detém um volume de dados equivalente, nem estuda tão profundamente o meio rádio e o comportamento de seu público.

A sintonia é tão fina que revela até dados inusitados. Como o hábito um tanto mórbido dos moradores de Marília, no interior de São Paulo, por exemplo. O sinal de uma das emissoras locais, a Rádio Clube, chega à vizinha Vera Cruz, onde a L&C atende a Rádio Verinha. E as pesquisas indicam que, em torno do meio-dia, há um estouro na audiência dessa emissora intrusa, um salto impressionante.

O que acontece? Ao verificar a atração do horário, vem o espanto. Os marilienses param tudo para ouvir as *Mortes do Dia*...

Em fevereiro de 1974, a L&C introduz uma inovação importante no mercado: realiza a primeira pesquisa de audiência líquida no rádio brasileiro. Sua cliente nesse trabalho é a Rádio Clube de Sorocaba e, em decorrência dele, a cidade histórica paulista converte-se em campo fixo de pesquisa da L&C, praça-piloto para a aplicação e o ajuste da nova metodologia. É próxima da capital e não é muito grande, o que facilita a pesquisa de campo.

Durante alguns meses, Sorocaba será a sede dos experimentos de Carlão e sua equipe no levantamento da audiência não-duplicada, ou audiência líquida. A diferença entre audiência bruta e líquida, nas pesquisas de rádio, é equivalente à de *pageviews* (visionamentos de página) e visitantes únicos, nas estatísticas de internet. Um site pode ter milhões de *pageviews*, mas isso não significa que cada um desses visionamentos corresponda a um internauta; a mesma pessoa pode ver a mesma página diversas vezes.

Excluídas as repetições no visionamento, tem-se os visitantes únicos. É um dado muito mais acurado, porque indica exatamente quantos consumidores foram atingidos. Tanto pelo conteúdo apresentado na página quanto pela publicidade inserida nela. Os institutos de pesquisa, IBOPE à frente, realizam apenas sondagens de audiência bruta.

Nos flagrantes domiciliares, os entrevistadores anotam o que a pessoa que os recebe está ouvindo, em qual rádio, há quanto tempo e perguntam quantos moradores tem a casa. Não verificam se há outros moradores ali no momento e se também estão ouvindo a mesma emissora, ou sintonizam outra, em outro aparelho. O total de consumidores atingidos pela mensagem radiofônica, dessa forma, é estimado.

Mas a TV Globo está revolucionando todos os padrões de operação do mercado e já exige dados mais precisos dos institutos, como a audiência líquida de televisão. Sempre atentos aos movimentos da estrela-guia da mídia brasileira, Carlão e Luiz levam a novidade para o rádio. O que muda em relação às pesquisas comuns, no método desenvolvido pela L&C, é que a amostra é composta por indivíduos, nas diversas faixas etárias, econômicas ou educacionais, e não por domicílios nas mesmas faixas. Isto é: o entrevistador vai às residências de manhã cedo e toma as informações da pessoa que o atendeu.

Mas, depois, volta à mesma casa e procura a mesma pessoa outras três vezes, em horários distintos; em geral, a hora do almoço, o meio da tarde e o fim do dia. O estudo do comportamento do público já ensinou que a rotatividade média da audiência é de três horas; passado esse tempo, mudam os ouvintes. Procurar o mesmo entrevistado quatro vezes no mesmo dia, esteja ele em casa ou não, permite conhecer muito mais detalhadamente os seus hábitos de audiência, em qual faixa horária ele sintoniza, se sintoniza em mais de uma, etc. E permite saber exatamente, por inferência estatística segura, quantos moradores daquela cidade são, de fato, consumidores de rádio, "ouvintes únicos".

A pesquisa pioneira de Sorocaba é planejada por Carlão com auxílio de um publicitário amigo, que a esse tempo está na agência Colabor e futuramente será um importante diretor do SBT: Ivandir Kotait. Ele é um planejador de mídia, sabe das limitações das pesquisas disponíveis sobre o rádio e ajuda a desenvolver a metodologia da audiência líquida para esse veículo.

Carlão percorre as agências para apresentar a novidade. Até porque ela impacta na tabela de publicidade da L&C, valoriza o preço das inserções comerciais. Nesse périplo, recebe uma lição importante da prática profissional: jamais fazer uma apresentação a clientes logo após o almoço.

Na visita à McCann Ericson, onde o planejamento de mídia é comandado por Geraldo Tassinari, há umas oito pessoas na sala, no início da tarde. Logo que Carlão começa a dissertar sobre as maravilhas da audiência líquida e sua incrível precisão, ouve-se o ronco pós-alimentar de um dos mídias da agência, Heitor Perez, o que decepciona o palestrante.

Positivamente, não há concentração suficiente na publicidade brasileira para deslumbrar-se com as inovações metodológicas de pesquisa, quando o almoço de seus profissionais ainda está em digestão e o estômago entorpece a mente... Além do pessoal de mídia das agências, Carlão trabalha junto ao IBOPE, para convencê-lo a adotar a metodologia.

Faz diversas reuniões no instituto com esse propósito. Mas a sensibilidade geral do mercado para o rádio, em tempo de ascensão vertiginosa da TV, é pequena. Rádio é um assunto bocejante também para os institutos de pesquisa. Assim, a audiência líquida é bem recebida, mas não provoca nenhum furor. Ajuda a aumentar o faturamento dos clientes da L&C e dela mesma, mas o IBOPE só oferecerá esse serviço às emissoras de rádio e às agências uma década depois.

De qualquer forma, o instituto tem um papel importante na história da L&C, ao dar credibilidade às suas pesquisas. A partir do momento em que Luiz e Carlão colocam uma rádio representada no primeiro lugar de audiência, eles contratam o IBOPE para confirmar o resultado. Como já têm a prática de divulgar amplamente as suas próprias pesquisas, a sondagem da mais tradicional e importante empresa do setor, ao confirmá-las, atesta a sua qualidade – e funciona como publicidade dos bons serviços da L&C.

As rádios concorrentes perdem qualquer condição de argumentar, como tentam fazer, que "a pesquisa desses caras não vale coisa nenhuma". E ficam em posição constrangedora, quando não dão transparência às suas próprias informações de mercado. A habilidade em trabalhar com pesquisas e a competência em arranjar a grade de programação, para atrair audiência e elevar rapidamente o faturamento das emissoras, são virtudes da L&C que vão se espalhando no boca a boca do mercado.

Mas, contribui para a difusão da marca uma ferramenta que Carlão e Luiz usam intensamente, desde os primeiros tempos, quando há necessidade de lembrar as agências e os anunciantes de que há uma nova empresa de representação de rádio no mercado: as promoções. Luiz, em particular, revela grande talento para elas.

Na falta de dinheiro para produzir folhetos ou materiais mais sofisticados, como aqueles da Editora Abril e da TV Globo, que encantam o mundo publicitário, ele usa a criatividade e a L&C consegue ótimos resultados. A primeira promoção bolada por Luiz parece coisa de laboratório farmacêutico. O material enviado às agências tem frasco de vidro, caixinha de papelão e bula, mas não contém nenhum remédio.

O destinatário abre a caixa e é apresentado ao *Sedamídia – Sedativo para Mídias*. A bula tem composição, posologia, contraindicações e tudo mais que é esperado desse formato de texto, contendo todos os pontos de venda do trabalho da L&C. No "modo de usar", ela esclarece que "Sedamídia não deve ser usado por aqueles que pararam no tempo, que programam rádio por tradição, que não acreditam em pesquisas" e toda a argumentação necessária, nessa linguagem original, para fixar os três caracteres da marca L&C (a "farmacêutica responsável") na mente dos publicitários.

Para celebrar o bom resultado da Rádio Santa Catarina numa pesquisa IBOPE, a ação promocional usa balões de gás. Luiz e Carlão mandam imprimir os números positivos da pesquisa na borracha dos balões e vão percorrer as agências de São Paulo. Enquanto Luiz dirige a Kombi, Carlão e Ronaldo enchem as bexigas com um botijão de gás hélio, na parte de trás da perua.

Eles param na porta da agência, separam três ou quatro bexigas para cada planejador de mídia, e entram para entregar. O público-alvo adora. Brinca com os balões, dá risadas. "Formidável!", dizem os mídias. E fixam a sigla L&C na cabeça. Para divulgar a Rádio Caiçara, de Porto Alegre, distribuem vassouras de piaçava nas agências, com um apelo ao profissionalismo do mídia: "Você quer ser bruxo ou publicitário? Quer programar rádio com técnica, ou com bruxaria?"

Nessa mesma linha de associar elementos insólitos aos argumentos de venda, distribuem ovos e depois pintinhos vivos ("Está nascendo uma nova rádio X"), um baralho em que a L&C é o coringa, e garrafas de champanha tipo cidra ("Comemore conosco o sucesso popular da Rádio Y"). Além disso, como sempre tem bom efeito levar clientes para almoçar, eles contornam o dinheiro curto com a mesma criatividade na escolha dos restaurantes.

Em vez de levá-los às mesas de luxo, inviáveis, escolhem as casas populares que oferecem comida exótica, como um certo endereço da Casa Verde, que serve jacaré, cobra e outras carnes de caça. Com essas estratégias criativas e a sua abordagem totalmente diferenciada do trabalho de representação comercial – que, como visto, é uma consultoria completa de programação, gestão e vendas –, a L&C já é bem conhecida e reconhecida no mercado de rádio em meados dos anos de 1970, seis ou sete anos depois da fundada.

Não está ainda totalmente consolidada, mas tem uma boa carteira de clientes e cuida das operações de cerca de 60 emissoras. Entre elas, três rádios próprias, no interior paulista, que obteve recentemente. Desde 1974, o Brasil é presidido pelo general Ernesto

Geisel e seu ministro das Comunicações é o capitão-de-mar-e-guerra Euclides Quandt de Oliveira, um especialista em telecomunicações que havia sido o primeiro presidente da Telebrás.

Uma das prioridades do regime militar é a integração do território nacional, através de uma ampla rede de emissoras de rádio e TV, e ainda há diversas localidades não-contempladas no Plano Nacional de Outorgas. Luiz e Carlão entram na disputa e fazem algumas reuniões com o ministro, visando obter uma rádio em uma praça importante, rentável. Conquistam a simpatia dele, mas não o que querem. Ou não exatamente.

As frequências AM concedidas à L&C são todas em cidades pequenas do estado de São Paulo, sem mercado consumidor relevante: Agudos (ZYK 713), São Roque (ZYK 707) e Caçapava (ZYK 702). Logo depois surge uma licitação para rádio em Campinas e Luiz tenta obter essa quarta outorga, na mais importante cidade paulista depois da capital. Mas Quandt fulmina a pretensão. " Dá para você ir embora?", despacha o visitante, impaciente. "Eu já dei três rádios a vocês, o que querem mais?"

Ainda não é dessa vez que a L&C rompe os limites regionais e finca a sua bandeira numa emissora de rádio poderosa, em cidade brasileira de grande peso econômico. Luiz e Carlão já têm a justa fama de bons gestores de rádios interioranas, para as quais operam verdadeiros milagres comerciais, mas ainda tem de enfrentar ironias e piadas dos publicitários paulistanos, por não terem uma grande grife radiofônica sob contrato, nem emissora própria em praça relevante.

Esse problema, entretanto, está com os dias contados. Antes que os colegas percebam e sejam obrigados a enfiar a viola no saco, a L&C já estará tocando alto o seu sucesso numa tradicionalíssima emissora, com mais de 40 anos de história, encravada no coração do mercado anunciante brasileiro. Nada menos que a cidade de São Paulo.

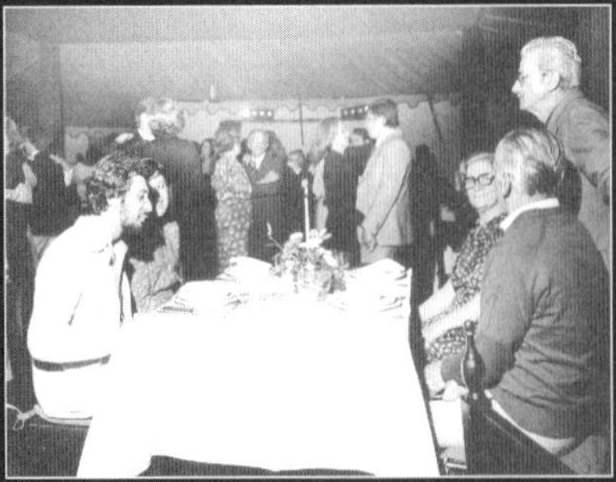
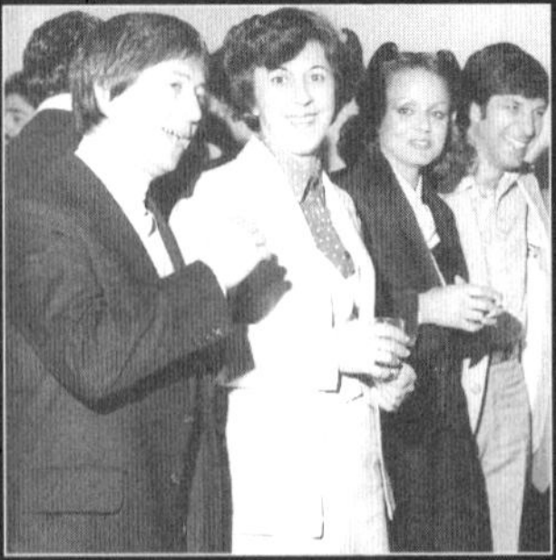
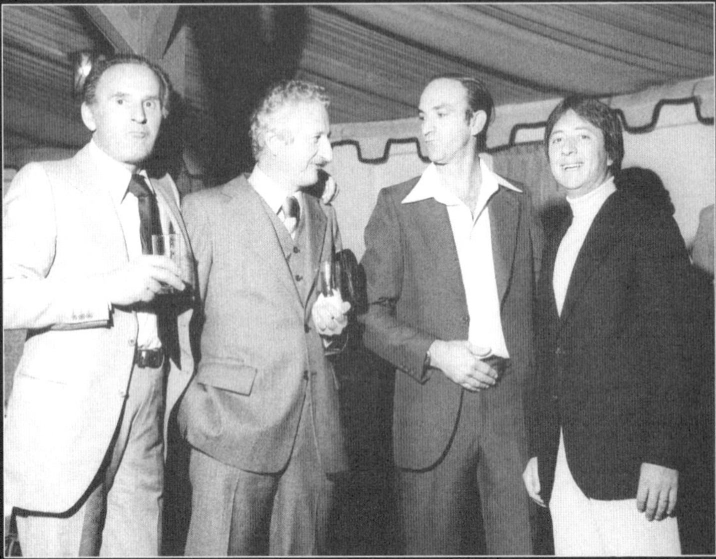
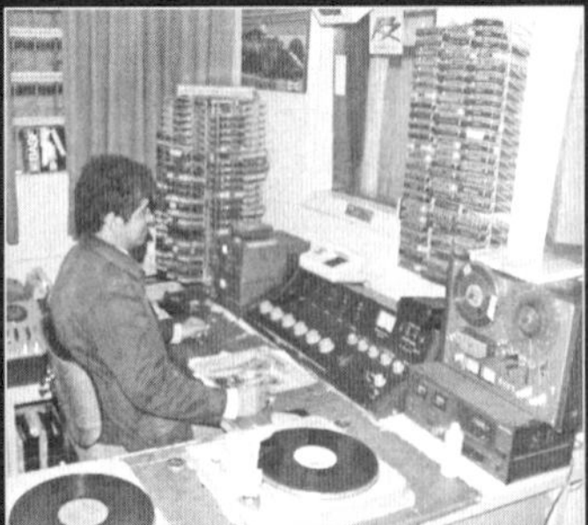
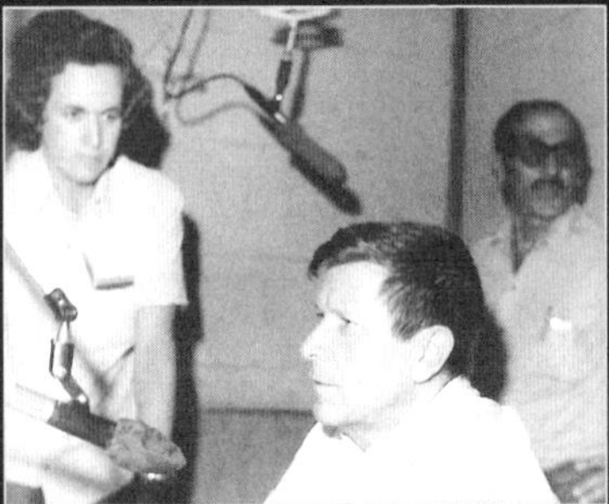

De suas salas na L&C, Luiz e Carlão pilotam a programação e a publicidade de dezenas de rádios, que eles divulgam com festas e promoções, como a do Sedamídia. O ministro Quandt de Oliveira outorga aos dois as suas primeiras emissoras próprias, todas batizadas Universal. A do estúdio é a de São Roque; a da torre em obras, a de Caçapava.

A GENTE ERA FELIZ COM O QUE FAZIA.

Era tudo muito novo para mim, quando eu entrei na L&C. Eu era totalmente leigo nessa área de pesquisas. Mas, ali, eu vi que tinha uma possibilidade maior de crescer, porque Carlão era uma pessoa interessada em ensinar. Aprendi tudo de pesquisa com ele.

Começar na L&C foi como se eu tivesse entrado numa escola, ganhando um salário. Quando voltávamos das pesquisas de campo, examinávamos resposta por resposta, calculávamos tudo manualmente e preparávamos as tabelas. Eu chegava e já pegava a calculadora, que, naquele tempo, era mecânica, com rolo de papel. Tinha sempre quatro rolos embaixo da minha mesa, que eu iria usar com certeza durante o dia.

Tudo era feito manualmente, desde o questionário datilografado, que a gente imprimia em quantidade, em offset. O máximo de tecnologia que nós tínhamos era um telex e uma máquina elétrica. Os gráficos, os quadros, tudo era ilustrado à mão, usávamos esquadros para desenhar. Para o texto, usávamos letraset *(letras aplicadas como decalque).*

No final dos anos de 1970, já tínhamos uma equipe muito grande de pesquisas. Eu cheguei a trabalhar com 64 moças na equipe de São Paulo. A partir de um determinado momento, o meu departamento virou uma pequena empresa dentro da empresa. Carlão era altamente conhecedor do que estava fazendo. Sabia tudo. Nós éramos obrigados a ouvir as rádios representadas diariamente, não tinha como fugir disso. Ficávamos sintonizados nas rádios para reparar em algum detalhe, alguma coisa errada na programação, para entrar logo em contato e corrigir. Eu sempre gostei demais da rede L&C, que era como uma casa, uma empresa bem familiar. Não era só comigo, era com todos os funcionários. Todo mundo trabalhava com amor, incentivado. E todo mundo vestia a camisa porque era muito bem cuidado, muito bem tratado. Podia até nem ganhar bem, o salário não ser bom, mas a gente vivia num lugar onde era feliz. Feliz com o que fazia, feliz porque todo mundo era irmão.

José Rodrigues

Um dos primeiros funcionários de Luiz e Carlão na L&C foi José Rodrigues. Aos 64 anos, o ex-encarregado das pesquisas da L&C está aposentado e vive em Birigui, cidade do noroeste paulista, na região de Araçatuba, às margens do rio Tietê.

FAZE A AMÉ

NDO
RICA

*Luiz e Carlão recuperam uma tradicional
emissora paulistana e ganham prestígio,
dinheiro e prêmios pelo bom trabalho.*

6

"Ao cabo de 41 anos de existência, o máximo que a Rádio América, de São Paulo, conseguiu guardar de um remoto passado de glórias foi o título de 'emissora oficial do Jockey Club', graças à sua fidelidade ao público aficcionado das corridas de cavalo. Exibindo como solitária atração a transmissão dos páreos disputados no hipódromo paulistano de Cidade Jardim e nas raias da vizinha São Vicente, a audiência da América não se destacava pelo volume -– e, nos últimos anos, ela não ia além de um modesto oitavo lugar, numa lista que incluía apenas treze concorrentes.

"O faturamento, por sua vez, era de 470 mil.000 cruzeiros mensais, "contra um custo operacional que a colocava permanentemente no vermelho. Em junho do ano passado, porém, essa situação começou a mudar radicalmente". Quem dá o testemunho acima é a revista *Veja*, na edição de 8 de novembro de 1978. A mudança radical a que a reportagem alude é a multiplicação por três do número de ouvintes, e por oito a do faturamento, na tradicionalíssima rádio paulistana, em apenas 17 meses. "Por trás dessa meteórica ascensão há toda uma operação biônica, na qual um onisciente computador acumula os cargos de produtor e diretor artístico", diz o texto.⁽⁷⁾ Um floreio de estilo, evidentemente, porque ainda não há cérebro eletrônico que pense sozinho. O sucesso da Rádio América (ZYK 691, 1410 Khz), nessa nova fase de sua existência, deve-se mesmo ao sistema de programação implantado nas emissoras da L&C. Um sistema que a própria matéria da *Veja* detalha e exalta, mesmo deslumbrando-se mais com o "computador IBM, linha 3, modelo 10" do que com a metodologia que o faz tão sabido.

Desenvolvida há quase uma década e aprimorada nas 64 rádios que a L&C opera (61 representadas e as três próprias), ela agora confirma a sua efetividade em grande estilo. Produz um campeão de audiência, em prazo relativamente curto, no dial mais difícil e disputado do Brasil – o da frequência AM na cidade de São Paulo. E conquista o Top de Marketing 1978 da ADVB-Associação dos Dirigentes de Vendas do Brasil, um dos prêmios mais cobiçados no mundo empresarial.

Vista pelo ângulo de dois *oriundi*, dois brasileiros de origem italiana, a vitória tem um significado especial. Desde o Século XIX, os trabalhadores que migravam para o Novo Mundo em busca de uma vida melhor deixavam a Itália "per fare l'America", como diziam. Vinham para fazer sucesso e ganhar dinheiro. Alguns conseguiram, a maioria apenas remediou-se.

Pois, agora, a nova geração dos Casali e dos Colesanti está realizando precisamente o sonho dos antepassados, e da forma mais literal possível. Estão "fazendo a América" sair do vermelho e colocando a L&C em pleno azul do bom faturamento, ao incorporar finalmente uma marca radiofônica de prestígio e tradição à sua clientela.

A conquista da Rádio América começa em São José do Rio Preto, interior de São Paulo. A L&C representa a Rádio Brasil Novo, de propriedade do advogado e jornalista Luiz Homero de Almeida. Carlão, Luiz e a equipe fazem um bom trabalho para Almeida, o cliente está bem satisfeito, faturando como nunca. Como é um homem muito religioso, frequentador regular dos encontros de casais e de outras atividades da Igreja Católica, ele é próximo da Pia Sociedade de São Paulo, a congregação dos Padres e Irmãos Paulinos, e sabe que eles são radiodifusores em dificuldades.

Os Paulinos detêm a América e mais um conjunto de emissoras, todas deficitárias. Todas exigem reestruturação urgente ou descarte. As rádios de Recife e Salvador estão à venda. A do Rio de Janeiro já passou para a família Saad, concessionária da poderosa Bandeirantes, e os padres também negociam com ela a joia da sua coroa, quando Luiz Homero de Almeida entra em cena para ajudá-los.

Ele recomenda que entreguem a gestão do negócio radiofônico a Luiz e Carlão e que se concentrem em salvar almas de pecadores, porque, de salvar emissoras, quem entende mesmo é a L&C. Recomendação aceita, começa a negociação. Luiz e Carlão encontram-se com os Paulinos na sede da emissora, na Vila Mariana, e observam que ela está muito bem instalada, em prédio bonito, com dois estúdios bem montados e uma discoteca boa.

Apenas a qualidade do som transmitido é ruim. Mais que isso: é péssima, porque está apoiada em um transmissor Philips antigo, de baixa potência, que não cobre toda a cidade. O sinal precário e a programação desinteressante, com turfe e pouca coisa mais, explicam o oitavo lugar no *ranking* de audiência. A proposta que Luiz e Carlão fazem é "laicista": separação total entre religião e negócios de rádio.

Eles pedem carta branca para dirigir as emissoras do grupo em todos os aspectos, como é usual no seu esquema: programação, venda de publicidade e gestão. Propõem que os padres cuidem apenas dos programas religiosos que fazem, enquanto esses títulos não são remanejados ou excluídos da grade. E que eles assumam o compromisso de renovar o parque técnico da Rádio América, investindo em transmissor e antenas capazes de levar um sinal de qualidade a todo o município de São Paulo.

Na parte comercial, a proposta é ousada e, aparentemente, melhor para os Paulinos do que para a L&C. Luiz e Carlão dizem que, até o nível de faturamento atual da emissora (Cr$ 470 mil mensais, como disse a *Veja*), eles não querem ganhar nada. Vão garantir o repasse integral da publicidade obtida para os padres, sem cobrar qualquer taxa de serviço, sem tirar um centavo. Para o que entrar acima do faturamento atual, entretanto, eles propõem uma remuneração em percentuais escalonados, partindo de 20%.

Se conseguirem chegar a um determinado patamar, inimaginável pelos padres e, aparentemente, inatingível, o rateio será de 50%.

Ou seja: tudo que a emissora conseguir, ao elevar a audiência e os ganhos até esse ponto, será rachado meio a meio entre a congregação e a L&C. Parece ótimo aos Paulinos, porque o risco de suas emissoras piorarem ainda mais é pequeno, e eles só vão pagar pelo êxito, pelo que exceder o que já ganham. O negócio é fechado sem dificuldades. A partir desse momento, Carlão e o sócio Álvaro Almeida praticamente se mudam para a Rádio América. Ambos montam escritórios no prédio da Vila Mariana, para conhecer melhor as características da emissora e atendê-la mais de perto. Um cuida da programação e gestão, e o outro comanda a equipe de vendas, enquanto Luiz permanece na sede da L&C, dando atenção aos outros clientes e às frentes de negócio que a empresa vai abrindo.

Na sua nova rotina, Carlão convive intensamente com a comunidade dos Paulinos. Trabalha com os padres, almoça com os padres, viaja com eles – e também se diverte com eles. São tantos os religiosos no seu entorno que ele brinca com a situação e se apresenta como "Padre Carlos", quando chega algum novato para ajudar a lavrar os campos do Senhor. Essa peculiar experiência religiosa é bastante reveladora, para Carlão, dos hábitos mundanos dos vigários.

Em certa visita de inspeção à emissora de Salvador, ele fica hospedado no apartamento do Padre Luís, um simpático, mas, impertinente palpiteiro que o atrapalhava em São Paulo, e que ele cuidou de despachar para a Bahia. Jovem e mulherengo, o padre não poderia cair em terreno mais fértil para a colheita de fiéis. Carlão não espera encontrar exatamente um ambiente monástico na vivenda paroquial, decorado apenas com a cruz de Cristo, a Bíblia Sagrada, talvez o terço bizantino.

Mas, não deixa de se espantar quando encontra mesmo... calcinhas femininas no banheiro. "Pô, Luiz... Não exagera!", é tudo que ele consegue comentar da cena insólita. No mercado publicitário, ninguém quer saber do pecado da carne entre os Paulinos, mas todos estão alertas para os riscos da usura, a perspectiva muito concreta de que a Rádio América saia da dura penitência para o gordo lucro.

O novo passo da L&C é monitorado com atenção, porque mexe uma pedra importante no tabuleiro do rádio nacional e pode reconfigurar todo o jogo. As piadas que Luiz e Carlão escutam dos concorrentes mal escondem a preocupação. "Ah! Agora vocês vão ver o que bom!", diverte-se Samir Razuk, diretor da Rádio Bandeirantes, quando sabe da novidade. "Estão pensando que a América é emissorazinha do interior? Agora a coisa vai ficar séria!" Vai mesmo. Muito séria e muito rapidamente. E não apenas na emissora principal dos Paulinos, mas em todas elas. A Rádio Olinda, que está em quinto lugar na preferência dos ouvintes, será a primeira em apenas 56 dias. A Rádio Bahia, de Salvador, também vai melhorar logo. A América, como *Veja* registrará com admiração, está em oitavo lugar e atingirá a liderança em um ano, batendo recordes consecutivos de audiência e faturamento.

Têm toda razão os concorrentes, portanto, se temem que a L&C possa capitalizar seu sucesso interiorano. É exatamente isso que a empresa faz, no duplo sentido do verbo: vence também em grandes capitais e extrai dividendos da vitória, fortalecendo os seus cofres e o dos clientes. Em São Paulo, a providência mais urgente é melhorar a qualidade de som. Além dos estúdios na Vila Mariana, os Paulinos têm um grande terreno no início da Rodovia Raposo Tavares, onde instalaram uma gráfica e o parque técnico da Rádio América.

O velho transmissor Phillips é trocado por um novo em folha, com 50 kilowatts de potência, e um conjunto de três antenas direcionais garante a cobertura de toda a cidade de São Paulo. O sinal agora é tão forte que atingiria facilmente os limites do estado, se um projeto técnico inovador não o contivesse na área legal permitida pela concessão, a capital paulista.

É o primeiro sistema de transmissão de AM com três torres que o rádio paulistano conhece. Com um som forte e puro, e cobertura total da cidade, a América enfim se habilita para competir de verdade com as gigantes do dial. O passo seguinte é a programação, que carece de uma identidade nítida. É uma colcha de retalhos, com estilos e formatos divergentes, incluindo vários programas religiosos.

Aqui não há nada a inventar. Apenas tirar as rezas do ar, ajustar a seleção musical às preferências dos ouvintes e reorganizar a grade nos mesmos moldes que a L&C utiliza em outras cidades, com sucesso. Carlão e Luiz decidem se concentrar na faixa das 7h às 19h, que atrai o grosso da audiência e tem mais potencial de faturamento. Especialmente na faixa matinal.

Quem dirige até agora a programação é Franco Carlos, que também apresenta o *América Sem Fronteiras* e acha que não sobreviverá à entrada da L&C. Mas, engana-se. Não só escapa da lista de cortes da emissora como Carlão faz dele o auxiliar mais direto e fortalece o seu programa. Franco Carlos já trabalha no estilo de apresentação que a L&C valoriza, o que faz uma interligação eficiente entre as músicas e quadros do programa, sem muita falação nem personalismo excessivo.

Na Rádio Bandeirantes, na sua mesma faixa horária (entre 9h e 11h), faz sucesso o quadro do astrólogo Omar Cardoso e é necessário mudar essa inoportuna conjunção astral, de modo que o sol transite pela casa da fortuna também na Rádio América. Carlão inventa, então, a videntíssima Professora Íris, a sua própria intérprete dos astros, e incumbe a locutora Luisa Duarte de interpretar a personagem.

Ela se entusiasma tanto com o desafio que vai muito além de competir com Omar Cardoso no microfone. Estuda a sério o horóscopo e se especializa como astróloga, iniciando uma carreira que irá levá-la aos programas de Gugu Liberato, mais tarde. Luiz e Carlão também trazem para a Rádio América o *Clube do Rei*, uma hora exclusivamente dedicada às canções de Roberto Carlos.

Sucesso nas outras emissoras representadas pela L&C, o programa se inspirou na Rádio Cacique, de Sorocaba, que tinha o costume de veicular a obra do cantor diariamente, por volta das 11h30. Ela tocava três músicas seguidas do cantor e, nesse momento, a audiência explodia. As pesquisas indicavam com toda clareza. Ou seja: o ouvinte sorocabano, por saber que o ídolo estaria no ar naquele horário, procurava a emissora que o prestigiava.

Fiel ao cantor, fidelizava-se também a ela – e foi exatamente isso que a L&C buscou obter para as suas clientes. Carlão e Luiz testaram um programa só com Roberto Carlos numa rádio de Assis, no interior paulista, o sucesso se confirmou, e eles o implantaram na sua rede de afiliadas. A apresentação é de Lilian Loy, uma voz que ficará célebre no rádio brasileiro e seguirá parceira de Roberto Carlos pelos tempos afora.

Neste momento, final dos anos de 1970, ela seduz os ouvintes com uma locução suave, sensual na medida certa, que se harmoniza perfeitamente com o cancioneiro romântico do primeiro cantor do país. Apenas um desses ouvintes, um presidiário de Taubaté, apaixona-se de tal forma por Lilian que envia cerca de 200 cartas a ela. Mas isso ainda é pouco, perto da montanha de correspondência que os Correios despejam diariamente na emissora dos Paulinos.

Não é apenas a correspondência que aumenta, por esses dias. A duração das músicas também. Até recentemente, os fonogramas tinham em média três minutos de duração, mas as gravadoras agora deram de aumentá-los, cada vez mais. Fazem os artistas repetir as estrofes e os refrões das músicas, colocar solos musicais entre eles, esticar o tempo de execução até onde dá.

O que importa é que os seus contratados fiquem o maior tempo possível no ar e tenham o máximo de exposição, para que fiquem na cabeça dos ouvintes e sejam lembrados quando eles passarem por uma loja de discos. Já para as rádios isso é inconveniente, porque elas veiculam menos músicas a cada hora, a programação se arrasta e desestimula os ouvintes. Ao discutir o problema com Franco Carlos, Carlão encontra uma solução simples: editar as canções. Deixar apenas a primeira parte delas e corta a repetição.

Com isso, a Rádio América oferece uma programação mais ágil, com mais atrações e mantém o público ligado. Esse não é o único drible que Luiz e Carlão dão nas gravadoras. A Rádio América tem um acordo com a RGE para lançar discos, em geral coletâneas de sucessos, avalizados pela sua grife. O problema é que os discos só podem ser feitos com artistas contratados pela RGE, o que impede as coletâneas com outros artistas, de projeção eventualmente maior, que podem dar um bom dinheiro à L&C.

Para contornar isso, Luiz e Carlão lançam o seu próprio selo, o Play, e ficam livres para pegar fonogramas de várias gravadoras e editar os próprios discos. O resultado financeiro é razoável e até estimulará mais tarde, em 1981, a criação do Círculo do Disco, um esquema de vendas em formato exclusivo para assinantes inspirado no Círculo do Livro, que tem duração efêmera. O negócio fonográfico acaba funcionando mais para a promoção da Rádio América.

Um elemento central no sucesso crescente da emissora é justamente a promoção, que não se limita, como visto, aos spots e às chamadas que ela mesma veicula, martelando seus slogans publicitários: "A frequência do sucesso", "Pediu, tocou, ganhou", "Ligou é sucesso", etc. Luiz e Carlão espalham outdoors por toda São Paulo e criam uma

PLAY
PRODUÇÕES E GRAVAÇÕES S/C LTDA
Carlos A. Colesanti
Diretor
Rua Almirante Marques Leão, 676
Fones 285.3122 284.5551 284.5562
CEP 01330 - São Paulo SP

Com Luiz e Carlão, a Rádio América enche paredes e estantes de prêmios, como o prestigioso Roquette Pinto. O especial do mês de Roberto Carlos converte-se no Clube do Rei. O outdoor é ferramenta importante de promoção da emissora e o selo Play, como o Círculo do Disco, diversificam as atividades da L&C.

revista de divulgação, *Cantando com a América*, com tiragem mensal de 10 mil exemplares e informações sobre a programação, em especial as letras das músicas de maior apelo no momento.

A revista é distribuída em mãos por equipes de moças uniformizadas – as "Ameriquetes" –, que percorrem todas os bairros de São Paulo, guiadas por um mapa detalhado da audiência em cada um deles. Enquanto divulgam a programação, elas recolhem pedidos musicais, fortalecendo desse duplo modo os laços dos ouvintes com a emissora.

Mais que qualquer programa ou ideia promocional, entretanto, o ótimo desempenho da Rádio América sob a gestão da L&C se deve ao acerto da estratégia de "fazer FM no AM", ou de expandir ao máximo o volume de músicas executadas. A emissora é voltada para as classes de renda C-D-E, portanto, toca muito Odair José, Jerry Adriani, Altemar Dutra e outros cantores de estilo popular.

Chitãozinho e Xororó apresentam um programete só com as suas músicas. Mas a grade é balanceada com artistas mais refinados, do nível de Caetano Veloso, Chico Buarque ou Elis Regina. Isso agrada os ouvintes das classes A-B e, particularmente, as gravadoras, que enxergam a emissora como um poderoso canal de difusão de seus produtos, para todas as faixas de público.

Em circunstâncias normais de relacionamento, a simpatia das rádios é comprada pelo "jabaculê" das gravadoras, o pagamento oculto aos apresentadores para que eles promovam determinadas canções e os discos onde podem ser encontradas. Mas Carlão e Luiz repudiam a prática e não dão espaço para que a L&C receba propostas.

Ao contrário, o seu sistema de trabalho transparente, todo apoiado em pesquisas e rigoroso no controle dos apresentadores, derruba os esquemas de "jabás" nas rádios representadas e até mesmo nas concorrentes. Na Rádio Nacional, de São Paulo, por exemplo, um certo fulano ganha um bom dinheiro das gravadoras negociando a posição das canções na *Parada de Sucessos,* que ele produz, e que divulga inclusive em anúncios de jornal.

Sua lista, porém, perde toda a credibilidade e seu esquema desaba quando as pesquisas da L&C mostram quem, de fato, seduz os ouvintes e impele o sucesso no rádio. De todo modo, a contrapartida que as gravadoras dão à L&C, pelo forte incentivo de vendas de discos que as suas rádios produzem, vale muito mais do que qualquer "jabá". É o acesso fácil a seu elenco de contratados, em especial para a Rádio América.

    Os artistas não têm apenas as suas canções executadas intensamente na emissora, faturando toda vez que uma delas vai ao ar. Eles são figuras frequentes também nos microfones e nos bastidores. Além das entrevistas que concedem aos diversos programas da América, os próprios artistas apresentam a sua obra, sozinhos, em um especial mensal. Carlão sempre recebe as estrelas da MPB em sua sala e até faz consultório sentimental para uma ou outra.

    Como o atormentado cantor Antonio Marcos, a quem dá muito "colo" para as suas angústias, ressaltadas pelo alcoolismo. Essa proximidade dos artistas vira dinheiro-extra pouco tempo depois que a L&C põe a Rádio América na liderança de audiência, em 1978.

    Um belo dia, Carlão é procurado por um rapaz gordinho, produtor musical, chamado Dorival, cujo sobrenome a memória apagou. Ele conhece o ambiente da emissora, vê o trânsito constante de artistas por ali e percebe o valor que isso tem, se bem explorado. Faz uma proposta que surpreende Carlão, não por ser exótica, mas o contrário, porque enxerga o óbvio. "Por que você não faz um show com todos esses artistas?", sugere Dorival. "Você consegue facilmente que eles participem e eu ajudo a organizar".

    Claro! Por que não? Isso pode ser muito interessante para a divulgação da Rádio América. Também pode gerar patrocínio, porque um show com artistas de destaque certamente atrairá um bom público. Carlão consulta as gravadoras e o entusiasmo é geral. Todas topam ceder os seus artistas, na hora. E, o que é ainda melhor, sem que eles cobrem cachê da L&C.

    Se o show tiver produção simples e os cantores apenas puserem a voz, ao vivo, sobre uma base instrumental gravada em *playback*, eles divulgarão a sua "canção de trabalho" no momento, receberão o carinho de seu público e venderão mais discos, sem fazer muito esforço. É bom para eles, bom para a Rádio América, bom para todo mundo. Nasce, então, o *Show do Ano*.

    O primeiro deles acontece no salão de festas do Palmeiras, nas Perdizes. É um amplo espaço, que a direção do clube vem alugando exatamente para a realização de shows. A L&C cria um pequeno troféu para homenagear os artistas convidados, agenda a data do evento e decide cobrar um ingresso bem barato, pró-forma, apenas para poder controlar o número de pessoas presentes.

Os custos são cobertos por patrocínio, rapidamente obtido.

Esse primeiro *Show do Ano* provoca uma tal enchente de público nos domínios palmeirenses que fica muito claro, de saída, o ótimo negócio que ele representa. Tanto para a L&C quanto para os Irmãos Paulinos, porque o lucro é dividido na mesma proporção da publicidade nas rádios: metade para cada parte.

Os problemas que acontecem no show inaugural são irrisórios e até divertidos. Uma briga estoura no meio da plateia e é contida pelo pessoal da *Fonseca's Gang*, a empresa de segurança mais requisitada para os espetáculos da época. Em manobra de dissuasão pouco sutil, um dos seguranças enfia o dedo na boca do brigão mais exaltado, "pesca" o sujeito como se o dedo fosse um anzol, e o arrasta pendurado salão afora...

Outro caso acontece com Jerry Adriani, que ainda é artista muito popular, mas não está mais no auge da carreira. Ele fica enciumado com o frenesi em torno da estrela da hora, Sidney Magal, que junta multidões na rua quando visita a Rádio América e não menos no Palmeiras. Jerry exige que os brucutus da *Fonseca's* também o protejam do assédio enlouquecido das fãs e é atendido. Deixa o clube cercado por uma barreira de músculos, mas, para sua decepção, não aparece nenhuma tiete disposta a lhe rasgar as roupas...

A partir da segunda edição, em 1979, já sem a parceria de Dorival, o *Show do Ano* se transfere para o ginásio da Portuguesa de Desportos, no Canindé, e será realizado ali por uma década. O espaço comporta mais de 15 mil pessoas e lota completamente, ano após ano. As apresentações dos artistas começam por volta das 10h e se estendem pelo dia todo, até o início da noite. Dezenas de cantores e grupos participam, mas Fábio Júnior conquista o direito de encerrar os shows, por tradição.

É tanto público que ele atrai, tanta excitação que produz nas fãs, que a sua apresentação é sempre uma apoteose – muito adequada para concluir a maratona musical do dia. Um teste definitivo do prestígio da Rádio América junto ao público e de seu poder de mobilização é oferecido em 1979, por uma instância religiosa superior aos Irmãos Paulinos: São Pedro, o senhor dos elementos celestes. No verão daquele ano, chuvas bíblicas castigam o sudeste do país e um dilúvio quase submerge Minas Gerais, o estado mais afetado.

Assim como aconteceu no Rio de Janeiro treze anos antes, quando o recém-chegado Walter Clark organizou na TV Globo uma campanha de auxílio às vítimas de uma terrível enchente e cravou a emissora no coração dos cariocas, a L&C põe a estrutura da Rádio América a serviço dos mineiros. Estimula os ouvintes a doarem roupas e mantimentos, e surpreende-se com a dimensão da resposta. Os galpões que os Paulinos disponibilizam numa área da Praça da Árvore, para receber as doações, se enchem de solidariedade rapidamente.

A campanha é feita exclusivamente pela Rádio América, apenas com os seus microfones e sua estrutura de comunicação, mas não param de chegar contribuições. Para levar o material coletado até o Campo de Marte, de onde segue para Belo Horizonte, são necessários quase 20 caminhões. Um cortejo imenso percorre São Paulo, com faixas que informam a população: "Rádio América auxiliando Minas". Aviões Búfalo do FAB decolam abarrotados. A campanha tem um enorme êxito, tanto na finalidade de auxílio aos desabrigados, quanto na consolidação da boa imagem pública da emissora e de seu poder de mercado.

A essa altura, com os anos de 1970 no fim, o prestígio da L&C já é imenso e a fama de Luiz e Carlão como "milagreiros" do rádio só aumenta. Eles são missionários, pregadores das virtudes do veículo. Participam de todas as atividades que o valorizam. Fazem palestras em todo o país, defendendo uma radiodifusão profissional e avançada, a importância das pesquisas, a interação constante com os ouvintes, as ideias que vêm acumulando desde os tempos da HB.

Radiodifusores em dificuldades vêm de toda parte à procura deles, esperançosos na infalibilidade do seu toque de Midas, e isso cria uma nova oportunidade de negócio. O que fazer quando chega um potencial cliente, que tem rádio numa cidade onde a L&C já representa alguém? Encaminhá-lo a outra empresa de representação não é opção, visto que alimentar a concorrência é sempre tiro no pé. O melhor é acomodá-lo numa empresa subsidiária, de modo a faturar com ele sem melindrar o outro radiodifusor da sua praça.

É assim que Luiz e Carlão criam a Contato, em sociedade com o publicitário Raul Nogueira, que representa diversos jornais do interior e traz a ideia de somarem forças. A nova empresa vai atender não apenas as rádios excedentes da L&C como buscará os jornais das cidades onde ela atua. A L&C terá 70% da operação, Nogueira 15% e o gerente da sucursal da L&C no Rio de Janeiro, Joaquim Pereira, os outros 15%.

Com a expansão das atividades, crescendo dia a dia, a L&C atrai a atenção dos grandes do mercado, que tentam colocá-la sob as suas asas. Não é fácil para Carlão e Luiz dizerem não a João Jorge Saad, dono da Rádio e TV Bandeirantes, por exemplo, quando ele os convida para migrarem com as suas rádios próprias e as representadas para a "Cadeia Verde-Amarela", o grande agrupamento de emissoras que ele estruturou no país.

Saad é uma pessoa "perigosamente simpática", todos sabem muito bem. É agradável, sedutor, bom negociante e está obcecado em absorver a L&C. Luiz e Carlão têm de usar muita diplomacia na conversa, para se esquivar da oferta sem aborrecer o ofertante. Até porque são muito amigos de seu filho, Johnny Saad, e não querem nenhum tipo de estresse nessa relação.

Outro exercício de esquiva são os encontros com o senador João Calmon, líder do grupo dos Diários e Emissoras Associados, que detém a TV Tupi, já em fase agônica, e diversas emissoras de rádios. Ele chama Luiz e Carlão e oferece o mundo, a Lua e mais alguma coisa para que larguem tudo o que fazem e tomem conta da comercialização dos veículos do grupo.

Quer enviá-los com urgência à Rádio Marajoara, em Belém, para começarem pela emissora amazônica em crise mais grave a sua missão de salvamento. Mas, como Saad, Calmon igualmente leva um não. Se já não havia razão para desistir do projeto próprio no começo da L&C, quando surgiu o excelente convite de Nestor de Macedo, muito menos há agora, quando a empresa já controla quase 70 rádios e dá bastante lucro.

Mas o crescimento não produz só alegria. Ele exige um trabalho insano, movimentação por todo o país e uma disponibilidade para os clientes que arrebenta com a vida pessoal de qualquer um. A de Carlão, aliás, vem de turbulência recente. Em outubro de 1981, ele reencontra, Anne depois de quase duas décadas, o que vai encerrar seu casamento com Maria do Carmo, para produzir uma nova união.

Ele já tem três filhos (Alexandre, Luciana e Fabiana) e vai ganhar os dois de Anne (Luciana e Carlos Henrique), que virão com ela de Recife para São Paulo, no final de 1982. O casal ainda terá depois uma filha, Carolina. Luiz também já é pai de três crianças (Priscila, Marcelo e Mariana) e, como o amigo, precisa destinar mais à família o tempo que os negócios estão roubando.

A vida dos dois amigos está virando um inferno. Não apenas eles têm de viajar a toda hora, para atender os clientes diretamente em suas emissoras, como têm de recebê-los e ciceroneá-los quando vêm a São Paulo. Carlão vive entrando e saindo de trens e aviões, saltando de cidade em cidade; Luiz chegará a contabilizar cerca de 1.500 voos, partindo de Congonhas.

Quando em visita à L&C, os radiodifusores não querem conversar com os chefes dos departamentos, por mais graduados que sejam. Querem ser recebidos pelos regentes da orquestra, com toda a distinção e os salamaleques que julgam ser de seu direito. Para Luiz e Carlão, isso implica em ter o cliente perambulando pela empresa por dois ou três dias seguidos, passando horas em suas salas, exigindo sua companhia em almoços e jantares, consumindo toda a sua atenção. Multiplicado às dezenas, dá para ter ideia do tamanho de seu problema.

A situação exige uma saída urgente. É preciso encontrar uma fórmula para unificar as operações, simplificar os procedimentos e eliminar a necessidade de tantos deslocamentos, para ajustes locais rádio a rádio. Quem aponta a Luiz e Carlão o caminho a seguir é a TV Globo, a grande líder do mercado brasileiro de comunicação e sua maior inovadora.

Nos próximos tempos, eles estarão empenhados em um ambicioso e inédito projeto, inspirado na forma como se organiza o império global. Vão implantar a primeira operação regular do rádio brasileiro em rede nacional de emissoras, com programação unificada e transmissão simultânea em todo o país.

O Show do Ano da Rádio América reúne milhares de pessoas, em torno dos artistas mais populares do país: Antonio Marcos, Angela Ro-Ro, Gugu Liberato, Os Novos Baianos (Galvão na foto), Agnaldo Timóteo, Maria Alcina, Guilherme Arantes, Jane & Erondi, e muitos outros.

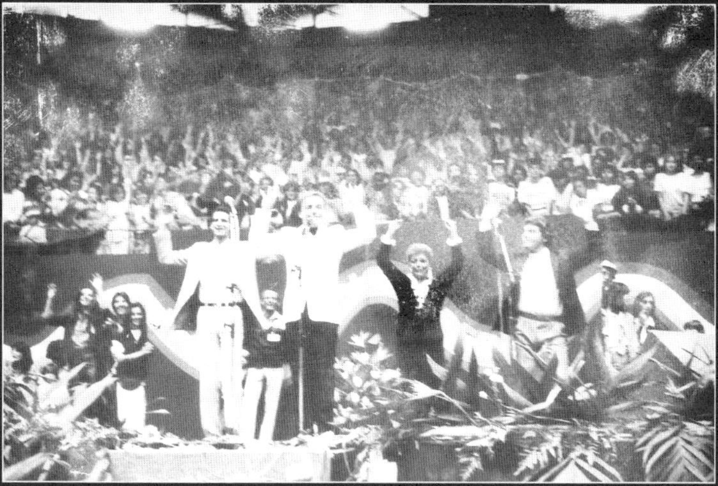

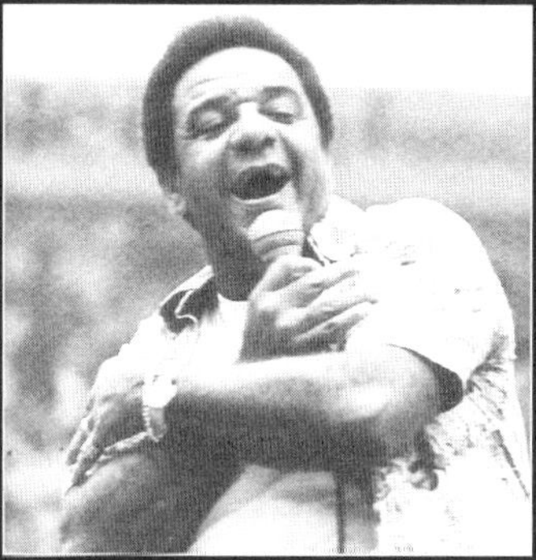

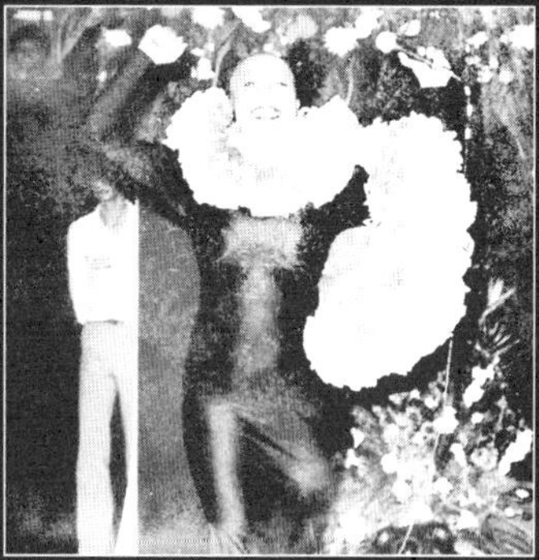

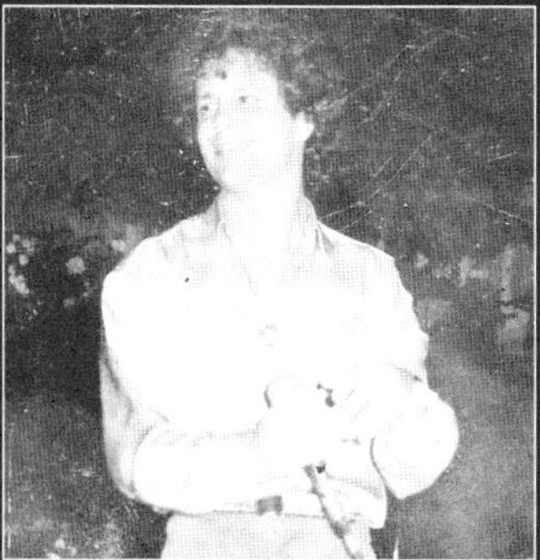

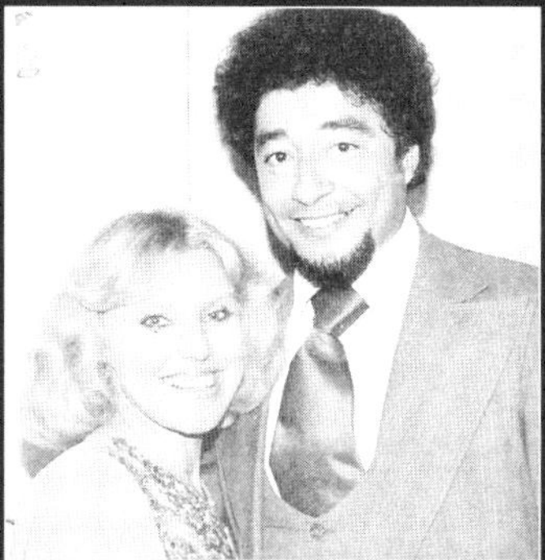

Carlão e a equipe da L&C trabalham duro no Show do Ano, sempre repleto de estrelas: Fábio Jr., Zizi Possi, Wando, Chitãozinho e Xororó, Pepeu Gomes, Roberto Leal e Oswaldo Montenegro.

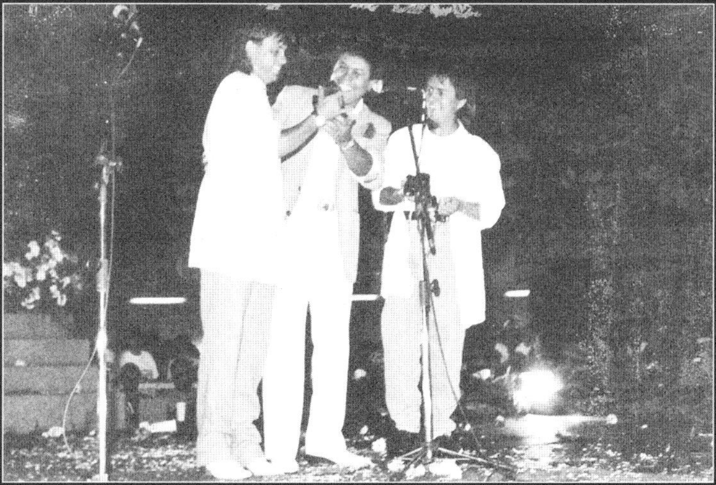

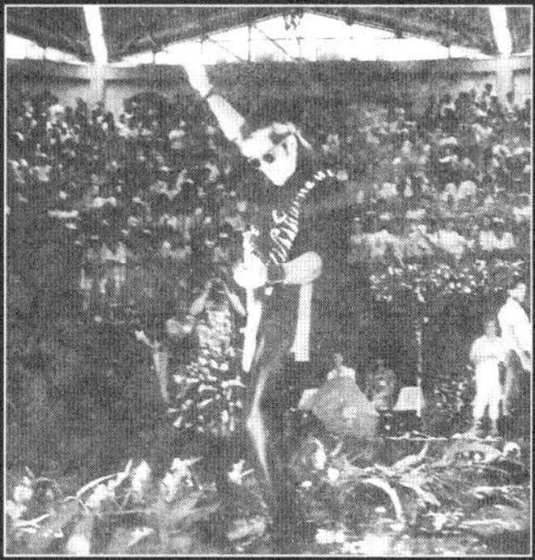

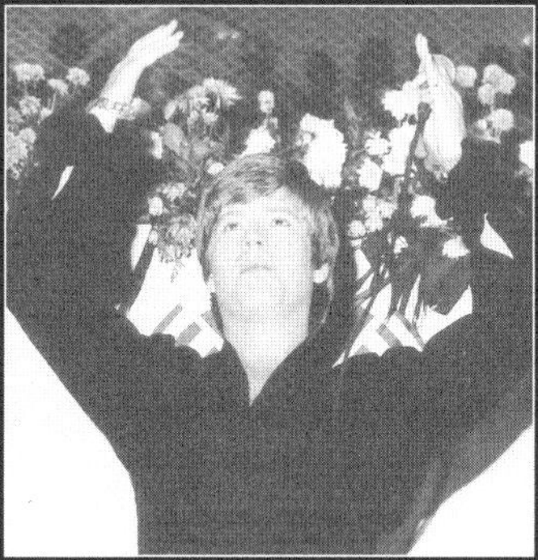

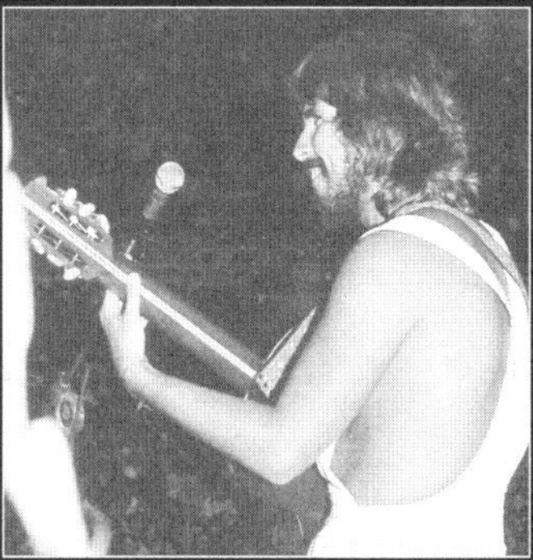

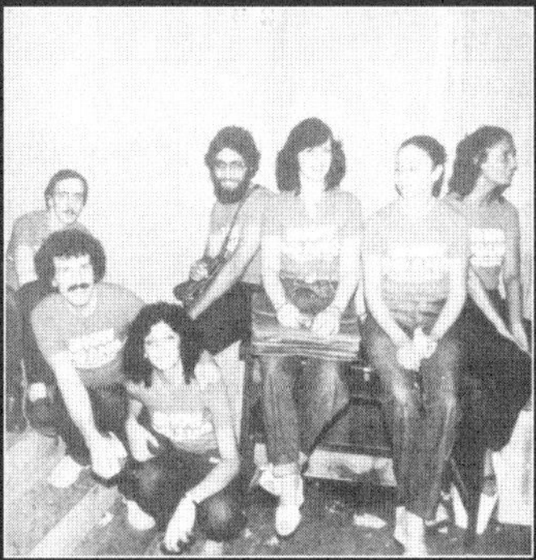

CARLÃO, TEMOS O NOSSO
PLIM-PLIM!

CARLÃO TINHA UM PRINCÍPIO, queria fazer dar certo. Queria unir a pesquisa ao rádio, a fome com a vontade de comer. A nossa simbiose foi exatamente essa. Ele é um cara muito bom. Quando confia na pessoa, não titubeia. Não volta atrás e não dá bola para outras opiniões, recebe com reservas. Ele confiava em mim e eu nele. Tínhamos reuniões todos os dias e a gente se abria, discutia, decidia juntos.

Um dia, ele me passou uma tarefa: "Ô Franco, nós precisamos de uma marca para a Rádio América. A Globo tem o *plim-plim* e nós não temos nada. Precisamos criar uma marca". Na rua Domingos de Morais, próximo da rádio, tinha uma loja de brinquedos. Passando por lá, eu vi uma marimba. Comprei e falei: "Carlão, temos a marca!". Cantei "A-mé-ri-ca!", toquei um "priiiiiimmm" na marimbinha e ele aprovou na hora.

Primeiro, a gente fazia essa vinheta ao vivo na programação da rádio. Deixava a marimba perto do microfone, tocava o "priiiiiimmm" e, depois, dava o nome da estação e a hora: "América, 10 e 15", "América 11 e 22". Depois, eu e Lilian Loy fomos ao estúdio de Humberto Marçal, no centro de São Paulo, e gravamos uma vinheta mais completa, com o "América" cantado por ela, seguido depois da marimbinha. Mais tarde, a gravação foi remasterizada e a vinheta ficou no ar por muitos anos.

A Rádio América vivia cheia de artistas. Nós tínhamos um relacionamento muito grande com eles porque estávamos em primeiro lugar na audiência. Eu gravava com eles para um programa chamado *Domingo Especial*. Gravei com Elis Regina, Nelson Gonçalves, Sidney Magal, Joana. Emissora em primeiro lugar, ninguém discute, o cara simplesmente vai lá. Assim como ia no *Show do Ano*. Eu apresentei os shows do primeiro ao décimo. A L&C foi uma base para mim.

Franco Carlos

Paulistano do Ipiranga e hoje com 65 anos, Francisco Carlos Valio chegou à Rádio América em 1971, para apresentar o matinal América Sem Fronteiras, *já com o nome artístico de Franco Carlos. Além de atuar no microfone, ele foi redator e cronista. Em 1977, quando a L&C assumiu a gestão da Rádio América, ele mantinha o seu programa diário e respondia pela programação. Foi o principal auxiliar de Carlão por alguns anos.*

RÁDI
EM

O REDE

JORNAL DA AESP - SÃO PAULO, JULHO DE 1984 PAGINA 19

LIGUE O RÁDIO E VEJA QUEM VAI DAR AS NOTÍCIAS DO DIA PARA VOCÊ.

Agora para saber tudo o que Nei Gonçalves Dias tem a dizer é só ligar o rádio. Todos os dias, às 6:45h da manhã, a voz notícia do rádio brasileiro está no comando da Rede L&C de Notícias. O primeiro jornal nacional do rádio brasileiro está no ar, em 50 emissoras de norte a sul do país.

Nei Gonçalves Dias e sua equipe vão dizer tudo o que você precisa saber sobre economia, política, esporte, assuntos rurais e defesa do consumidor. Ligue o rádio, Nei Gonçalves Dias quer ter uma conversa com você todas as manhãs.

Aloysio Biondi - Economia
Juca Kfouri - Esporte
Nivaldo Manzano - Agropecuária
Carlos Zarur - Repórter de Brasília
Renato Miranda - Repórter do Palácio dos Bandeirantes
João Dória Jr. - Defesa do Consumidor
Luiz Gutemberg - Política

NEI GONÇALVES DIAS
A VOZ NOTÍCIA DO RÁDIO BRASILEIRO

REDE L&C DE NOTÍCIAS
L&C
O 1º JORNAL NACIONAL DO RÁDIO BRASILEIRO

Rádio Correio FM - João Pessoa-PB
Rádio Campina Grande FM-PB
Rádio Olinda-Recife-PE
Rádio Nordeste-Natal-RN
Rádio Atalaia de Aracaju-SE
Rádio Sta. Catarina-Florianópolis-SC
Rádio Musical FM-Florianópolis-SC
Rádio Cultura de Joinville FM-SC
Rádio Tupanci-Pelotas-RS
Rádio Angra-Angra dos Reis-RJ
Rádio Grande Rio-Petrolina-PE
Rádio Difusora Caxiense-C. do Sul-RS
Rádio Difusora Teresina-PI
Rádio Paioqueré-Londrina-PR
Rádio Difusora-Cuiabá-MT
Rádio Universal-Goiânia-GO
Rádio Imarense-Anápolis-GO
Rádio Difusora de Corumbá-MS
Rádio Vila Velho-Ponta Grossa-PR

Rádio Vila Velho-FM-Ponta Grossa-PR
Rádio Maringá FM-PR
Rádio Cassino-Rio Grande-RS
Rádio Educadora de Uberlândia-MG
Rádio Paranaíba/FM-Uberlândia-MG
Rádio Subaé-Feira de Santana-BA

Rádio Mirante de S. J. da Boa Vista-SP
Rádio Assunção Cearense-Fort.-CE
Rádio Nordeste FM-Feira de Santana-BA
Rádio Cariaco-Rio de Janeiro-RJ
Rádio Cultura de Salvador-BA
Rádio Musical FM-Itabuna-BA

Rádio Guarnica FM-Guarapuava-PR
Rádio Rosário FM-Itu-RS
Rádio Cacique de Santos-SP
Rádio Universal de São Roque-SP
Rádio Universal de Caçapava-SP
Rádio Alvorada-Piracicaba-SP
Rádio Brasil Novo-S.J. Rio Preto-SP
Rádio Onda Nova FM-S.J. Rio Preto-SP
Rádio Jovem Luz-Araçatuba-SP
Rádio Universal-Bauru-SP
Rádio Cultura de Campinas-SP
Rádio Guatara-Belém-PA
Rádio Difusora FM-Campinas-SP
Rádio B FM de Jacareí-SP
Rádio Correio do Paraíba-J. Pessoa-PB
Rádio São Luiz-MA
Rádio América de São Paulo-SP
Rádio Comercial de Pres. Prudente-SP
Rádio Comercial 2 FM-Pres. Prudente-SP

Um jornal diário é o carro-chefe do projeto ousado de Luiz e Carlão: uma programação de rádio transmitida em rede nacional pela L&C e veiculada por dezenas de emissoras.

7

L&C DEDICA ESTAS LINHAS ÀS *A*GÊNCIAS DE *P*ROPAGANDA
e *Anunciantes brasileiros. Com provas de simpatia e declaradas segundas intenções.*
O rádio precisa falar mais alto. Depois do galo, a primeira coisa que se ouve neste país é a Voz do Rádio. Todos os dias, antes de fazer o café e a barba, homens e mulheres de todas as classes sociais giram o botão.
E ouvem tudo o que foi feito para tocar no Rádio. Música, Notícias, Fofoca, Comentários, Receitas, Previsões.
E Comerciais cantados, gritados ou falados.
Só desligam para dormir.
No dia seguinte, o galo canta, eles acordam, ligam o Rádio e o Rádio continua dormindo. Porque, na hora de cantar e falar dos grandes lançamentos publicitários nacionais, o Rádio está mudo. Está cheio de gente do lado de lá e ninguém diz nada do lado de cá.
Você tem pelo menos 10 razões para explicar tudo isso. E nós não podemos discordar de nenhuma. É melhor mudar de estação. Gire o botão e ligue a Rede L&C de Rádio. Uma Rede de

70 emissoras (por enquanto) líderes de audiência nos melhores mercados do país. Filiadas a um Padrão de Qualidade, Programação e Comercialização criado, produzido e checado em São Paulo. Nós computamos, selecionamos, tabelamos, quantificamos e qualificamos o Rádio do Brasil. Você gira o botão e sabe o que vai comprar, e quando foi para o ar, em qualquer região do país, sem sair de São Paulo ou Rio. L&C usou 13 anos de know-how no negócio para criar a primeira Rede de Rádio Brasileira. Só falta você girar o botão e falar. O Brasil está ouvindo; com provas de dedicação e simpatia.⁽⁸⁾

O folheto tem o título Gire o Botão e Ligue o Rádio no Brasil e circula no mercado anunciante em 1982. Com esse texto imodesto, repleto de maiúsculas para enfatizar as virtudes do veículo e melhor seduzir os destinatários, Luiz e Carlão divulgam a nova operação que acabam de lançar, em uma festa para 600 convidados em São Paulo, e, também, em um congresso da ABERT, em Brasília, onde conseguem uma autorização especial do Ministério das Comunicações para operar uma FM de baixa potência, temporariamente, e instalam a estação-piloto no recinto do evento.

A Rede L&C de Rádio é a sua proposta para gerenciar a programação e a comercialização de dezenas de emissoras, simultaneamente, e a sua esperança de atrair os grandes anunciantes nacionais, que há tempos só querem saber dos botões da televisão. A primeira motivação para a rede, como já visto, vem da indisciplina nas rádios que a L&C representa.

O esquema implantado em cada uma delas – *playlist* rigorosa das canções, feita exclusivamente com pedidos dos ouvintes; pouca falação dos apresentadores; bis das músicas de sucesso; hora certa e vinheta de identificação da emissora em todos os intervalos; etc – não é obedecido por muito tempo, na falta de atenção dos proprietários.

Sem controle, os radialistas vão incluindo músicas de sua preferência, não bisam os sucessos, alongam os comentários, esquecem de dar a hora. A programação perde ritmo e apelo, e isso produz o inevitável: fuga de público. De estrategistas, Carlão e Luiz se veem convertidos em bombeiros e já não suportam percorrer o país para apagar incêndios nas emissoras, provocados pela perda de audiência e faturamento.

A outra motivação para a rede vem da desconfiança do mercado publicitário, muito reticente com os procedimentos comerciais no rádio. Para começar, os intervalos para os anúncios em muitas emissoras são absurdamente longos, podendo atingir até cinco minutos, o que, evidentemente, afugenta o público. Além do mais, eles são programados sem critério e é normal que uma loja de varejo, por exemplo, seja anunciada logo depois de uma outra loja do mesmo segmento.

Mas a queixa mais comum é de que as emissoras não veiculam a publicidade contratada com as agências e paga pelos anunciantes. Elas devem enviar os comprovantes de veiculação, indicando os dias e horários precisos em que os *spots* e *jingles* vão ao ar, mas a fraude nisso é frequente. Cobra-se muito mais do que é efetivamente entregue aos clientes. Em alguns casos de gatunagem extrema, o representante comercial sequer remete as fitas com as mensagens publicitárias à emissora e ele mesmo emite um "comprovante", para receber pelas inserções que não existiram.

A operação em rede resolve todos esses problemas. Por um lado, obriga que todas as emissoras afiliadas transmitam a mesma programação, exatamente como planejado, na ordem e no horário que foram determinados para as músicas, os comentários, os quadros, qualquer conteúdo. Por outro, assegura que a publicidade nacional seja efetivamente veiculada, com os intervalos ordenados na forma e no tempo corretos. A grade comercial é enviada de São Paulo já gravada, junto com as locuções, o que dificulta as fraudes.

Restam as inserções locais para alguma pilantragem, mas ela é ainda mais difícil porque o anunciante mora na localidade e ele mesmo atua como fiscal dos seus interesses. A Rede L&C de Rádio nasce também por inspiração da Rede Globo de Televisão, um sucesso arrasador desde o seu começo, em 1969. A Globo levou todo o mercado televisivo brasileiro a se organizar da mesma forma que ela e agora, no início dos anos 1980, praticamente não existem mais as emissoras comerciais independentes.

As pequenas estações locais estão afiliadas à Globo ou a alguma das redes coirmãs: Bandeirantes, Record e SBT. Logo mais, terão também a Manchete e a CNT para se associar. E se o modelo das *networks* norte-americanas se tropicaliza tão bem na TV brasileira, por que não funcionaria no rádio? É nisso que Carlão e Luiz confiam, para fazer a tentativa. Ocorre, entretanto, que a radiodifusão em rede se faz através dos sistemas de telecomunicações. No caso do Brasil, país continental, requer a transmissão via satélite, a única capaz de levar o sinal efetivamente a todo o território.

Quem oferece esse serviço, de forma exclusiva porque há monopólio estatal nas telecomunicações, é a Embratel e o seu preço altíssimo expressa bem a falta que faz a concorrência nesse mercado. Para as redes de TV, todas faturando muito bem, o custo de transmissão é alto, mas viável. Já para o rádio, é proibitivo. Dessa forma, a Rede L&C de Rádio se organiza a partir de um complexo sistema de gravação, duplicação e tráfego de fitas magnéticas, com uma logística de operação que irá mobilizar dezenas de pessoas em São Paulo e nas afiliadas Brasil afora, e dará um trabalho monumental para todos os envolvidos.

Luiz e Carlão possuem as três emissoras próprias no interior de São Paulo (Agudos, São Roque e Caçapava) e, em fevereiro de 1980, compraram também a Rádio Independência, de Goiânia (AM 1080 KHz), rebatizada Universal, como as outras. Mas a L&C ainda não tem estúdios em São Paulo. Para atender a rede, é montado um na sede na empresa. Pequeno, mas espetacular nas condições técnicas, muito bem equipado.

Ainda mais importante que o estúdio, uma sala de copiagem é instalada, com 50 gravadores de rolo Akai trabalhando dia e noite para colocar em fitas magnéticas a programação, que será enviada às 70 emissoras afiliadas. Duas kombis saem da L&C semanalmente, lotadas de fitas do piso ao teto, em direção aos Correios, onde são enviadas a cada praça pelo sistema Sedex, o mais caro de todos, porém, mais rápido.

As fitas vão embaladas em caixas de isopor, perfeitas para o isolamento térmico e a proteção física, e causam alguma estranheza aos parceiros no começo, o que rende boas gargalhadas em São Paulo. Na primeira remessa, alguém enche o isopor de gelo antes de devolvê-lo. Uma outra caixa volta repleta de saúvas... O que vai gravado nas fitas são as locuções de apresentação dos programas e das músicas, além das vinhetas e do material comercial.

Os discos são enviados às rádios diretamente pelas gravadoras, que não reclamam do custo e do trabalho porque têm interesse total na Rádio América, grande alavanca de vendas, e querem agradar a L&C. Junto com as caixas de isopor, seguem as planilhas de programação, com a lista das músicas selecionadas e todas as instruções para veiculá-las. Os operadores nas afiliadas só têm o trabalho de organizar as fitas e os discos, e seguir o roteiro da L&C, que cuida de abrir espaço para algum conteúdo local.

Uma ideia engenhosa assegura a participação dos ouvintes e dá a eles a sensação de estarem em rede nacional. A L&C contrata uma linha telefônica 0800 da Telebrás e todas as emissoras da rede divulgam o número, convidando os ouvintes a ligarem gratuitamente e participarem dos programas, pedindo as suas músicas favoritas. Ao mesmo tempo, cria uma personagem – Ana Maria –, que é apresentada como secretária de todos os apresentadores, a pessoa que organiza os pedidos musicais, o elo de contato com o público.

Em cada cidade, as emissoras afiliadas contratam uma moça para fazer o papel da fictícia personagem. Desse modo, toda vez que um apresentador de São Paulo pergunta "Ana Maria, para quem vai a próxima música?", é inserida na emissora local uma gravação da sua contratada, dizendo nomes de pessoas da cidade. A audiência exulta em imaginar que o seu torrão natal é citado em rede nacional, quando ele está sendo ouvido, como sempre, apenas nos limites municipais. "Essa Ana Maria é danada! Eu escuto ela aqui em São Paulo e quando estou lá na minha cidade, visitando paínho, ela também está falando lá!"

O comentário de uma empregada doméstica de Luiz demonstra como o truque funciona bem, mesmo com as diferenças de voz das diversas locutoras que dão vida à personagem. O bairrismo é sempre uma poderosa força motriz da mentalidade interiorana e não é de pouco valor para as pessoas terem o nome da sua cidade e os de seus conterrâneos falados em suposta rede nacional, por grandes astros da mídia.

Sim, grandes astros, porque em reforço à programação musical da rede, a L&C contrata para comandar o microfone alguns profissionais consagrados ou em evidência na mídia de São Paulo. Vale dizer, conhecidos no país inteiro. Chacrinha é um deles. Wagner Montes é outro. E também Gugu Liberato. Gugu é um astro recente, destacado pelo show *Viva a Noite!*, no SBT. Seu programa na rede atrai tanto interesse que estoura as ligações para o 0800.

O sucesso paralelo no rádio provoca ciúmes no seu patrão e inspirador na TV. Por ganância, imaginando abocanhar um naco de seu faturamento radiofônico, Silvio Santos tenta tirá-lo da L&C para levá-lo a outro circuito de rádio. Mas o jovem apresentador dá prova de boa índole e responsabilidade profissional. Em telefonema na sala de Carlão, testemunhado por ele, Gugu rechaça firmemente a pressão de Sílvio e o faz recuar. É o melhor que ele faz. O SBT perderia com a sua estrela insatisfeita e não ganharia nenhuma fortuna, como Silvio imaginou, se Gugu deixasse a Rede L&C.

Gugu assegurado, Chacrinha e Wagner Montes igualmente, somam-se a eles na rede os nomes famosos da Rádio América – Franco Carlos, Professora Íris –, que também participam da programação. Nesse grupo, inclui-se um informado e misterioso Anacleto Dias, que conta boas fofocas dos artistas, mas ninguém nunca viu. Salvo na pele de seu intérprete, Carlos Colesanti, que inventou e vive a personagem para prover a rede de um similar de Nelson Rubens.

Não somente pelos nomes que reúne, a programação da rede é bastante similar à da Rádio América. Ela cobre o mesmo período das 7h às 19h, deixando as outras faixas horárias a critério das afiliadas. O *Show da Manhã*, de Franco Carlos, é oferecido na grade nacional. O *Clube do Rei*, de Lillian Loy, vira *Roberto Carlos Especial*. *Dá o Bis* se transforma em *Sucesso em Dose Dupla*. E assim por diante, numa estratégia de espelhar em nível nacional os conteúdos e a estrutura de grade que triunfam no rádio AM de São Paulo.

Junto ao público, ela funciona muito bem. Mas a resistência do mercado publicitário persiste e mesmo o charme da novidade – a primeira rede nacional de rádio do país – é insuficiente para fazer os anunciantes nacionais e suas agências abrirem o cofre para a L&C. Uma ferramenta importante para dar credibilidade ao projeto e conquistar a confiança do mercado é a *Rede L&C de Notícias*, o noticiário diário que encerra a programação da rede, das 18h às 19h.

Apresentado por Ney Gonçalves Dias, no auge da carreira, tem comentaristas de peso, como Aloísio Biondi (economia), Juca Kfouri (esportes), Luiz Gutemberg (política), Nivaldo Manzano (agropecuária) e logo obtém prestígio suficiente para conseguir, por exemplo, uma entrevista exclusiva com o presidente da República, no momento, o general João Batista de Figueiredo. É o produto mais caro da rede, o único transmitido para todas as praças em tempo real, via Embratel. Mas é também o único que consegue atrair um grande patrocinador, o Banespa.

De modo geral, o mercado dá uma "banana" à Rede L&C de Rádio. Nanica, ainda por cima. Outro raro anunciante de estatura, a Varig, chega à L&C graças a João Dória Júnior, empresário que se tornará *showman* de TV e prefeito de São Paulo em 2017, e é amigo de Carlão e Luiz. Ele os recomenda ao diretor comercial da companhia aérea, Carlos Ivan Siqueira, que topa programar inserções na rede.

Siqueira, no entanto, não faz isso exatamente pelo grande potencial de comunicação que enxerga nela e sim por um excelente acordo de negócio. Ele é também proprietário de uma rede de restaurantes em São Paulo, com marcas que se tornam conhecidas Brasil afora: O Profeta, Os Monges, As Noviças. E propõe que, a cada dois comerciais que a L&C receber da Varig, ela o bonifique com um comercial gratuito de seus restaurantes. Não é nenhuma maravilha, mas é melhor do que nada, e Luiz e Carlão aceitam.

Dois pra lá, um pra cá – e, assim, segue a Rede L&C, na complicada dança do patrocínio nacional. Em 1983, a L&C faz uma nova manobra para fortalecer a credibilidade do rádio e injetar ânimo nas agências e anunciantes, para que programem o veículo com mais vigor e mais frequência. Nesse ano, a *Folha de S. Paulo* lança o seu próprio instituto de pesquisas, o Datafolha, e Carlão enxerga a oportunidade de uma parceria vantajosa com a nova empresa, para mútua visibilidade.

Além da L&C, apenas o Ibope pesquisa rádio regularmente e sem muito entusiasmo. Se o Datafolha engrossar o volume de pesquisas disponíveis sobre o veículo, talvez o mercado o veja com mais interesse. Afinal, o instituto já nasce com selo de prestígio, transferido pelo jornal. Se a *Folha* olhar para o rádio, quem sabe o mercado também queira olhar?

A ideia de Carlão é formar um *pool* de emissoras, para custear as sondagens do Datafolha. Ele formata o negócio com diretores do instituto, mostra a eles como estrutura as pesquisas de rádio, põe a L&C e a Rádio América no grupo de clientes, e atrai algumas concorrentes. Na Rádio Capital, então dirigida por Hélio Ribeiro, a nota cômica da operação: Carlão é apresentado ao ego monumental do famoso radialista. Vê bem de perto a sua lendária empáfia, ou melhor, vê de baixo.

Ele é recebido como Charles Chaplin recebe o sósia paródico de Benito Mussolini, no filme *O Grande Ditador*: numa sala enorme e vazia, onde desponta a mesa de Ribeiro em plano mais elevado, para que ele olhe o interlocutor sempre do alto... Carlão sai meio desconcertado, sem saber se ri ou sente raiva, mas, com a Rádio Capital no *pool*, o que de fato interessa.

Enquanto lutam para salvar o projeto da rede, projetando o meio rádio de todas as formas possíveis, Luiz e Carlão enfrentam problemas na Rádio América, a nave-mãe do empreendimento. A emissora dos padres paulinos segue sendo a peça mais importante para a estratégia da L&C no mercado de radiodifusão, mas, como todas que transmitem em ondas médias, ela começa a penar com a concorrência da frequência modulada.

O avanço irresistível que Luiz e Carlão previam para as rádios FM desde meados da década passada, quando basearam-se nelas para implantar a programação estritamente musical nas suas representadas e depois levaram a fórmula para a Rádio América, confirma-se agora. A indústria eletroeletrônica já abarrota as lojas com aparelhos de rádio de multissiontonia e estereofônicos, a qualidade do som FM supera de longe o AM monofônico e novas emissoras vão surgindo, para atender o interesse crescente do público.

Algumas das emissoras FM até se espelham no formato da Rádio América, para aproveitar dele o que funciona muito bem. Imitam a repetição simultânea de músicas, por exemplo, e tudo mais que possam trazer de exitoso na experiência do AM. As FM seguem voltadas preferencialmente para os jovens de 14 a 25 anos das classes A e B, mas vão seduzindo a moçada também das classes C-D-E, até agora cativa das ondas médias.

O volume menor de publicidade veiculada funciona como atrativo para esse público, que quer ouvir música, não falação. Se não houver uma resposta rápida e eficiente, portanto, o AM não será apenas o rádio dos mais pobres, mas, em breve, também o dos mais velhos. O exato contrário do que interessa ao mercado anunciante.

Luiz e Carlão entendem o tamanho da ameaça ao seu negócio e, mais uma vez, vão para a luta usando as armas do adversário. Se a missão é conquistar os jovens, eles também vão tratar de... laçá-los. Nestes anos de 1980, uma mudança significativa está ocorrendo na música sertaneja. Como o próprio Brasil interiorano, ela se urbaniza, abandona os temas exclusivamente rurais e se aproxima do *country* norte-americano, assim como do brega romântico nacional. Chitãozinho e Chororó, Leandro e Leonardo, Daniel e João Paulo, Cristian e Ralf, os novos nomes surgidos no final da década se tornam conhecidos em todo o país, movimentando uma indústria de entretenimento milionária, que fará de São Paulo a sua Meca e de Goiânia, a Medina.

Mas o FM ainda está preso à visão elitista de seus programadores, que odeiam a música "caipira" e não entendem a força da nova onda. É a L&C que vai surfá-la antes de todos. Carlão e Luiz reorientam a programação da Rádio América, preenchendo a grade com as novas canções que conquistam o país. Batizam esse estilo de "Jovem Música Sertaneja", para diferenciá-lo do chamado "sertanejo de raiz", e fazem propaganda intensa da marca.

Também repetem a estratégia usada no *Clube do Rei*, criando um programete exclusivo para Chitãozinho e Chororó, com mais de uma inserção diária, apresentado por eles e dedicado tão somente à sua obra. Carlão e Luiz não abandonam os velhos campeões de outros estilos, como Jerry Adriani, Sidney Magal ou Odair José.

Também não desatentam de outras novidades, como a explosão mundial de Michael Jackson, que igualmente ganha programa exclusivo e fã clube organizado na Rádio América. Mas eles prestigiam cada vez na emissora a turma da bota, fivelão e chapéu de caubói. Logo a L&C estará fazendo um segundo show anual no estádio da Portuguesa de Desportos, no meio do ano, apenas com artistas da Jovem Música Sertaneja. Com o mesmo apoio das gravadoras e o mesmo interesse do público.

O sucesso da estratégia é total. Com o neosertanejo, Carlão e Luiz conseguem manter a Rádio América no topo do dial paulistano, sempre entre os três primeiros lugares de audiência. Asseguram a sobrevida do AM por alguns anos e ainda tiram algum suco do FM, organizando uma operação em rede para cerca de 30 emissoras nessa frequência, atendendo com ela alguns clientes que migraram das ondas médias. Mas, não investem para valer no FM, nesse momento. O foco continua no AM, onde os resultados são contraditórios. Se a Rádio América dá alegria, a Rede L&C de Rádio é uma fonte de preocupação. O que parecia uma grande e infalível ideia há apenas dois anos, decepciona enormemente os dois sócios, agora em 1984. A rede naufraga. Consome uma enormidade de dinheiro, para cobrir os custos da grande equipe que mobiliza e dos serviços e insumos que necessita.

Carlão e Luiz devem ser os melhores clientes da BASF, por exemplo; ninguém compra tantas fitas magnéticas como eles. Também fazem por merecer alguma medalha dos Correios, pelos gastos colossais com Sedex. Mas o dinheiro grosso da publicidade nacional, que pagaria tudo isso e ainda daria um belo lucro, além da comodidade sonhada de eliminar as viagens dos dois sócios por todo o país, simplesmente não entra. Limita-se ao Banespa, à Varig e a um ou outro cliente eventual do mesmo porte, com inserções igualmente eventuais. Nada que possa sustentar uma rede.

As razões para o fracasso são múltiplas. Mas todas elas conexas e bastante reveladoras das idiossincrasias do mercado publicitário brasileiro. É possível que a rede não decole por conta do vanguardismo, de ser a primeira tentativa de operação de rádio nesse sistema no Brasil, e os anunciantes não se sintam seguros de arriscar na novidade, antes que ela esteja consolidada.

É possível também que, a despeito do vanguardismo, a rede seja uma ideia tardia, surgida no período de hegemonia total da televisão, que engole quase todo o dinheiro do mercado. Talvez o problema seja a estratificação social da audiência; se o projeto visasse apenas as classes A e B, mais abonadas, as chances comerciais seriam eventualmente maiores. Pesa ainda o fato da operação ser relativamente pequena, mobilizando "apenas" 70 emissoras em um país já dotado de muitas centenas delas, em seus milhares de municípios.

A explicação mais consistente talvez possa se reduzir a duas simples letras, que são a marca de uma polêmica interminável na mídia brasileira: BV – ou Bonificação de Volume. Como o nome diz, ela significa um bônus pago às agências de propaganda, proporcional ao investimento total feito pelos seus clientes em um determinado veículo. É uma invenção do inesgotável laboratório de alquimia da TV Globo, que transforma em ouro 24 quilates cada níquel investido em seus intervalos comerciais.

Se a Globo devolve com imenso lucro de vendas o que cobra em publicidade, e se ainda paga essa taxa de fidelidade às agências, como convencê-las a aplicar o dinheiro de seus clientes em outros veículos, muito menos garantidos e sem BV? A bonificação de volume criada pela Globo é logo copiada pela Editora Abril, o que institui no mercado a chamada "mídia da mãe", uma programação de publicidade que atinge com segurança o tipo de consumidor mais fiel e desejado: mulher, dona de casa, classe média com poder aquisitivo, telespectadora das novelas globais e leitora dominical da revista *Veja*.

Agora, as agências põem o grosso da verba dos anunciantes na "mídia da mãe" – TV Globo e *Veja* – e apenas as migalhas restantes nos demais veículos. Os clientes aprovam, porque vendem com toda certeza, e os publicitários também adoram, porque recebem uma boa BV. Tão boa, aliás, que logo ela leva algumas agências até a renunciarem à comissão de 20% que normalmente cobram. Elas aceitam viver apenas da BV.

Ora, se a bonificação de volume já é problema para as emissoras de TV que não são a Globo e para os grandes veículos impressos que não são a *Veja*, imagine-se o obstáculo formidável que ela representa para a Rede L&C de Rádio – inédita, pequena, sem nenhuma "grife" entre as suas afiliadas, exceto a Rádio América. Programar uma campanha de publicidade inteira na rede, em suas 70 emissoras, custa o mesmo que uma única inserção, de um comercial de 30 segundos, num dos intervalos do *Jornal Nacional*.

É um investimento baixo, de enorme capilaridade e alcance de público. Isso, no entanto, não sensibiliza o pessoal de mídia das agências. Por comodismo, eles só querem saber de "mídia da mãe" e BV. A má vontade com o meio rádio, na publicidade, é generalizada. Uma postura contrária, entretanto, é a dos pequenos anunciantes, os "sem-agência", que contratam a sua publicidade diretamente com os veículos, quando têm necessidade dela.

Eles reconhecem o valor do rádio e sabem muito bem como ele é capaz de encher uma loja se for bem programado, na emissora e no momento certos. O exemplo mais claro desse tipo de anunciante é a Fábrica de Móveis Taurus, uma pequena empresa moveleira do ABCD paulista, que tem apenas uma loja. O dono é amigo de um dos corretores da L&C e, através dele, anuncia na Rádio América. Funciona tanto que, muito rapidamente, ele abre uma segunda, uma terceira, uma rede inteira de lojas. Torna-se um grande cliente e o amigo ganha um merecido apelido entre os colegas da L&C: César Taurus...

O caso da Taurus indica que, para viabilizar a rede, a L&C deveria apostar mais nos anunciantes diretos e menos nas agências. Elas enrolam de todas as formas para não admitir o óbvio, o seu indisfarçável preconceito com veículo, que consideram ultrapassado e sem charme. Mas, se tentarem o caminho da venda direta de publicidade, Luiz e Carlão não terão apenas um provável problema comercial com as agências. Também perderão amigos próximos, com toda a certeza. Isso porque, na maratona constante de visitar o mercado, de mostrar pesquisas, de dar palestras em toda parte e de convencer particularmente os profissionais de mídia sobre a força do rádio, eles fizeram grandes amizades no meio.

Recebem os mídias para almoços e *happy-hours* na L&C, saem com eles, tornam-se íntimos. E seus amigos certamente não gostarão que nenhum anunciante seja acessado sem a intermediação de uma agência. Ou seja: os publicitários das agências, mesmo sendo próximos de Luiz e Carlão, não programam a Rede L&C de Rádio porque querem apenas a "mídia da mãe", de olho na BV polpuda da Globo e da Abril. Eles também não querem que nenhum veículo vá procurar diretamente os anunciantes, porque os consideram cativos das agências.

No sentido inverso, porém, não hesitam em interceptar um anunciante direto e se interpor entre ele e os veículos. Novamente, a Fábrica de Móveis Taurus é um exemplo. Quando se tornou grande investidora em publicidade, foi assediada por várias agências e acabou fechando com uma delas, que a levou para... a televisão. O rádio ficou no passado. No entanto, a vantagem do rádio para a comunicação de produtos da linha popular é nítida.

A abrangência da mensagem, que alcança um número elevado de cidades; a proximidade entre o produto e consumidor, favorecida pela intimidade que o apresentador transfere; a repetição constante dos comerciais, que o baixo custo de veiculação permite – essas características são testadas e comprovadas por marcas como Doril, Vick Vaporube, Melhoral e outras, que se massificam com uso intenso do rádio. Mas, infelizmente, elas não são a maioria e o seu sucesso de mercado é atribuído, como de hábito, à TV.

Carlão e Luiz realizam, de tempos em tempos, convenções dos afiliados da Rede L&C de Rádio, para discutir estratégias de programação e planos comerciais. São comuns nesses encontros as queixas dos parceiros. Eles criticam a qualidade do som, a escolha das músicas, o tráfego de fitas, reclamam de tudo. Na última convenção, em Joinville, o primeiro a se levantar nem tem tempo de apresentar a sua bronca. É interrompido por Luiz, com uma notícia curta e seca. "Eu queria informar aos nossos amigos afiliados que a L&C está desmontando a rede. Em 60 dias, vamos parar".

Desespero total na audiência. "Eu não estou preparado para isso!", diz um. "Só tenho seis funcionários agora, como vou tocar a emissora sem a rede?", agonia-se outro. Todos fazem apelos candentes para que Luiz e Carlão voltem atrás, mas a decisão está tomada e eles são inflexíveis. "Nós só ouvimos reclamações de vocês e estamos perdendo um dinheiro enorme com essa rede. Vamos continuar por quê?" A questão simplesmente não tem resposta.

É, assim, então, que a L&C põe fim ao seu projeto pioneiro de uma rede nacional de rádio, não sem um doloroso processo de encerramento. Num único dia, Luiz e Carlão são obrigados a demitir 90 funcionários, entre eles o agora diretor artístico da rede, o leal e competente Ronaldo Assumpção, que está na L&C há 15 anos. A empresa quase quebra para honrar tantos compromissos trabalhistas, tem de recorrer a empréstimo bancário para saldá-los.

Aos poucos se recupera, voltando a trabalhar com as emissoras parceiras no esquema antigo de representação e mantendo a Rádio América entre as líderes de audiência. Mas a representação já não é o bom negócio de antes e a relação com os Padres Paulinos também não é mais a mesma. Deteriora-se rapidamente, prenunciando o fim da parceria de doze anos. Um novo projeto de rádio, entretanto, logo vai conquistar o coração de Luiz e Carlão.

**GIRE O BOTÃO E LIGUE
O RÁDIO NO BRASIL.**

Uma festa para 600 convidados em São Paulo lança a Rede L&C de Rádio, apoiada por um eficiente folheto promocional. Luiz e Carlão seguem o modelo da TV Globo, mas, sem os mesmos recursos para pagar a caríssima Embratel, enviam a programação gravada em fitas magnéticas às emissoras afiliadas.

A REDE DEU MAIS CONSCIÊNCIA ÀS RÁDIOS.

QUANDO COMEÇOU O ESQUEMA DA REDE, nós sentimos que as rádios passaram a cumprir mais aquilo que havia sido acordado. Antes, a gente fazia um excelente trabalho e, de repente, a rádio burlava o comprovante de irradiação. Com isso, prejudicava toda a imagem do trabalho, por uma merreca. A nova postura de mandar tudo gravado, semipronto, sem dúvida facilitou o trabalho das rádios e melhorou o nosso controle. Houve uma consciência maior, reforçada pelo trabalho que Luiz e Carlão fizeram localmente, falando com os donos das afiliadas, convencendo a atuarem direito.

Nós tínhamos um acordo com todas as gravadoras. Eu informava aquilo que seria incluído na programação e elas mandavam a quantidade de discos necessária para cada afiliada. Elas recebiam malotes com a programação completa, os discos para tocar, os comerciais gravados, tudo, enfim.

Além da rede de emissoras AM, a L&C montou uma rede de FMs e eu também participei disso. Tinha a Rádio Comercial de Presidente Prudente, uma FM de Jales, mas era um número pequeno de emissoras. Nós contratamos Luiz Fernando Maglioca para cuidar da programação. Tínhamos um estúdio na L&C, já na rua

Almirante Marques Leão, um estúdio de áudio lá nos fundos da casa, onde era gravada a programação. Os locutores eram o Antonio Viviani, o César Filho.

Nós trabalhávamos com as categorias criadas na L&C, de quantas vezes a música iria tocar, se tocaria todos os dias ou alternadamente, e eu programava de acordo com isso. Logicamente, quando surgiam as novidades, que ainda não tinham respaldo em pesquisa, eu ia pelo *feeling*. Mas as gravadoras, muitas vezes, insistiam em pagar um jabá para mim. Eu recebi uma proposta da então Phillips que representava praticamente o dobro do meu salário na L&C. E era para receber mensalmente, como um salário adicional. Bastante atrativo, não? Mas não era a minha prática, nem a da empresa.
A L&C foi a melhor faculdade que eu poderia encontrar. Aquele período na empresa foi fundamental para o meu aprendizado.

Ronaldo Cruz Assumpção

Numa empresa que teve centenas de funcionários e colaboradores, e que formou uma infinidade deles para o mercado da radiodifusão, o paulistano Ronaldo Cruz Assumpção detém um título notável: ele foi o primeiro funcionário da L&C. Começou aos 16 anos, poucos dias depois que a empresa foi fundada, e ficou nela até 1984, quando Luiz e Carlão encerraram as atividades da primeira rede nacional de rádio do país. Foram 15 anos de trabalho nas áreas de pesquisa, programação e rede, estratégicas para o negócio radiofônico.

MUSI
POR O

CAL
PÇÃO

Uma programação vintage, voltada aos corações nostálgicos, é a aposta inicial de Luiz e Carlão para viabilizar seu grande sonho: uma emissora própria na cidade de São Paulo.

8

Existem milagres que não duram para sempre e santos que perdem a aura. Esse "mandamento" certamente não consta das escrituras sagradas, nem de nenhum documento conhecido da Igreja Católica. Também não é assunto de sermão, ou de conversas de párocos com os seus fiéis. Mas encerra uma verdade incontestável, dolorosa, que Carlão e Luiz vão comprovar, mais uma vez, na sua já longa carreira radiofônica.

Mesmo reputados como efetivos milagreiros do dial e tendo no currículo a ressurreição da Rádio América, que levaram do oitavo ao primeiro lugar de audiência em menos de um ano, no disputadíssimo mercado de São Paulo, os criadores da L&C não asseguraram a benção eterna. No final da década de 1980, eles vivem o purgatório de seu relacionamento com os padres Paulinos e parecem condenados à danação.

A Rádio América vai muito bem, sempre colocada entre as três emissoras de maior audiência na capital paulista. Os dois shows anuais que levam a sua marca seguem reunindo milhares de pessoas, para longas maratonas musicais, com destaque na imprensa. O faturamento da rádio e dos shows é constante e muito bom. Qual pode ser, então, o motivo para o desentendimento entre os Paulinos e a L&C?

Justamente esse: o sucesso. E a relativa opulência que veio junto com ele. Quando a América não faturava nada, no distante ano de 1977, o dinheiro que os novos representantes comerciais fizeram entrar satisfez inteiramente os religiosos. Mas agora que ele entra regularmente, em boas cifras, ainda que não milionárias, já não serve a Deus em volume suficiente. Os Paulinos querem mais e põem em questão o acordo de partilha da publicidade que aceitaram lá atrás, nos tempos de penúria. Para revisá-lo, não hesitam em pecar por falso testemunho. Depois da saída do Padre Mário Mancini, que dirigia a emissora em plena harmonia com Luiz e Carlão, assume no lugar dele o desconfiado Padre Antonio Carlos D'Elboux. Ele não aceita a cota de 50% que a L&C detém, por contrato, de todo o faturamento publicitário da programação e dos shows.

Como é usual acontecer nessa atividade de representação comercial, a taxa de serviço sobre a publicidade captada que o cliente considera aceitável no tempo das vacas magras deixa de ser, quando a emissora sai do buraco e faz dinheiro. Para complicar a situação, D'Elboux observa o enorme tráfego de discos para as emissoras da Rede L&C e põe na cabeça que Luiz e Carlão têm algum acerto com as gravadoras e trabalham para o interesse dessa parceria.

Ele usa esse argumento para pressioná-los, em busca de revisão do contrato. Ou, mais objetivamente, do cancelamento dele, porque está convicto de que pode tocar a Rádio América sem a L&C. Os relevantes serviços prestados à emissora e mesmo à congregação dos Padres e Irmãos Paulinos não contam muita coisa, nessa hora de desacerto comercial.

Já vão longe os tempos de camaradagem, em que Carlão era tão próximo dos religiosos que podia brincar de "Padre Carlos". Já vai longe a cobertura especialíssima que ele organizou na Rádio América, para a primeira visita do Papa João Paulo II ao Brasil, em junho de 1980, quando até dividiu o microfone com Franco Carlos para narrar um dos eventos da programação, no Estádio do Pacaembú.

Esses fatos passados não compram indulgência alguma do Padre D'Elboux. Ao contrário. Carlão tem diversas reuniões com ele, para reafirmar que a L&C não apenas não leva "jabá" de gravadora nenhuma como combate fortemente essa prática de mercado.

Mas as conversas quase sempre terminam em discussões ásperas e adiantam pouco. Vai ficando claro que a parceria L&C-Paulinos ruma para a ruptura.

Em paralelo a essa crise, uma outra se aprofunda: a da representação das outras emissoras. Quando Luiz e Carlão extinguiram a operação em rede, algumas representadas não quiseram voltar ao esquema antigo; romperam o contrato e seguiram o seu próprio caminho. Outras foram transferidas para a subsidiária Contato. Restam ainda muitas dezenas delas na L&C, mas, fora a Rádio América, são poucas as que proporcionam um resultado realmente compensador à empresa, equivalente ao de suas outras frentes de negócio, como se verá adiante.

Vai surgindo no horizonte, aos poucos, a possibilidade de Luiz e Carlão darem fim a todas as suas atividades de representação comercial de emissoras de rádio. Enquanto a dupla crise se desenrola, Luiz ajuda um amigo a adentrar no mundo da radiodifusão. É o deputado federal Antônio Henrique Cunha Bueno, que está associado a outro deputado – José Paulo Arruda Filho, apelidado "Zumbi" – e ao comerciante de insumos agrícolas João Ataliba de Arruda Botelho.

Eles constituíram a Rede CBJA, para explorar a concessão de uma rádio FM em Itapecerica da Serra, na Grande São Paulo. Como nenhum dos três entende patavina de rádio, Luiz conduz o encarregado da gestão e sócio majoritário, Arruda Botelho, pelos meandros do Ministério das Comunicações, onde ele tem relações antigas e trânsito fácil, na via crucis para a formalização da outorga.

Faz isso por amizade a Cunha Bueno, mas também de olho numa eventual oportunidade de negócio com a nova rádio. A oportunidade logo aparece e o negócio é melhor que o esperado: em 1988, Botelho vende a sua parte na emissora para Luiz e Carlão. Nesse período, Luiz está morando no Jardim Marajoara, perto da Chácara Flora, e enfrenta terríveis congestionamentos no caminho até o escritório, com as avenidas Washington Luiz e 23 de Maio sempre paradas.

Para chegar mais rápido, ele tem uma Vespa e é com esse humilde ciclomotor que ele chega ao Freddy, um restaurante francês sofisticado do Itaim, para o almoço onde vai fechar a compra da rádio. Paga o mico de parecer um motoboy descontraído, entre milionários e altos executivos com os seus carrões importados.

Mas sai de lá rindo à toa, quase gritando de felicidade, ao concretizar um velho sonho dele e do amigo fraterno: o de serem proprietários de uma rádio em São Paulo, a sua cidade, o centro nervoso do mercado de comunicação do país. A emissora não fica na capital, mas logo o seu sinal será ouvido em quase toda a Paulicéia. Botelho vende a Luiz e Carlão os 70% que detém na sociedade da rádio. Cunha Bueno mantém 25%, dos quais depois venderá 2% para Álvaro Almeida, o terceiro sócio da L&C. E Zumbi continua com os seus 5%.

Com essa nova composição acionária, a missão dos investidores é pôr a emissora no ar e fazer dinheiro com ela. O que não acontecerá, certamente, se ela não for sintonizada em São Paulo, onde está o grosso da audiência e a quase totalidade das verbas publicitárias. A concessão é de uma emissora Classe C, de baixa potência e pequeno alcance, capaz de cobrir apenas Itapecerica da Serra e adjacências.

Ao comprá-la, Luiz e Carlão já sabem que será necessário mudar a outorga para uma classe mais alta, de potência mais elevada. A questão mais imediata, entretanto, é mudar a antena para uma posição melhor, com ou sem alteração na classe da rádio. A regulamentação federal autoriza que a torre de transmissão seja instalada em município vizinho, se eles estiverem conturbados, integrados fisicamente.

É exatamente o caso. Em junho de 1988, a L&C entra com o pedido no Ministério das Comunicações, adquire um terreno no alto da Avenida Giovanni Gronchi e começa as obras para fincar nele uma torre de 50 metros, que acomodará a antena. Assim que os trabalhos começam, entretanto, aparece um oficial de justiça com um embargo. A alegação é de que há um termo de posse daquela área, muito abrangente e datado do início do século, em nome de um tal Willy Otto Jordan.

A documentação da L&C está perfeita, mas eles suspeitam que os embargantes estão mancomunados com alguém do Judiciário e entendem que, no mínimo, o processo vai se arrastar. Como há prazo para instalar a antena, eles compram o terreno pela segunda vez. Pagam 300 mil cruzados aos "jordanianos, para que desistam da ação. Livre desse caro percalço, a obra se conclui.

Ao pé da torre é instalado um transmissor Broadcast Eletronics de 35 kW e também uma pequena central técnica, para operar a programação produzida e gravada na sede da empresa, na Bela Vista. E é assim que, poucos meses depois, no início de 1989, entra no ar a Rádio Musical FM, na frequência de 105,9 MHz, falando para Itapecerica e também para São Paulo. Entra com zonas de sombra na capital, que ela não pode cobrir inteiramente devido à baixa potência de transmissão autorizada para uma emissora Classe C. Mas entra tocando música, que é disso que o público gosta e é a meta que a emissora persegue desde o nome.

Nos meses anteriores, ainda atendendo a Rádio América e dando expediente lá, Carlão havia aproveitado o intervalo entre as brigas com o Padre D'Elboux para estudar o mercado paulistano da frequência modulada e conceber uma rádio sofisticada, para público A-B e adulto. Mais que adulto, na verdade: todo o público interessado em músicas antigas, porque a nostalgia é a linha mestra da programação. Carlão propõe uma emissora quase inteiramente apoiada em *flashbacks* de canções dos anos de 1950, 1960 e 1970, algo que ainda não existe no mercado. É com esta sonoridade *vintage* que a Musical FM é inaugurada.

A campanha de lançamento é iniciada com uma concorrida entrevista coletiva, organizada com requinte pelas assessoras de imprensa da L&C, Isabella Blanco e Silvana Ribeiro. Há dois anos, Isabella é uma profissional importante para a empresa e agora ocupa um papel central na vida de Luiz. O encontro dos dois acontece em 1987. Preocupado com a carência de "grife" da Rádio América, emissora popular, que nem sempre merece um bom tratamento do mercado, Luiz procura a assessoria do jornalista Giba Um, despontando no setor com a sua Manager.

No começo do trabalho, os funcionários designados para atender a L&C não conseguem traduzir o que é necessário divulgar ao público. Luiz reclama muito e Giba resolve por Isabella nesse atendimento. "Eu?!? Atender a Rádio América?!?", ela não gosta nada da ideia, quando o patrão a designa para assessorar a L&C, na divulgação da emissora. Mas vai cumprir a missão que mudará a sua vida. Isabella e Luiz nunca mais se separam.

O trabalho conjunto, frutífero desde o início, evolui para um romance, quando ela se separa do marido. Em mais algum tempo, será a vez de Luiz se separar e mudar para o apartamento no Brooklin, onde ela mora com o filho Guilherme, de 5 anos. O casamento dos dois será oficializado em 1998. No lançamento da Musical FM,

Isabella consegue reunir 50 repórteres no Hotel Della Volpe, depois de servir champanha nas redações para fazer o convite e atraí-los.

A publicidade fica a cargo da agência McCann Erickson, sob um acordo de permuta que remunera o serviço com tempo comercial na grade da Musical. A McCann detém a conta do popular creme dental Kolynos, tem grade tradição como anunciante do mercado radiofônico. É a agência certa para a missão. Com apoio do músico e produtor Luiz Orquestra, colega de faculdade de Luiz, o diretor de criação Chicão Teixeira desenvolve os jingles e as demais peças da campanha, que dialoga com os principais conceitos e tabus sobre o rádio vigentes no mercado.

A começar da obrigação de dar a hora certa, prática que a Musical FM elimina, invertendo a estratégia que Luiz e Carlão usaram no passado com as emissoras AM. As mensagens dizem que a Musical não dá hora certa "porque provavelmente você já tem um Rolex no pulso". Dizem que ela não faz várias coisas que as outras FMs fazem. Seu negócio é apenas a música.

A emissora é "musical por opção", como diz o argumento que fecha as peças publicitárias. Uma das ações mais criativas da campanha é um "outdoor ao vivo", instalado em um ponto de grande frequência e visibilidade em São Paulo, a esquina da Rua Augusta com a Alameda Santos. A essa altura, como se verá adiante, Luiz e Carlão também estão no mercado de publicidade exterior e têm uma estrutura disponível para dar suporte à ideia dos publicitários da McCann: colocar um trio de instrumentistas executando músicas ao vivo, em um pequeno palco sob um cartaz da Musical FM.

As apresentações juntam público, rendem notícias na imprensa, cumprem seu papel de promover a rádio. Outra ideia, depois do som ao vivo, é instalar um "outdoor musical" em esquina próxima, da Rua Augusta com a Avenida Paulista. Nesse, a imagem de um imenso rádio no cartaz é complementada por uma parede real de caixas de som, que transmitem a Musical FM em bom volume. Os transeuntes são atraídos pela música e encontram o outdoor, quando procuram pela fonte sonora.

Em reforço à campanha, Luiz e Carlão bolam uma promoção simples, de baixo custo, para atingir o mercado publicitário e anunciante. A L&C tem acordo de permuta também com uma churrascaria

Esplanada Grill, onde todo o mercado se encontra, e a ideia é colocar um impresso pendurado no espelho do carro dos frequentadores, com o recado: "Não poderíamos deixar de informar você que agora existe uma nova opção de mídia em rádio". Os manobristas recebem um cachê para pendurar o folheto e deixar o rádio do carro sintonizado na Musical FM. Quando o dono entra para assumir o volante, dá de cara e ouvidos com a mensagem. Não pode deixar de notar a criatividade da ideia. Com essa boa estratégia de publicidade e promoção, que envolve ainda um acordo com a Livraria Cultura, para inserir marcadores de páginas customizados com a marca da Musical FM nos livros vendidos, o lançamento da rádio é um êxito completo.

Em pouco tempo, a emissora adquire prestígio suficiente para figurar entre as mais qualificadas do dial paulistano, as preferidas na faixa mais sofisticada de público: Alpha, Eldorado, Antena 1 e Scala. A audiência é crescente e o faturamento acompanha. Tudo corre tão bem que Luiz e Carlão encerram as atividades de representação de empresas radiofônicas, já pouco rentáveis a essa altura. Transferem a sua parte na Contato ao cunhado de Luiz, José Moysés, cedem a Carlinhos Casali a rádio de Caçapava e entregam a Rádio América ao seu destino paroquial com o Padre D'Elboux.

O plano é se concentrar apenas na Musical FM. A operação técnica tem as suas dificuldades. A distância considerável entre a sede da L&C, na Bela Vista, e o transmissor, no Morumbi, não pode ser vencida por via aérea. Não há link de microondas para levar a programação diretamente dos estúdios à antena. A solução é gravar a programação em cartuchos e enviá-los para reprodução no próprio local.

Em geral, as cartucheiras são usadas nas outras rádios apenas para rodar os comerciais, mas, na Musical, elas reproduzem também as canções, e em grande volume, à razão de 20 por hora. Uma série de prateleiras, numeradas e organizadas por tipo de música, acomoda os cartuchos. O operador de turno coloca na mesa os que vai usar e segue o roteiro de execução. Programação ajustada, sucesso comercial.

As rádios FM já faturam bem mais que as AM e a Musical entra com apetite na partilha do bolo, porque os corações nostálgicos são atingidos em cheio pela programação da nova concorrente. Inclusive corações que surpreendem Luiz e Carlão. Certo dia, chega à

L&C um figurão numa limusine, com um carro de apoio abarrotado de seguranças. É o cônsul norte-americano Stephen F. Dachi, que vem para conhecer a sua rádio predileta em São Paulo. Ele é admirador a esse ponto, de querer conhecê-la por dentro. Se não é um fã de carteirinha, que a rádio não emite como a Rádio América fazia, é certamente um fã de passaporte e visto... Luiz e Carlão se dão muito bem com ele e fazem camaradagem. Vão pegar muitas festas e recepções no consulado, graças a esse especial interesse diplomático pelas músicas antigas.

Uma parte da imprensa também se entusiasma. "Imagine a possibilidade de estar preso num desses engarrafamentos absurdos de São Paulo, virar o botão do dial de seu rádio e topar com a voz macia de Nat King Cole cantando *When I Fall In Love*. Ou Pat Boone com *Love Letters In The Sand*. Ou lembrar-se daquele baile da adolescência ao som de *Jambalaya*, com Brenda Lee, ou *Limbo Rock*, com Chubby Checker. Pois existe esse oásis no dial, funcionando durante 24 horas. Chama-se Musical FM". A apreciação extasiada é do jornalista Sergio Crusco, em reportagem publicada na *Folha da Tarde*, em junho de 1990.

Crusco é só entusiasmo. "Em meio a tanta saudade, há lugar também para faixas do novo disco de Gal Costa. Não necessariamente a que toca na novela, mas talvez *Fon-Fon*, a deliciosa recriação que ela fez de um antigo sucesso de Carmen Miranda. E até Adriana Calcanhoto com *Naquela Estação*, a da novela das oito", esclarece o repórter.[9] A matéria informa que os esforços de Carlão, diretor e programador da rádio, "são canalizados, fundamentalmente, para mexer com a emoção das pessoas".

E descreve o seu método para obter esse chacoalhão emocional. "Colesanti divide as canções que escolhe em quase 40 categorias (por nível de importância, ritmo e sensações que causam). As que fazem o maior número de pessoas pularem da cadeira e aumentarem o volume são as MS, ou seja, Monstros Sagrados. Alguns exemplos básicos de MS são *Only You*, com The Platters; *I Can't Stop Loving You*, com Ray Charles; *New York, New York*, com Frank Sinatra; *I Left My Heart In San Francisco*, com Tony Bennett, as baladas de Ray Conniff e por aí afora (...)".

As MS, prossegue o jornalista, são dispostas estrategicamente na programação, de três em três números, o que não quer dizer que antigas gravações quase totalmente esquecidas não tenham sua vez. E são elas as responsáveis pelas surpresas. "Posso programar *Peal Blue Eyes* com Ronnie Cord, que talvez seja conhecida por apenas 10% dos meus ouvintes", diz Carlão ao repórter. "Esta música não fará com que o resto dos ouvintes mude de estação e certamente vai segurar aqueles 10% que gostam da canção por motivos muito pessoais. Para outro grupo de 10%, reservo outras surpresas".

A matéria da *Folha da Tarde* esclarece que a Musical FM não tem locutores, nem boletins meteorológicos, nem hora certa. Apenas música e mais música. Veicula apenas quatro minutos de comerciais a cada hora de programação. Tudo muito conveniente para o seu público, 68% do qual está nas classes A e B. Mas o fato é que a Musical está em sétimo lugar entre as FMs de São Paulo, segundo o Ibope, ainda que seja a quarta mais ouvida nos automóveis.

Está muito longe, portanto, da efetiva competição de mercado. De qualquer forma, a alegria com a performance inicial da Musical FM é intensa. Só que dura muito menos do que os donos, os ouvintes e o repórter da *Folha da Tarde* gostariam. Em julho de 1989, o inesperado bate à porta da emissora e se apresenta como desastre. A antena, embora nova e de boa marca como o transmissor, pega fogo e fica inutilizada. Havia chegado com um defeito de fabricação, que, quando se revela, já vem em chamas.

Luiz e Carlão correm atrás de uma antena emprestada, que obtêm rapidamente, mas ela não resolve muito porque é bem pior do que a queimada. O som emitido, que já não cobre toda São Paulo pelas limitações legais da potência outorgada, agora se torna quase um fiapo. O sinal instável mal pega nos arredores e produz muito chiado. É quase impossível o ouvinte não girar o botão, em busca de um som mais audível.

Enquanto o seguro não paga o prejuízo e uma nova antena é adquirida, importada para o Brasil, instalada e configurada, passam-se longos seis meses. Nesse período, se não está fora do ar, a Musical FM fica mais longe dos ouvintes e do mercado anunciante. Todo o sucesso inicial da emissora é carbonizado junto com a velha antena, vira cinzas.

Quem se aproveita da situação, como seria de esperar, é a concorrência, em particular a Rádio Alpha. Seu diretor, Neneto Camargo, vê que a Musical tenta encontrar o seu nicho de audiência na frequência modulada com uma programação retrô e percebe o potencial comercial que isso tem, ao seduzir preferencialmente ouvintes mais adultos e de bom poder aquisitivo. Agora que as chamas da oportunidade desmataram o terreno à sua frente, ele entra com tudo para ocupá-lo. Entre o final de 1989 e o início de 1990, a operação técnica se normaliza. A nova antena, finalmente instalada, tem um som de qualidade e devolve à Musical as condições mínimas de competitividade. Agora, a questão a resolver é a programação: o que fazer com ela que as rádios Alpha e Antena 1, as duas concorrentes principais, também não façam? Como trazer de volta o público perdido? Nostalgia, como carro-chefe do conteúdo, não é mais opção. Não oferece mais nenhum diferencial significativo.

Mas, se não é ela, o que deve ser? Na dúvida, a opção é mesclar as músicas antigas com outras contemporâneas, sem perder a mira no público adulto A/B. E tocar a vida, à espera de alguma ideia mais luminosa. A estratégia não vai produzir nenhum estouro de Ibope, mas permitirá que a L&C se reestabeleça dos prejuízos de um semestre no limbo. Em fevereiro de 1990, a curva de audiência começa a subir. Tem crescimento constante até o meio do ano, mas não chega à metade dos índices obtidos no mesmo período de 1989.

Depois, ela vira uma parábola; a subida estanca e a audiência volta a cair. É um sinal de que a recuperação tem mais a ver com a melhoria do som transmitido do que com a aprovação da nova grade. Alpha e Antena 1 seguem à frente da Musical e vão continuar assim nos próximos dois anos, até porque elas também melhoram o seu sinal. A primeira em maio e a segunda em novembro, ambas mudam as suas antenas para o espigão da Avenida Paulista, o melhor ponto de irradiação na cidade, também cobiçado pela Musical.

Se a situação não é esplendorosa para a L&C, também não é um desastre. A Musical tem o seu espaço, fatura, vai em frente. Mas está longe de satisfazer os seus proprietários, embora possa contentar um bom público. Luiz e Carlão sabem que, para a Musical entrar de novo na disputa pela liderança, não basta uma boa programação. Torna-se inadiável resolver o problema da cobertura e da qualidade do sinal da emissora.

Chega então a hora de pleitear a conversão da outorga da Classe C para Classe A. Para uma analogia clara do isso representa, seria algo como um carro popular de 1.000 cilindradas ganhar um motor V8, várias vezes mais potente. O sinal da Musical, que chega mal à Zona Leste de São Paulo, por exemplo, poderá cobrir o município inteiro, com um som alto, estável e limpo como o que se ouve nos estúdios da emissora.

É com essa expectativa que, em 1991, a L&C entra com o processo no Ministério das Comunicações. Velho conhecido da casa desde o período de Quandt de Oliveira, Luiz fica novamente encarregado das gestões políticas, para vencer com a máxima rapidez os trâmites burocráticos, sempre lentos nesses casos. Para adiantar o próprio expediente, a L&C busca um prédio no ponto mais alto da área central da cidade, o espigão da Avenida Paulista, onde possa instalar a torre e o sistema irradiante da Musical.

É preciso que a antena tenha a linha visual desobstruída na direção da Bela Vista, onde ficam os estúdios, porque isso favorecerá enormemente as operações técnicas. Luiz faz um périplo por incontáveis edifícios de Cerqueira César até o Sumaré, conversando com zeladores e síndicos, até encontrar um na Avenida Doutor Arnaldo, em frente ao Cemitério do Araçá. O proprietário, o industrial Gino Minelli, é um italiano muito difícil e Luiz leva três meses para convencê-lo de que não haverá problema de segurança em colocar um monstrengo de ferro em cima do seu prédio.

E, também, para fazê-lo ver que é impossível pagar o aluguel pedido, equivalente ao faturamento da rádio. Enfim, tudo se acerta e começa a construção da torre e das instalações. O passo seguinte é definir onde instalar a antena de microondas, que será usada para fechar o link com a torre da Dr. Arnaldo. Luiz e Carlão encontram um prédio vizinho à sede da L&C, na Rua dos Franceses, paralela à Almirante Marques Leão, e negociam o aluguel de seu topo.

Essa providência eliminará o velho tráfego de cartuchos, permitindo que a programação seja transmitida diretamente dos estúdios da L&C para o prédio anexo, dele para a torre no Sumaré, e de lá para toda a cidade. Resta agora esperar com paciência a aprovação do processo em Brasília e fazer os ajustes possíveis na emissora.

Em março de 1992, Carlão produz um documento para debate interno na L&C. É um plano de reformulação da Musical FM, com quatro objetivos definidos nestes precisos termos: 1) "Tentar conquistar uma posição de liderança entre as chamadas 'emissoras qualificadas'"; 2) "Elevar os índices de audiência a patamares suficientemente altos, para tornar-nos menos suscetíveis às flutuações, decorrentes das inconsistências estatísticas, inerentes à metodologia utilizada pelas pesquisas do Ibope"; 3) "Propor ações de programação que, mantendo o segmento A e B como alvo, seja mais compatível com a realidade do universo de ouvintes de FM".

O quarto e último objetivo é "propor, em sintonia com o Departamento Comercial, segmentos comercializáveis e perfeitamente adequados ao editorial da programação, evitando-se assim aberrações espúrias, que provocam desarmonia em seu todo".[10] O problema da Musical FM é que acabou ficando "ensanduichada" entre as suas concorrentes, no atendimento às faixas de público. "Se, por um lado, estamos cercados pela Alpha, Antena 1 e Eldorado, que atuam de forma incisiva junto às parcelas mais jovens do mercado, por outro temos a Rádio Scala, que é a dona absoluta do público maior de 40 anos, detendo 64% de sua audiência", explica Carlão em seu documento.

Prossegue ele: "Com isto, ficamos espremidos na faixa dos 30 a 39 anos, onde temos a maior parcela de nossa audiência (44%), o que, infelizmente, pouco representa, pois apenas 20% do universo é composto dessa categoria". Esta situação decorre, na visão de Carlão, da acomodação da equipe ao sucesso inicial da programação nostálgica. "Talvez por termos sido os pioneiros no formato, tivemos uma visão enviezada da situação, nos demorando além do razoável para tentar mudanças realmente criativas", ele escreve.

Carlão observa ainda que "criou-se um bloqueio para a criação e desenvolvimento de ideias originais e inovadoras, uma vez que nos colocamos na situação de estado provisório, esperando, esperando, esperando a tão sonhada mudança para a Avenida Paulista". A conclusão é dura, mas realista. "Ao longo de todo esse tempo, a programação da Musical FM se descaracterizou completamente, ficando ao sabor das 'opiniões' e das pressões de todos os tipos. A programação, infelizmente, ficou sob o controle dos inconsistentes índices de audiência do Ibope. Isso fez com que nos acovardássemos e passássemos, por incrível que pareça, a copiar as emissoras concorrentes".

Carlão propõe enfrentar isso com "atitudes realmente corajosas, para construir um formato original de programação que seja eficiente e o mais diferente possível de nossas duas principais concorrentes". Ele apresenta três opções para o reordenamento da programação. A primeira, que batiza de "vanguardista", tentaria abrir "um novo tipo de faixa no cenário radiofônico paulista", com uma programação musical "voltada quase que totalmente ao sucesso 'adulto' do momento, colocando-se como uma nova opção entre as emissoras de audiência de massa (jovens) e as chamadas qualificadas (adultos)". Seria um adeus à nostalgia, portanto.

A segunda opção, "que também criaria uma faixa intermediária, não seria tão ousada", diz Carlão. "Inovadora quanto ao formato e comunicação, manteria certas características musicais já consagradas pela nossa emissora, promovendo outras, pouco ou não exploradas".

Já a terceira opção inovaria menos que as anteriores e abandonaria a disputa com a Alpha e Antena 1. "Assumiríamos como concorrente apenas a Scala e nos voltaríamos totalmente para as faixas mais adultas da população (maiores de 40 anos)".

É difícil para o leigo captar as sutilezas, na diferenciação entre esses modelos de grade. Certo é que a nova programação, pactuada entre os diretores da L&C, fica definida como "adulta contemporânea" e se compõe de cinco categorias de músicas: 1) Sucessos de ponta atuais, ou lançamentos já consagrados no exterior, com frequência de execução de 3 vezes ao dia, todos os dias; 2) Sucessos consagrados recentes, entre 1980 e 1989, uma vez no dia, também diariamente; 3) Sucessos consagrados ou lançamentos em ascensão de 1990-1991-1992, uma vez no dia, de cinco em cinco dias; 4) Sucessos consagrados dos anos de 1970, uma vez no dia, mensalmente; e 5) Sucessos "balançados" dos anos de 1960, uma vez no dia, mensalmente.

A proporção geral é de 83% de músicas estrangeiras e 17% de nacionais. Como o seu estudo deixa claro, Carlão está bastante angustiado com o esgotamento criativo na Musical FM. Quer arejar a sua própria visão do mercado, abrir-se a outras sensibilidades, outros padrões de gosto e percepção. Para ajudá-lo nisso, convida um radialista mais jovem, Maurício Barreira, a integrar o time da L&C.

Os dois trabalham na nova grade com afinco, mas o radialismo não é ciência exata e, por mais que se tente controlar todas as variáveis da equação do sucesso, o resultado sempre é incerto. Essa verdade se comprova mais uma vez. A audiência não responde como esperado e a publicidade, muito menos. Um acordo com a boate Up and Down, que dedica um dia por semana a promover a rádio, dá algum dinheiro, mas não tem dimensão para alterar os índices do Ibope.

A Musical segue como sempre esteve desde o incêndio da antena, comendo a poeira das concorrentes. Na metade do ano, já está claro que uma nova mudança precisa ser feita. Em setembro de 1992, finalmente, vem a notícia tão aguardada: a outorga da Musical FM passa para a Classe A. Ela é autorizada a operar em uma nova frequência, 105.7 MHz, vizinha à original. Os ouvintes logo são surpreendidos com a qualidade sonora muito melhor, perfeitamente nivelada à das grandes FMs da cidade.

Mas a maior surpresa, que irá muito além do que os concorrentes oferecem e seduzirá muitos outros ouvintes, produzindo um sucesso arrasador, ainda está em gestação. É uma programação inteiramente nova, de formato inédito no país, segmentada não pelo tipo público visado, mas pelo conteúdo. Ela fará da Musical FM um templo da música popular brasileira.

Outdoor com músicos tocando ao vivo é uma peça destacada no lançamento da Musical FM, onde Brenda Lee, Chubby Checker, Pat Boone e The Platters são nomes frequentes na programação.

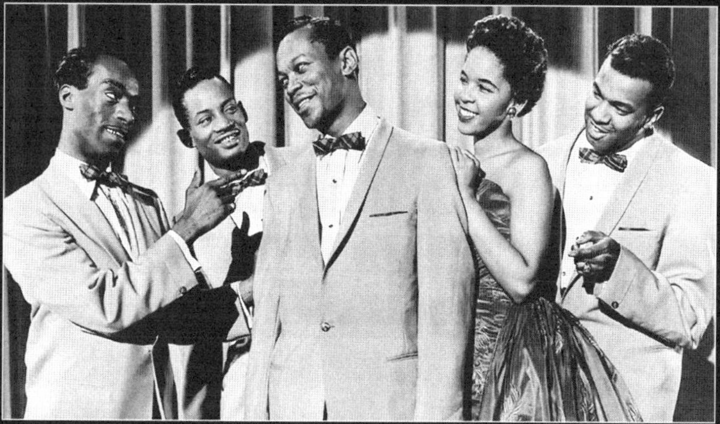
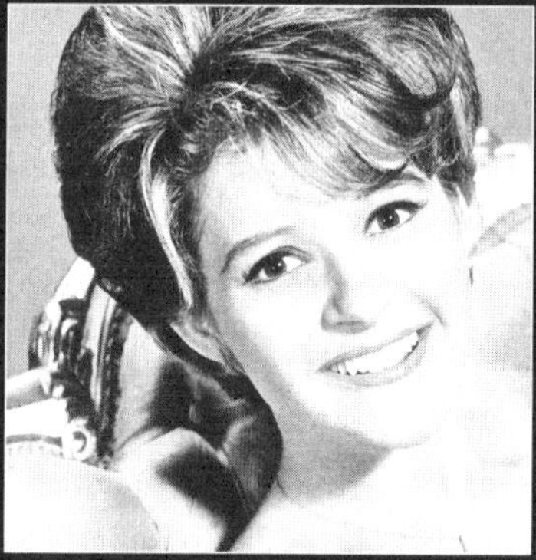
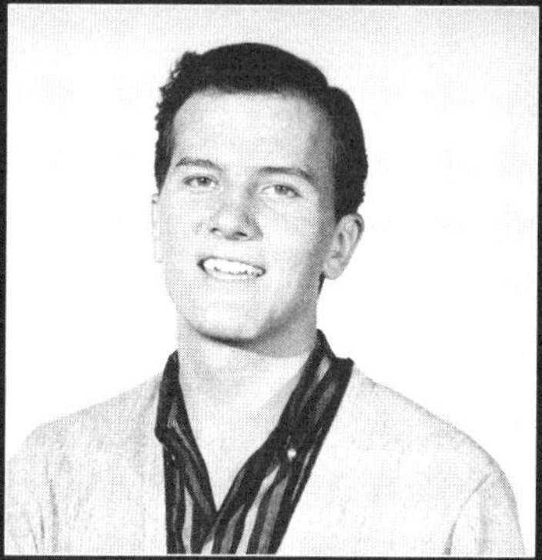
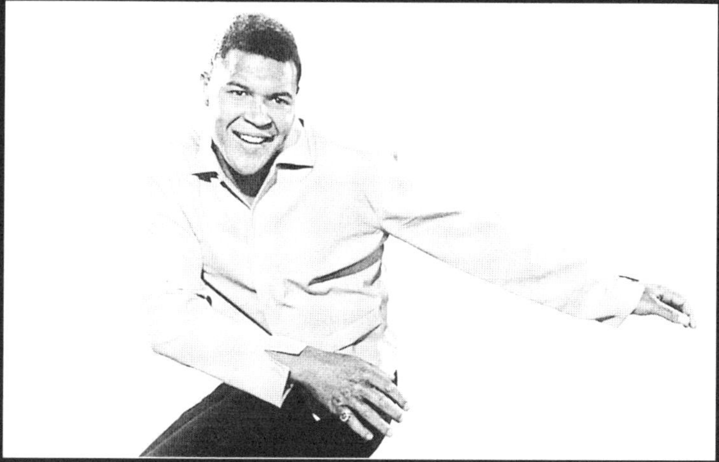

TODOS QUERIAM TRABALHAR COM ELES.

Quando conheci Luiz e Carlão, a L&C já desenvolvia pesquisas para posicionar as emissoras de rádio. O meio sempre foi muito maltratado, tecnicamente, pelo mercado. Especialmente nessa área de pesquisa, que eram poucas e estavam mais direcionadas para a televisão.

O relacionamento que eles faziam e a própria disciplina profissional que apresentavam ao mercado geravam um crédito muito grande para as informações que eles produziam. No momento de selecionar emissoras para um plano de mídia, se tinha a L&C no meio, a gente ficava muito tranquilo, porque sabia que podia contar.

Lá na frente, no lançamento da Rádio Musical FM, eles estavam com uma grande preocupação de posicionar a emissora de forma adequada no mercado. Conhecendo muito bem o trabalho da McCann, tornaram-se nossos clientes. Fizemos uma permuta dos nossos serviços por publicidade na emissora. Foi um negócio pequeno, financeiramente falando, mas de grande interesse para a agência. Com o barulho que a L&C já fazia naturalmente no mercado de rádio e, em especial, sabendo que a Musical iria gerar uma repercussão muito grande, ficou claro que envolver a McCann no processo nos traria grandes benefícios.

Uma das peças da campanha, o outdoor sonoro, um outdoor com caixas de som, nós inscrevemos no festival publicitário de Cannes. Não chegamos a ser premiados, mas ele foi finalista em uma das categorias. Na época, não havia a Lei Cidade Limpa, em São Paulo. Era permitido o outdoor e a poluição sonora também não ganhava a atenção que tem hoje. Então, foi muito favorável fazer essa ação, se envolver nisso. A campanha da Musical, como um todo, foi muito bem-sucedida.

Quando virou a programação e começou a fase MPB, nós trabalhamos novamente para a Musical. Trabalhamos um pouco mais. Já não existia entre nós uma relação regular de agência e cliente. Não havia um volume, uma intensidade de trabalhos muito grande. Mas nós acompanhávamos o que acontecia lá e, naturalmente, estávamos próximos da L&C.

Uma coisa interessante é que todo mundo queria trabalhar com eles, todas as agências. Imagino que isso tenha gerado na época algum problema para Luiz e Carlão justificarem a presença da McCann no processo. Todas as agências tinham profissionais que eram amigos deles. Mas, de qualquer forma, quando a rádio se consolidou, a gente já não tinha muito o que fazer. Ela não precisava mais de publicidade.

Luiz e Carlão fizeram muito pelo rádio. São profissionais extremamente valiosos e empreendedores por natureza. Eu confesso que aprendi muito com eles. Com Álvaro também. Minha carreira profissional foi alicerçada por eles, tanto como pessoas quanto pelo trabalho que fizeram na L&C. Eu me aconselhei com eles em todos os meus lances profissionais. Lances de agências, propostas, enfim sempre me aconselhei muito com eles.

Angelo Franzão

Um dos mais reputados profissionais de mídia do mercado publicitário brasileiro, Angelo Franzão Neto começou em 1971, na Almap, e logo conheceu Luiz e Carlão, de quem se tornou amigo próximo. No início da década de 1980, foi para a agência onde realmente desenvolveu a carreira: a McCann Ericson. Hoje, com 65 anos, ele se dedica a projetos pessoais e consultorias.

A RÁ

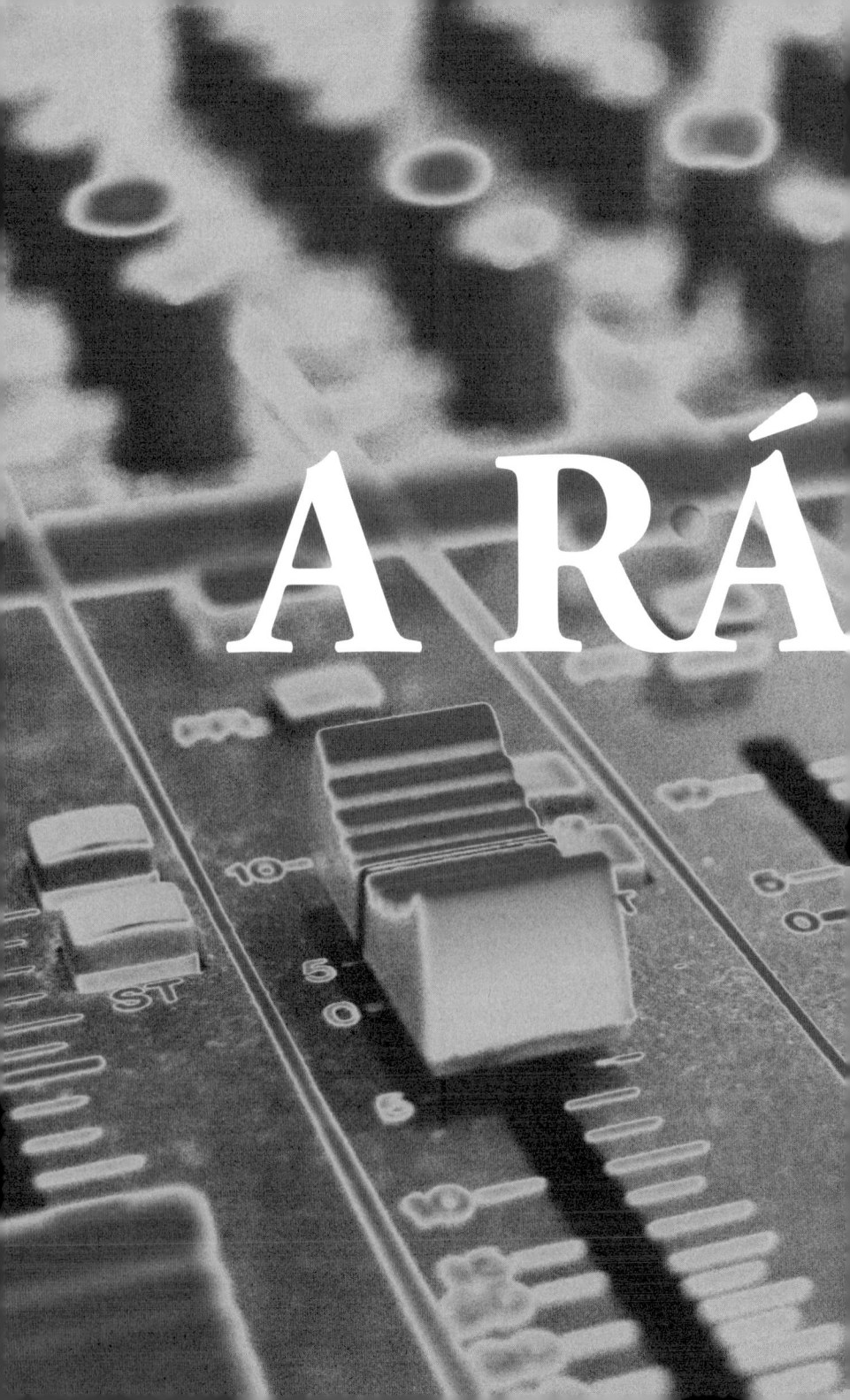

DIO
MPB

**tropicália 2
caetano e gil
em são paulo
50 . 50
ao vivo
25**

O disco Tropicália 2, com o hit Haiti, é um dos destaques do fértil ano musical de 1993, que favorece a mudança de rumo da Musical FM.

9

O ANO DE 1993 NA MÚSICA DO BRASIL é aquele em que Caetano Veloso e Gilberto Gil constatam que "o Haiti é aqui", enquanto Djavan se interessa pela "Linha do Equador". Rita Lee solidariza-se com "Todas as Mulheres do Mundo" e Tim Maia canta "Essa Tal Felicidade". Daniela Mercury é a soberana do axé, reinando em todas as mídias, e os irmãos Chitãozinho e Chororó comandam a viola no sertanejo, com direito a especial na TV Globo, em parceria com os australianos dos Bee Gees.

Artistas como Gabriel o Pensador, Kid Abelha, Legião Urbana, Netinho e Skank emplacam mais de um sucesso nas paradas e a Banda Cheiro de Amor arrebenta, com seis músicas entre as mais executadas no país. A MPB está no auge de sua potência de mercado e, na capital paulista, ganha a primeira emissora de rádio com a programação 100% dedicada a ela.

Em fevereiro, quatro anos depois de entrar no ar, a Musical FM é relançada com ousadia e estardalhaço. Chamadas insistentes na sua programação, apoiadas por cartazes de rua e anúncios em jornais e revistas, com o mapa do Brasil formado por nomes de artistas nacionais, informam aos paulistanos que aquela que conheceram como a *juke box* da nostalgia é agora "a Rádio MPB".

Em poucos dias, o slogan está nos ouvidos de toda a cidade. A programação oferece todo o primeiro time da música brasileira, que antes Carlão não podia escalar para jogar completo na Rádio América, em razão do seu perfil mais popular. Mas também aposta em novos nomes. Zeca Baleiro, por exemplo. Ou Zélia Duncan, Rosa Passos, Belô Veloso. Em início de carreira, elas e eles estão sempre nas *playlists* de execução da Musical FM e são presenças constantes nos estúdios.

A rádio está agora convertida em santuário daquela tradição musical que Chiquinha Gonzaga começou, Pixinguinha e Noel Rosa transformaram em fina arte, Ary Barroso, Tom Jobim e João Gilberto deram fama mundial e esses jovens agora continuam, cada qual no seu gênero, cada um com a sua contribuição.

O paraibano Chico César, especialmente, é a prata da casa. Ele é quase adotado pela Musical FM, onde o seu talento é reconhecido e muito promovido, sem envolvimento comercial nisso, nenhum acerto com a emissora. O incentivo se estende a artistas de outras latitudes, novos ou pouco difundidos, que ainda estão restritos às rádios regionais. Os gaúchos Kleiton e Kledir, por exemplo, entram com frequência na grade da Musical, depois que pesquisas em rádios de Caxias do Sul e Santa Maria demonstram a sua força junto ao público sulista. A sala da direção da Musical FM vai se convertendo, praticamente, em um camarim de artistas, tantos são os que passam por lá todos os dias.

A nova linha de programação funciona como um fósforo riscado sobre gasolina, explode imediatamente. São Paulo parecia estar à espera de uma emissora com esse perfil. Em três meses, a audiência quintuplica, de 7 mil para 40 mil ouvintes por minuto, e o faturamento acompanha, incrementado pelo trabalho competente da equipe comercial, comandada pela diretora Cristina da Hora e robustecido pelo prestígio de grandes marcas anunciantes, como Bradesco, Itaú, Banco Mercantil, Davene e Bombril.

Os custos são baixos, infinitamente menores do que o sangradouro de dinheiro que foi a rede, enquanto os lucros atingem um patamar inédito, equivalente a US$ 100 mil mensais, num período em que o real vale o mesmo que o dólar. É um dinheiro que Luiz e Carlão ainda não haviam visto igual, na venda de publicidade para as rádios AM.

Já nesse 1993 da arrancada, a Musical ganha o prêmio de "emissora FM do ano", da Associação Paulista de Críticos de Artes (APCA). Os ouvintes de São Paulo ganham uma opção de qualidade no dial, que começa na seleção das músicas e se estende às atrações da grade, com seu elenco de prestigiados apresentadores. Chamadas constantes nos programas de maior audiência dão visibilidade aos demais.

Marta Suplicy é uma das estrelas da companhia. Já na carreira política, mas ainda lembrada como sexóloga, ela apresenta *Cor de Rosa Shocking*, um programete com três inserções diárias em que comenta assuntos variados. João Dória faz um boletim sobre turismo, em paralelo às atividades de televisão, que ele está começando.

Patrícia Palumbo também inicia a carreira de *Vozes do Brasil*, o programa sobre tendências da MPB que irá atravessar os anos e circular por outras emissoras, até se tornar um canal de internet próprio, a Rádio Vozes. Roseli Tardelli comanda *Todas as Faixas*, programa musical intercalado com entrevistas de personalidades, onde ninguém menos que o presidente da República, Fernando Henrique Cardoso, será um dos convidados.

Também estão a bordo da Musical FM Cláudia Matarazzo, Florestan Fernandes Jr. e Joyce Pascowitch, todos pilotando atrações de prestígio jornalístico e grande interesse do público. Com Joyce, Carlão exercita as antigas habilidades teatrais. Faz laboratório para destravar a colunista, desinibida na conversa, mas tímida ao microfone.

O triênio 1993-1994-1995 será só de alegrias para Luiz e Carlão, no seu mais querido empreendimento. Tudo vai de vento em popa, com a audiência feliz com a programação, as agências e anunciantes satisfeitos com os resultados de seus investimentos. Um levantamento indica que 128 empresas reproduzem a Musical FM em seus sistemas internos de som ambiente.

O sucesso da emissora é alimentado por uma infinidade de promoções – uma antiga especialidade da L&C. Para ouvir o público e colher as suas solicitações de músicas, a Musical FM interage intensamente com ele, atraindo-o com sorteios de CDs, telefones celulares, viagens, motocicletas e automóveis. Seus hábitos, expectativas e todas as dimensões possíveis do mercado radiofônico são analisados incansavelmente.

Apenas entre 1994 e 1995, a equipe estuda 93 assuntos em parceria com o Datafolha e realiza com o instituto uma pesquisa de fluxo de audiência. Nos anos seguintes, o ritmo seguirá intenso e até 1998 serão feitas mais 12 pesquisas internas, duas qualitativas e uma pesquisa de audiência em automóveis, em parceria com outras 12 emissoras – a primeira do gênero no país. "A grande maioria dos motoristas tem rádio no carro e quase metade deles (47%) estava ouvindo alguma emissora, quando foi flagrado pelos pesquisadores", conta o jornal *Meio e Mensagem*, em fevereiro de 1998.

Segundo a publicação, "o principal resultado é o número de ouvintes estimado pela sondagem: mais de 762 mil, tomando-se por base um universo de 1,6 milhão de pessoas que circulam de carro pela cidade diariamente". Entrevistado pela reportagem, Carlão considera que "o grande mérito da pesquisa é transformar o que todo mundo sabe em dados concretos". O objetivo é o de sempre: sensibilizar o mercado. "Vamos usar essa pesquisa para valorizar o meio rádio, inclusive apresentando os dados em associações a quem eles possam interessar, como o Grupo de Mídia de São Paulo". [11]

Sempre para promover a Musical FM e o próprio rádio como veículo de grande alcance e eficácia, Luiz e Carlão diversificam as iniciativas ao longo da década de 1990. Fazem parceria com a casa de espetáculos Tom Brasil, para divulgar suas atrações em troca de ingressos, que distribuem no meio publicitário. Lançam LPs com a grife da rádio para deixá-la próxima à discoteca dos ouvintes, como a coletânea de música instrumental *Sem Palavras*, organizada pelo crítico e produtor Zuza Homem de Mello. Ou os álbuns *Gema do Novo*, em duas edições, que difundem novos nomes da MPB.

Também trabalham muito com marketing cultural, apoiando espetáculos teatrais infantis e adultos, e promovendo de shows. Alguns deles são projetos especiais de envergadura, como o *Verão Musical FM*. Apenas em janeiro e fevereiro de 1998, o projeto realizou 14 shows no Memorial da América Latina, quando recebeu público superior a 16 mil pessoas. No plano artístico, os shows da Musical FM mantêm a qualidade de programação da emissora e seu apreço pela inovação.

Paulinho da Viola e Toquinho sobem juntos ao palco pela primeira vez no *Verão Musical*. O público tem o privilégio de ver outras parcerias estreando diante de seus olhos: Daniela Mercury e Vania Abreu, Chico César e Lenine, Zeca Baleiro e o grupo Karnak. Também passam pelos shows Geraldo Azevedo, 14 Bis, Boca Livre,

Emílio Santiago, Lô Borges, Oswaldo Montenegro, Nana Caymmi, Leila Pinheiro e outros artistas de expressão na MPB.

Não é por acaso, portanto, que a Musical FM mantém o prestígio alto e conquista, em 1997, pela segunda vez, o prêmio da APCA para a "melhor programação de música popular brasileira". O poder de comunicação da Musical FM e a sua efetividade como mídia publicitária podem ser bem dimensionados no testemunho que um cliente dará deles, anos depois. "Não tenho bem certeza, mas acho que foi no mês de março. O ano, eu sei que foi 1997", relata, em 2006, o empresário da área de entretenimento Zé Luiz Soares, em seu blog *Lente do Zé*.

Prossegue ele: "Eu voltava de viagem, numa segunda-feira à noite, quando, ao sintonizar a rádio Musical FM na estrada, já perto de São Paulo, comecei a ouvir um programa de entrevistas chamado *Boa Safra*. Comandado pela jornalista Miriam Ramos, durava uma hora e trazia, toda semana, dois artistas chamados 'alternativos' que, em blocos diferentes, falavam sobre seu trabalho e mostravam faixas de seus discos".

Soares conta que, "naquele exato momento, tive a ideia de propor uma espécie de parceria com o Villaggio Café, obviamente sem poder pagar nada, mas quem sabe na base da permuta com nosso cardápio, já que a Musical era vizinha do bar". A conversa na emissora dá mais do que certo. O Villaggio logo se torna parceiro e tem o resultado que Soares imagina. "Durante muito tempo, o slogan 'Programa *Boa Safra*, apoio Villaggio Café, o lugar certo da MPB em São Paulo' foi ao ar, em diversos horários, numa época em que a Musical era o maior e melhor espaço de MPB na mídia radiofônica em São Paulo e, por tabela, no Brasil".

Segundo ele, "com a Musical bombando, o Villaggio também aumentou sua visibilidade. Além disso, a parceria previa que artistas que fizessem shows na casa tivessem, uma vez por mês, espaço assegurado no *Boa Safra* para entrevista. Com isso tudo, passamos a ser mais procurados do que nunca, e isso facilitou o trabalho de fazer uma grade mais extensa, com shows a semana inteira".[12]

O único porém é que a situação da Musical FM já não é tão favorável como pode parecer. Seu prestígio continua intacto, a qualidade da programação se mantém, a eficácia publicitária é essa descrita pelo parceiro, mas os ouvintes já não respondem com o mesmo entusiasmo. Uma primeira crise de audiência afeta a emissora em 1996 e se torna mais aguda dois anos depois, o que é difícil de entender. Como é possível que um projeto tão ajustado, tão bem segmentado e, até agora, tão vitorioso, esteja perdendo público?

Tanta pesquisa, tanta interação, tanto cuidado em atender o seu gosto – e o ouvinte está indo embora? O que acontece? Em maio de 1998, Carlão produz um novo estudo interno, "Rumos da Rádio Musical FM", para responder a essas questões.[13] O trabalho avalia a posição do empreendimento naquele momento, a sua evolução e as perspectivas. O conteúdo e o tom não são muito diferentes do documento de 1992, que enterrou da programação nostálgica e iniciou a rota para a MPB exclusiva.

Carlão acredita que as dificuldades da emissora se devem mais a erros e insuficiências dela mesma do que às injunções do mercado. A equipe não estaria compreendendo bem o que o público quer, nem explorando a sua fórmula em todo o potencial. Estaria desatenta ao que ocorre no amplo mercado da música no país, as tendências do consumo e as expectativas dos ouvintes, presa a uma rotina automática de repetição dos esquemas que funcionaram muito bem no começo, mas que agora não servem mais ou precisam de ajustes.

"Qual o nível de conhecimento que temos sobre os ouvintes?", Carlão pergunta no texto. "Sabemos dizer quantos fumam? Quantos bebem e o que bebem? Qual a sua ideologia? Em que partidos votam? O que vão fazer no shopping center? Quantos têm hábito de usar preservativo? Que jornal e revistas leem? Quantos têm carro? Quantos têm caderneta de poupança? Ainda que alguns dados sejam mais importantes do que outros, deveríamos dominá-los para orientar a programação musical e informativa", diz ele.

Mas o foco de sua crítica se concentra mais nas divergências que ele encontra entre os dados de consumo da música popular brasileira e a oferta de conteúdos na Musical FM. A frustração do público com a grade de programação seria a principal razão do seu afastamento. Segundo o estudo, os valores positivos atribuídos pelos ouvintes à Musical FM são neutralizados pelos valores negativos, que não vêm sendo corrigidos.

Se a emissora é reconhecida por "tocar MPB de qualidade, não comercial", "ter noticiário básico e adequado", ter "preocupação com o aspecto técnico", oferecer "espaço comercial reduzido e adequado ao estilo da emissora" e estar "voltada a pessoas de todas as idades, porém exigentes com a cultura", ela também é criticada por um conjunto de defeitos, que persistem. "Geralmente toca MPB de dez anos atrás", "é muito raro ter música nova/atual", "só toca o clássico da MPB, só as músicas que fizeram sucesso e são consagradas", "deveria tocar o lado B do disco, variar mais".

Carlão cita uma pesquisa Datafolha, de maio de 1995, que analisou o consumo musical na Grande São Paulo. Ela indica que os mais intensos consumidores de MPB estão na classe A/B (47% da amostra), têm entre 25 e 39 anos (78%) e nível universitário (63%). Considerando apenas esse último grupo, o das pessoas com instrução superior, a sondagem estima que elas são 1,184 milhão na região metropolitana e que 86% delas são atingidas por algum sinal de FM, em um período de 15 dias.

No mesmo prazo, entretanto, a Musical FM consegue atingir apenas 166 mil pessoas, o que representa somente 14% do total do segmento, 16% dos que ouvem FM e 26% dos que declaram gostar muito de MPB. "O que ouvem os outros 74%?", pergunta Carlão. Outra pesquisa citada no trabalho, de agosto de 1996, indica que os ouvintes entendem a música popular brasileira em um contexto muito amplo.

Para eles, a MPB "abrange uma gama de ritmos, andamentos e variações diferentes", "revela tendências e talentos de todas as regiões e estados do Brasil" e "inclui ritmos que nasceram fora do Brasil (rock, por exemplo)". O público entende, portanto, que tudo que é composto no país e cantado em português é MPB. A única discriminação que ele faz é entre a boa música e a de má qualidade, julgada "brega".

A Musical FM não estaria se comunicando bem com as pessoas porque insiste em um conceito limitado da MPB, oferecendo uma programação com menos variedade de ritmos e estilos musicais do que o esperado. O chicote de Carlão estala no lombo também da área comercial. Ele critica a relevância e a efetividade das promoções que a rádio realiza incansavelmente. "Quantas foram realizadas nos últimos quatro anos?", ele indaga. "Quantas aumentaram o índice de audiência?".

De novo citando a pesquisa Datafolha de 1995, ele lembra que apenas 5% dos ouvintes de rádio participam de promoções e sorteios com alguma regularidade, 20% participam raramente e 74% nunca participaram. "Vale a pena ocupar espaço de música com promoções, quando sabemos que 84% dos ouvintes sintonizam a Musical para ouvir MPB?" Essa é a questão que ele coloca à equipe. De todo modo, ainda que o desajuste da programação e o incômodo das promoções tagarelas expliquem a perda de audiência da Musical FM, corrigi-las não terá muita importância para o caixa da emissora.

É um contrassenso, não há dúvida. Mas, a recuperação de público não produzirá necessariamente mais faturamento comercial. Afinal, trata-se do meio rádio, tal como ele se configura no Brasil, e os seus problemas de mercado são muito mais políticos do que técnicos. Não têm a ver com as suas fragilidades, mas com a ganância alheia e a forma como os gananciosos conseguem abocanhar tudo, cooptando quem puderem para obter isso.

O descaso das grandes marcas e de suas agências com o rádio continua invencível. Elas podem se entusiasmar com ele por algum tempo, como no período de apogeu da grade MPB, mas, depois, recuam e voltam à rotina de investir na "mídia da mãe" (TV Globo + *Veja*), de modo a deixar os demais veículos à míngua. O mercado publicitário está rendido ao império da BV, a onipresente e crescente bonificação de volume, que garante aos anunciantes comunicação efetiva com o consumidor e dinheiro certo para as agências, mas representa uma ditadura sinistra para a grande maioria dos veículos.

Eles vivem pendurados no pau de arara da penúria, apanhando muito, e vão continuar assim, indefinidamente. Por mais que Luiz e Carlão demonstrem a efetividade comercial da Musical FM, com pesquisas consistentes e resultados práticos, por mais que eles gastem a boa lábia e muitos almoços no convencimento do pessoal das agências, no final dos anos 90 o faturamento da emissora já declinou bastante em relação ao triênio áureo.

Não adianta nada a L&C também oferecer BV, porque ela nunca será tão atraente quanto o caminhão de dinheiro assegurado pela Globo a seus parceiros. A razão é o chamado "Custo por Mil", o valor que o anunciante desembolsa a cada milhar de consumidores atingidos. Quanto menor o CPM, maior é a rentabilidade do investimento publicitário. Impossível, portanto, competir nesse quesito com uma televisão que opera na escala dos muitos milhões de telespectadores, alinhando contra ela uma rádio que atinge apenas milhares de ouvintes, embora eles sejam muitos milhares.

O faturamento baixo compromete a saúde financeira do empreendimento e a Musical FM chega a 1999 em crise aguda. O prejuízo mensal é de R$ 110 mil, a inversão completa do lucro de anos atrás. Apenas a arrecadação de direitos autorais das músicas executadas engole R$ 70 mil. O transmissor de 25 quilowatts, que consome 1,7 milhão de kVAs por hora, produz uma conta de energia absurda e há ainda os salários e benefícios de 26 funcionários, fora as despesas de manutenção nos estúdios da Bela Vista e na torre da Dr. Arnaldo.

É uma situação insustentável, que exige intervenção urgente e, assim sendo, Luiz e Carlão resolvem não mais procrastinar. Com grande aperto no coração, depois de tantos sonhos e expectativas com a sua própria rádio em São Paulo, eles se preparam para cometer um "haraquiri sentimental". Vão passar adiante a Musical FM. Quem entra na história nesse momento, para prossegui-la nos anos seguintes, é o empresário e político Carlos Apolinário, que vem de um mandato de deputado federal e assumirá mais tarde uma longa vereança em São Paulo.

Evangélico desde a infância, ele se apresenta em nome de três igrejas – Comunidade da Graça, Evangelho Quadrangular e Assembleia de Deus –, interessado em um acordo para operar a emissora. Luiz e Carlão fecham com ele um contrato mensal de R$ 250 mil, pelo prazo inicial de três anos, que será renovado indefinidamente. Com isso, a lendária e gloriosa Musical FM, primeira estação do Brasil a oferecer uma programação exclusiva de música popular brasileira, abjura da sua fé inabalável nas divindades da canção, e entrega-se totalmente a Jesus.

Ela será agora uma rádio gospel, 100% cristã, dedicada a consolo de almas aflitas e já credenciada por salvar a L&C das chamas da insolvência. Devotos ou incréus, os ouvintes mal conseguem acreditar na notícia. O estupor logo se converte em indignação. Mais do que isso, impele à ação, produzindo um fato provavelmente inédito e ainda único na história mundial: um movimento político contra o encerramento de um projeto de rádio.

Um grupo de 43 "órfãos" da Musical FM se reúne no Café do Bexiga, templo emepebista da cidade, e constitui o "Movimento dos Sem Rádio", desencadeando uma campanha de mobilização na internet que arregimenta mais de 500 pessoas, entre elas políticos e artistas. Numa sexta-feira de final de outono, 11 de junho de 1999, os sem-rádio se concentram em frente ao Museu de Arte de São Paulo (MASP) e saem em passeata pela Avenida Paulista. Protestam contra a conversão religiosa da emissora e pedem a volta da profana e adorada MPB.

Até a contestação legal do contrato os inconformados ouvintes cogitam. O movimento, evidentemente, dá em nada. Os prejuízos da Musical, nenhum manifestante irá pagar e a pressão das contingências materiais assegura a jornada da emissora ao plano divino, do qual agora será uma nova porta-voz em frequência modulada. Meses depois, em novembro, os "órfãos" têm uma iniciativa mais realista. Criam uma organização não-governamental e propõem levar a grade MPB para a internet, com o exato formato e estética que ela possuía no ar, mas agora operada como uma *web radio*.

Na verdade, será praticamente uma continuação, porque a Musical foi a primeira rádio brasileira a transmitir via internet e esteve no portal UOL até virar gospel. Luiz e Carlão não se opõem à iniciativa dos ouvintes, evidentemente, até porque a história toda gerou uma enorme publicidade, em parte negativa, e é simpático atender uma demanda tão comovente, ainda mais quando ela não trará custo nenhum. É, assim, então, que, 30 anos depois de iniciarem a sua trajetória autônoma no mundo do rádio, Carlão e Luiz deixam a atividade que os consagrou.

Depois de representar dezenas e dezenas de emissoras de todo o país, de montar e passar adiante quatro rádios próprias, de criar uma marca indelével na história da radiodifusão brasileira, os dois sócios e amigos de infância partem para uma nova etapa profissional na maturidade. Agora, eles vão se dedicar exclusivamente à outra frente de negócios que abriram na L&C e que já representa a principal operação da empresa. Eles seguirão no mercado de comunicação, como empresários de publicidade exterior.

PROJETO DE REFORMULAÇÃO DA MUSICAL FM

CARLOS A.COLEBANTI -MARÇO 92

Musical Fm

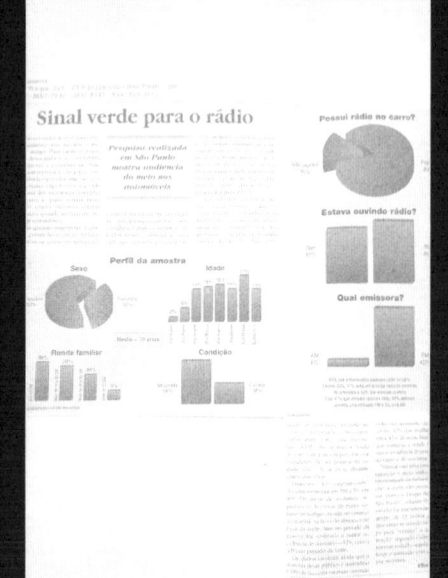

Estudos internos da L&C e uma pesquisa em parceria com o Datafolha, que analisou a audiência de rádio em automóveis, dão elementos importantes para a reformulação da Musical FM. A nova programação exclusiva de MPB, de alta qualidade, tem artistas consagrados e iniciantes promissores.

chico césar
incluindo os sucessos:
mama áfrica,
à primeira vista
e mulher eu sei.
aos vivos

DANIELA
Mercury

KLEITON & KLEDIR

SINAL ABERTO
Gravado ao vivo nos dias 14 e 15 de setembro de 1999, no Teatro João Caetano, RJ
TOQUINHO E PAULINHO DA VIOLA

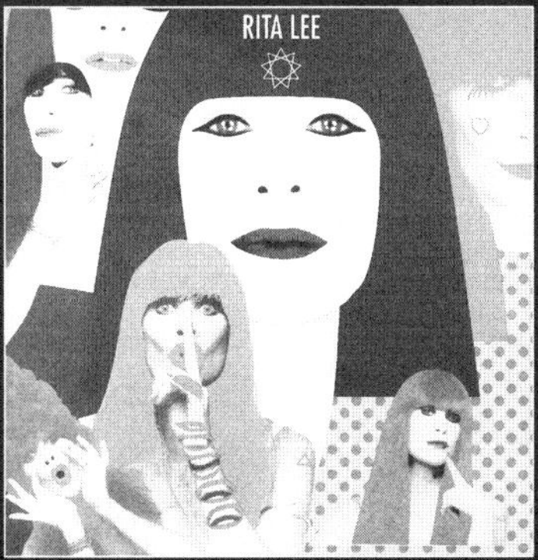
RITA LEE

A MUSICAL FICOU REFÉM DO RÓTULO MPB.

Quando eu cheguei à L&C, eu achava que as chamadas rádios "adultas", como a Musical e a Alpha, eram muito velhas e que havia um adulto descolado, que curtia rock e dance music, não aquela "música de elevador", o padrão das rádios adultas da época. Aliás, até hoje.

Nós, então, mudamos a característica da Musical FM. Formatamos uma rádio para esse adulto mais descolado, tocando Lenny Kravitz, Pink Floyd, MPB, um pouco de tudo que tivesse qualidade. Fizemos vinhetas novas, mais modernas. Chamamos essa programação de "adulta contemporânea", utilizando uma nomenclatura norte-americana.

Durante algum tempo, patinamos. A audiência não subia. Fomos descobrindo que o número de adultos descolados era muito pequeno. Percebemos que, na verdade, as pessoas envelhecem muito rápido, pelo menos a maior parte delas. Elas querem ouvir música que não incomode, aquela música meio linear. Carlão foi ficando preocupado, é claro.

A primeira coisa que fizemos foi aumentar a incidência de MPB na grade. Até então, a proporção era de mais ou menos 75% para música estrangeira e 25% para nacional. Para cada três músicas estrangeiras, uma brasileira. Nós igualamos, fomos para 50% a 50%, e já sentimos uma reação. Foi aí que Carlão teve a ideia de passar para 100% MPB. "Acho que a nossa realidade é a música brasileira", ele disse. Eu comecei a separar o repertório, preparando a virada para a grade exclusivamente nacional.

Maurício Barreira

Maurício Barreira tinha 30 anos e alguma experiência em rádio quando Carlão o convidou a ajudá-lo na programação da Musical FM. Radialista formado pela Escola de Comunicações e Artes da USP, ele havia passado pela TVS, de Silvio Santos, que foi o seu primeiro emprego no setor. Depois foi produtor e programador na Rádio Cidade, para onde foi levado pelo ex-professor Luis Fernando Maglioca, que, mais tarde, o indicou para o trabalho na L&C. Maurício ficou na empresa até que Carlos Apolinário assumiu a Musical FM e implantou a programação evangélica. Hoje, com 55 anos, ele é editor na Agência de Notícias da AIDS, um site noticioso dirigido por Roseli Tardelli, que também teve uma passagem importante pela L&C.

Quando viramos, a audiência da rádio começou a subir mês a mês. O novo formato foi muito bem aceito. Criamos um nicho no mercado e tivemos a oportunidade de lançar muita gente, inclusive artistas que nem gravadora tinham, faziam discos em selos independentes. Acabamos criando um público específico, que era muito exigente e difícil de atender. Tínhamos de dar audiência e, ao mesmo tempo, manter a qualidade, atuar na linha tênua entre o que é popular e o que é qualificado.

Depois de alguns anos de muito sucesso com a programação MPB, a Musical começou a perder audiência. Não sei dizer o porquê disso. As pessoas enjoaram do formato, talvez. Mas nós pegamos a fase de ascensão do pagode e do axé, que, de repente, se tornaram os gêneros mais consumidos da música brasileira. Depois veio o sertanejo. Isso nos afetou bastante. Nós até tentamos, por iniciativa de Carlão, colocar um ou outro axézinho, um pagode ou sertanejo que não fosse desqualificado. Mas não era fácil encontrar e, além do mais, isso fugia totalmente da proposta. Não deu certo, absolutamente.

Nós também tentamos modernizar a programação tocando Barão Vermelho, Legião Urbana. Mas não funcionou porque, para muita gente, o rock brasileiro não é MPB. Na verdade, nós ficamos reféns desse rótulo. A MPB tem um público muito chatinho, sectário demais.

Carlão, Luiz e Álvaro foram os empresários mais modernos do mercado de rádio no seu tempo. Poderiam ter gasto um pouco mais, investido mais no jornalismo e em outras coisas, e nisso eles foram como os outros, que sempre querem fazer o máximo com o mínimo. Mas eles fizeram pesquisas intensas de audiência, quantitativas e qualitativas, para avaliar a programação. Souberam ajustar a rádio ao desejo dos ouvintes.

Talvez a Musical tivesse sobrevivido se comercializasse a programação de um outro jeito, não sei dizer. Mas eu gostaria que tivesse acontecido, porque era um trabalho muito legal.

A L&C foi o melhor lugar em que eu trabalhei na vida. Foi lá que eu aprendi a me profissionalizar.

O OL
DA

HO
RUA

*O cartaz de lançamento da Semana Ilustrada,
de Henrique Fleiuss, no Rio de Janeiro inaugura
o mercado da mídia exterior no Brasil, que
Luiz e Carlão desenvolvem 100 anos depois.*

10

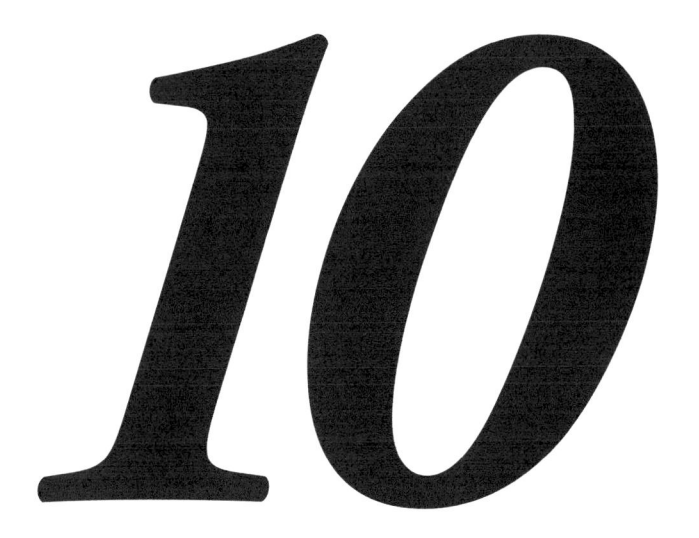

São Paulo, 26 de setembro de 2006. Terça-feira chuvosa e fresca, típica do outono que se inicia. Um dia comum, igual a todos os outros na rotina da cidade, salvo por um acontecimento muito especial. Enquanto a população cuida dos seus assuntos cotidianos, o prefeito Gilberto Kassab toma a caneta do poder municipal para uma decisão de alto impacto.

Ele promulga a lei nº 14.223, proposta pela sua gestão e aprovada dias antes na Câmara Municipal. Batizada de "Lei Cidade Limpa" pela marquetagem oficial, vai alterar radicalmente a paisagem paulistana e atingir um ramo de negócios que Luiz e Carlão exploraram por décadas, em paralelo às suas atividades na radiodifusão.

É uma lei draconiana, duríssima. No artigo 18, sentencia que "fica proibida, no âmbito do município de São Paulo, a colocação de anúncio publicitário nos imóveis públicos e privados, edificados ou não". No artigo 20, estende a proibição aos "anúncios indicativos nas empenas cegas e nas coberturas das edificações". A publicidade exterior é proibida, ou severamente limitada, em quase todas as formas que ela assumiu na cidade, desde o século anterior.

Kassab abre uma única fresta em seu radicalismo no artigo 21: "A veiculação de anúncios publicitários no mobiliário urbano será feita nos termos estabelecidos em lei específica, de iniciativa do Executivo".[14] O prefeito praticamente encerra, em 2006, em toda São Paulo, o que Luiz e Carlão começaram trinta anos antes na L&C: a exploração comercial da publicidade de rua.

Atividade já antiga no Brasil, que teria iniciado em 1860, quando o artista gráfico e caricaturista Henrique Fleiuss afixou o primeiro cartaz em logradouros públicos do Rio de Janeiro, anunciando aos cariocas o lançamento de sua revista, a *Semana Ilustrada*.[15] Atividade não menos antiga em São Paulo, onde em 26 de março de 1896 a prefeitura expediu o Ato nº 6, concedendo permissão ao médico João Chaves Ribeiro para explorar "um sistema de anúncios por meio de placas metálicas colocadas nas esquinas das ruas, praças e muros da cidade".[16]

O negócio engrenou mesmo algumas décadas depois. "Em agosto de 1929, foi inaugurada, em São Paulo, a primeira empresa brasileira que iria explorar comercialmente a utilização de outdoors", contam os pesquisadores Adolpho Queiroz, Ingrid Gomes e Moisés Stéfano Barel, em estudo que traça o histórico da atividade. Era a Publix, fundada por Amadeo Viggiani e Marta Paturan de Oliveira.

Naquela época, "os outdoors eram ovais, pequenos e afixados em postes. Eram parecidos com os pequenos cartazes que conhecemos atualmente e que tanto vemos afixados em postes ou paredes". Meses depois, ainda em 1929, a Companhia Americana de Anúncios em Estradas de Rodagem, empresa que trabalhava na confecção de painéis, cria a Empresa Americana de Propaganda, para trabalhar apenas com cartazes urbanos.

"Nessa época", prosseguem os autores, "a Publix colava seus cartazes em placas de ferro fundido. O trabalho era quase que integralmente artesanal, já que os desenhos e mensagens eram feitos a mão". Os cartazes tinham, no máximo, quatro folhas e alguns deles começaram a ser impressos em gráficas que surgiam em São Paulo, para se tornarem as pioneiras na confecção de outdoors.

Uma das primeiras marcas a utilizá-los foi o Xarope São João, com a sua célebre mensagem "Larga-me! Deixa-me gritar!", desde sempre e ainda hoje referida nos estudos da propaganda brasileira.

"Com a implantação dos outdoors de oito folhas na década de 1940, gerou-se grande avanço ao meio e os principais anunciantes foram a Rhodia, Alpargatas e a Sidney Ross, fabricante do Melhoral, Sonrisal e Sal de Frutas", dizem os professores. Segundo eles, nos anos de 1950, surgem os cartazes com 16 folhas, mas os de quatro e oito folhas ainda eram utilizados. "Porém, como não havia critérios de padronização entre as empresas exibidoras, proliferavam os cartazes de 8, 16, 32 folhas (tanto horizontal ou vertical) ou até de 64". Os pesquisadores anotaram ainda a existência de cartazes em tamanhos próprios, especiais, confeccionados no exterior por empresas anunciantes multinacionais. "Na década de 60, surgem no Brasil os cartazes com 32 folhas", eles informam.

A impressão dos outdoors passou a ser feita por "gigantografia", processo criado por Renato Nanô, em 1961, e aperfeiçoado até 1967. "Desta forma, as campanhas de outdoor passaram a usar os mesmos cromos dos anúncios em jornais e revistas."[17] No fim do século XX, Luiz e Carlão estão muito distantes dos pioneiros desse campo, mas nada de sua obra, que eles vêm continuando – literalmente, aliás, como logo se verá.

Em 1999, quando entregam a Musical FM a Carlos Apolinário e vão se concentrar exclusivamente no mercado da publicidade exterior, eles já têm uma presença considerável nesse segmento. São reconhecidos por atuar com o mesmo dinamismo e criatividade que foram as suas marcas distintivas no mundo do rádio.

Há algum tempo, a exploração de outdoors é a operação mais lucrativa da L&C, bem mais que a radiodifusão. São os cartazes que garantem o caixa da empresa, quando as verbas publicitárias refluem nas ondas sonoras. A representação comercial é a porta para o mercado de outdoor. Em 1971, a L&C fecha contrato com a Sign Propaganda, uma empresa de publicidade exterior do Rio de Janeiro, muito profissional e bem organizada, mas desconhecida em São Paulo.

Em visita à Standard Propaganda, o diretor-comercial da Sign, José Antônio Medina Valle, pede ao mídia Roberto de Souza que lhe indique um bom representante comercial na capital paulista. Roberto indica a L&C, mesmo sabendo que a empresa trabalha apenas com rádio, até o momento. Medina procura Luiz e Carlão, a afinidade é imediata e a simpatia mútua logo resulta em negócio.

Como é neófita no campo do outdoor, a L&C aceita uma comissão baixa pelas vendas, de apenas 5%. Mas a equipe comercial comandada por Álvaro Almeida faz um trabalho tão bom, tão eficiente, que logo a Sign se converte no principal faturamento da sua sucursal carioca. Olho crescido para a notória lucratividade da Sign, Luiz vai atrás dos donos da empresa e passa um sábado inteiro com sócio-administador David Plosk, tentando convencê-lo a aumentar o percentual da L&C.

Sem sucesso algum, dada a habilidade negocial do parceiro e a sua absoluta intransigência com o pedido. Antes Plosk houvesse topado, porque logo Luiz vai buscar como concorrente dele o que poderia ganhar como representante. A negativa da Sign abre o apetite de Luiz, Carlão e Álvaro por uma empresa própria de mídia exterior. Eles sabem que se trata de um mercado muito mais opulento do que o radiofônico, porque dispensa mão de obra qualificada e cara, e tem menor custo de produção, o que eleva os lucros.

É um mercado menos disperso também, porque se concentra mais nas capitais e cidades médias, bem mais acessíveis do que os ermos cafundós onde alguém sempre pode fincar uma antena de rádio, mas dificilmente montará um outdoor. Uma excelente opção, enfim, para a diversificação de atividades da L&C, que pode enveredar por um segmento muito rentável sem se afastar do seu negócio tradicional, inclusive explorando as conexões e sinergias possíveis.

Os três parceiros ficam atentos a alguma oportunidade. Seis anos depois, quase no mesmo momento em que a L&C está assumindo a Rádio América, essa oportunidade aparece. A tradicional Empresa Americana de Propaganda, pioneira no outdoor paulistano, enfrenta uma crise profunda, apesar de ser lucrativa e totalmente viável. Seus sócios, que também são três, não se entendem mais. Vivem em cidades diferentes e têm planos distintos para as suas vidas, cada qual sonhando um destino para o empreendimento em comum.

Um quer vendê-lo, o outro não, o terceiro hesita. Luiz fica sabendo da disputa e sente que a trinca está vulnerável ao charme e ao encanto de uma boa proposta. Começa a negociar com o sócio que quer vender, Nelson Nabhan. A L&C está muito bem nesse momento, tem recursos para investir, e não dá erro. Depois de várias reuniões e longas tratativas, o negócio é fechado numa lanchonete da Rua Pamplona.

É celebrado ao sabor de sanduíches, mas representa uma fina iguaria no cardápio de atividades de Luiz e Carlão. Um caviar de faturamento, diante do arroz-com-feijão modesto que as rádios proporcionam até então. A empresa resultante da aquisição ganha o nome de L&C Outdoor e já nasce grande, em 1977. A transição é a mais simples possível, basta mudar a cor da moldura dos cartazes e substituir nela a marca da Americana.

A L&C já tem a expertise de comercialização da Sign, que não apenas continua em sua carteira de clientes como se torna parceira em operações casadas, para anunciantes interessados em cobrir simultaneamente as praças de São Paulo e do Rio de Janeiro. Tem familiaridade com o mercado de mídia exterior, porque também representa outras empresas. Tem Chiquinho para a área de vendas, Francisco Carlos Marin, um profissional dedicado que vem das operações de rádio e chegará a diretor-comercial no outdoor.

Falta apenas montar a sua oficina de construção e reparo dos cartazes, e abrigar nela a equipe de manutenção. É o que Luiz, Carlão e Álvaro fazem. Eles adquirem um terreno no Jardim Bonfiglioli, amplo o suficiente para instalar uma boa base de operações, com 1.800 m2 de área. A partir dela, em busca da atenção dos motoristas e transeuntes, vão travar a dura batalha dos estímulos visuais no espaço urbano, absolutamente tomado por todo tipo de mensagens, publicitárias ou não.

"Poluição visual" é uma expressão que o paulistano aprende com a publicidade exterior praticada na cidade. É exatamente o que o setor oferece à paisagem urbana, um caos de outdoors de vários formatos e tamanhos, agregados, superpostos, embaralhados, exibidos em cada terreno disponível em São Paulo e também nos municípios vizinhos, depois nos interioranos, porque a praga se alastra em todas as direções.

Luiz, Carlão e Álvaro não aceitam essa balbúrdia. Impõem a baixa quantidade de tabuletas por ponto, 3 a 4 no máximo, como um diferencial competitivo na L&C Outdoor, para fortalecer a mensagem publicitária de seus clientes, deixá-los satisfeitos e fazê-los rentabilizar o investimento. Além disso, eles fazem manutenção rigorosa nas tabuletas. Nunca usam chapas velhas nelas. Os resíduos de cola na afixação dos cartazes são limpos cuidadosamente e as molduras são pintadas com regularidade.

Outdoor não é sinônimo apenas de poluição visual. O mercado também está moralmente poluído, infestado de vigarice, quando a L&C dá os primeiros passos nele, já como uma grande *player*. A prática corriqueira é o "derrame", um eufemismo velado para o puro e simples roubo dos anunciantes, que as empresas mais desclassificadas e gananciosas não hesitam em cometer. As que têm capacidade instalada de 1.000 tabuletas, por exemplo, vendem 1.500, já sabendo que vão emplacar apenas o que possuem e entregar 1/3 de comunicação a menos do que o cliente pagou para ter. Uma clara pilantragem, coisa de bandidos. Não existe ainda nenhum órgão do mercado para fiscalizar os outdoors. As agências de propaganda encarregam seus office-boys dessa tarefa, garotos novos, inexperientes, totalmente vulneráveis à corrupção. Para facilitar ainda mais a vida dos corruptores, as agências imprudentemente avisam quando farão a vistoria dos cartazes e até agendam com as empresas.

Imagine-se, portanto, um jovem fiscal informando que fará o circuito das tabuletas amanhã, por exemplo no Rio de Janeiro. Hoje mesmo, a empresa já inicia a sedução, convidando o rapaz a pernoitar num bom hotel de frente para o mar. Marca de buscá-lo às 9h, mas, depois, avisa que chegará só às 11h, para que ele tenha tempo de aproveitar a piscina. Quando sai com ele pela cidade para a fiscalização – antes do almoço magnífico que, evidentemente, oferecerá –, o funcionário já está devidamente "amaciado".

Ele vai enxergar placa até onde nunca existiu. Muitas delas ele verá mais de uma vez, sem perceber, porque uma técnica usual é conduzi-lo aos outdoors por caminhos diferentes, passando pelas mesmas ruas vindo de outra direção. Vale tudo para aumentar a contabilidade geral. A fiscalização do espaço público também é muito falha. A corrupção de fiscais municipais é rotineira. Além de empilhar cartazes legalizados em imóveis particulares, as empresas invadem terrenos públicos sem a menor cerimônia e pregam outdoors neles, clandestinamente, sem nenhum traço de autorização.

São Paulo está repleta de "nesgas", pequenas áreas que sobram das desapropriações e das obras nas vias públicas. Por lei, elas se incorporam ao patrimônio municipal e devem ser licitadas, se for o caso de destiná-las à publicidade exterior. Pois as empresas invadem essas nesgas descaradamente e abarrotam de cartazes o ínfimo espaço disponível, confiantes nas mãos que molharam na prefeitura e na impunidade que elas lhe garantirão.

Obviamente, tudo isso se passa sob a conveniente vista grossa de servidores mais graduados. Prefeitos e vereadores disputam eleições e precisam que os eleitores saibam disso. Querem que eles conheçam a sua cara e decorem seu nome e número de campanha, para não errar na hora H. Os outdoors, ainda não proibidos na comunicação eleitoral por lei federal, são veículos perfeitos para isso. São bem visíveis, estão por toda parte, chamam atenção. Eles funcionam, assim, como uma valiosa moeda de troca.

Os políticos ganham publicidade gratuita em todos os bairros e retribuem com a sua providencial leniência, tanto na fiscalização dos abusos quanto na regulação mais drástica de um setor que ainda opera em moldes muito selvagens, enfeiando e depreciando a paisagem urbana. Em 6 de outubro de 1976, a ala mais consciente do mercado começa a reagir. Por iniciativa da L&C, representada por Álvaro, um grupo formado também por Aroldo Araújo, dono da agência de mesmo nome, Carlos Alberto Nanô, da Espaço/Nanograf, e Enrico Cirillo, da Local, promove a primeira reunião de várias empresas exibidoras concorrentes, em solo paulista.

O encontro ocorre na sede da Local Propaganda e discute a padronização dos pontos de exibição. As articulações no segmento evoluem e um ano depois, em 31 de agosto de 1977, é oficialmente constituída a Central de Outdoor. Onze empresas fundam a organização: L&C, Alvo, Colagem, Época, Espaço, Exibição, Local, Pintex, Karvas, Klimes e Publix.

Os objetivos da Central do Outdoor são "promover a união das empresas exibidoras para melhor prestação de serviços a seus clientes e ao público"; "estipular a padronização do tamanho e formato"; "defender e intensificar a exploração do meio de comunicação outdoor"; "empreender estudos e pesquisas", em especial "pesquisas econômicas comparáveis a outros veículos de publicidade; "estabelecer contatos e acordos com associações congêneres", no Brasil e no exterior; ""; "divulgar a eficiência do meio outdoor"; "participar de eventos publicitários, representando as empresas afiliadas e o meio outdoor"; "defender os interesses de suas afiliadas" e "colaborar com as autoridades ligadas à problemática da propaganda e publicidade, assessorando-as como órgão técnico ou consultivo".[18]

O mercado tem agora um mecanismo de autocontrole, que vai demostrar a sua eficiência. As irregularidades constantes, impulsionadas pela circunstância de que há mais demanda que oferta de outdoor na cidade e as empresas não querem frustrar nenhum cliente, são enfrentadas com rigor e começam a diminuir. O alinhamento dos preços funciona, mesmo com a competição entre as exibidoras, e a Central combate a prática do *dumping*.

De modo natural, a associação ganha um grande poder, embora não consiga evitar que seus representados paguem a Bonificação de Volume, prática agora generalizada no mercado, imposta ao cartaz como à TV ou qualquer outra mídia. Algumas campanhas são negociadas pelas agências diretamente com a Central, que se encarrega de distribuir os ganhos às afiliadas.

Carlão trabalha duro com a equipe da organização, em diversas reuniões, para montar as primeiras pesquisas sobre o meio outdoor, bastante ignorante de si mesmo até então. Senão todas as empresas, ao menos as onze filiadas e algumas outras exibidoras se disciplinam e modernizam, o que eleva a rentabilidade da mídia exterior. Luiz e Carlão utilizam a sua estrutura de outdoors para impulsionar os negócios radiofônicos.

Tanto a Rádio América como a Rede L&C, inicialmente, e depois a Musical FM, suas emissoras são anunciadas com regularidade em dezenas de cartazes espalhados por toda a cidade. Como visto anteriormente, a L&C inova com os outdoors sonoros e também ao vivo, o que amplia as possibilidades de expressão dessa mídia.

A inovação segue adiante nos anos seguintes. Em 1988, a L&C introduz o Backlight no mercado, os cartazes iluminados com projeção traseira. Em 1993, lança o Prismavision, painéis de três faces que permitem ostentar três anunciantes ao mesmo tempo. E em 1995, oferece às agências e anunciantes o L&C Vision, um software desenvolvido em 14 meses, com investimento de R$ 100 mil, para agilizar e dar mais confiabilidade à compra e venda de publicidade exterior. "O novo software roda em um 486, com oito Mbytes de memória RAM e linguagem de última geração", celebra o *Caderno de Propaganda e Marketing*, na edição de 4 de abril de 1995.

Segundo a publicação, a novidade "apresenta aos clientes e agências mapeamento da cidade e o cruzamento dos dados. Com isso, evita escolhas inadequadas ou que entrem em conflito com produtos de outros anunciantes. Além disso, permite melhor visualização, com a seleção de bairros, academias de ginástica, hospitais, aeroportos, escolas, além de áreas de restrição com a proibição de anúncios de bebida alcoólica, de tabaco e de políticos".[19]

Nesse momento, a L&C tem 170 locais e 515 quadros disponíveis para comercialização, o que representa quase 10% dos 5.500 outdoors instalados na cidade de São Paulo. É um porte bastante considerável, que dá poder e prestígio à empresa, e um papel de liderança. Por isso mesmo, entendendo que a sua responsabilidade no profissionalismo da mídia exterior deve se estender a todo o mercado, a empresa oferece gratuitamente o L&C Vision aos demais associados da Central do Outdoor.

Mas, por ciumeira ou não, a oferta não é aceita. A Central decide contratar uma empresa para desenvolver o seu próprio software, o que acaba não acontecendo. O poder de comunicação da L&C no ambiente paulistano é ainda maior desde 1989, quando Luis e Carlão expandem as suas atividades de publicidade exterior para os relógios de rua.

Esses aparelhos são elementos do chamado "mobiliário urbano", assim como os abrigos e pontos de ônibus, pontos de táxi, bancos, lixeiras, postes, os equipamentos de uso coletivo na cidade. Para a comunicação de marcas, os relógios representam uma plataforma publicitária muito interessante, porque são invariavelmente colocados em locais de grande tráfego de veículos ou afluência de pessoas.

Conferir as horas é ato quase reflexo de motoristas e transeuntes, e a marca que se posiciona junto ao mostrador tem sempre uma ótima visualização. Luis e Carlão vão organizar a sua área de relógios sob uma nova marca, L&C Mídia Time. O arquiteto Carlos Bratke é escolhido para o conceber o *design* dos aparelhos, a indústria de equipamentos elétricos Engro desenvolve os protótipos e a montagem é feita em um galpão de São Bernardo do Campo.

Para a base de operações da Mídia Time, é alugada uma área no Jardim Bonfiglioli, bem em frente às oficinas de outdoor da L&C. Embora envolva cuidados com as estruturas metálicas dos postes e dos próprios aparelhos, a manutenção dos relógios demanda mais os serviços eletrônicos. Não requer tanto espaço, como o necessário para acomodar gigantescos cartazes.

Na base do Bonfiglioli, concentra-se todas as noites a equipe de ronda externa, que sai dali em motocicletas para checar o funcionamento de todos os 156 relógios que a Mídia Time espalha inicialmente pela cidade. Os aparelhos podem pifar por algum defeito interno, mas também podem queimar com a queda e a volta súbita da energia. Podem ser depredados, podem ser atingidos num acidente de trânsito. O telefone das oficinas está impresso neles e a população ajuda na comunicação de problemas.

Os motoqueiros fazem os reparos possíveis ou anotam o relógio que está com defeito, para que a manutenção cuide dele no dia seguinte. Todos os relógios são lavados semanalmente e Luiz e Carlão se espantam ao constatar que nenhum dele é pichado, tem um cartazete colado ou sofre vandalismo. A boa conservação, aparentemente, inibe as agressões.

A década de 1990 avança e a Mídia Time não enfrenta grandes problemas operacionais com os relógios, que são dotados de GPS e acertados simultaneamente, via satélite. Sua pontualidade é tão britânica quanto o Meridiano de Greenwich. Mas os aparelhos também possuem termômetros e estes, sim, dão problemas – com a imprensa. Obviamente, seus sensores estão no local, não em órbita da Terra. Só podem ser ajustados individualmente.

Em São Paulo, município de topografia acidentada, com serras ao norte e ao sul e áreas de baixio entre elas, as temperaturas podem variar significativamente de um bairro para outro, no mesmo dia e horário. E os termômetros, claro, variam com elas. Certamente alertado por pessoas que trafegam pela cidade e notam as discrepâncias nos mostradores de temperatura, volta e meia algum jornalista procura Luiz e Carlão para dar explicações sobre esse "defeito" em seus relógios.

"Por que em Santana o relógio mostra 18 graus e no Centro indica 20?", é um tipo de pergunta recorrente. Eles são obrigados a levar o repórter a alguns aparelhos e mostrar, um por um, com um termômetro aferido, como a temperatura ambiente bate com a do mostrador.

Para aprofundar a sintonia com o mercado e planejar o desenvolvimento de seus negócios, Luiz e Carlão contratam a consultoria do publicitário e administrador Walter Longo, que, em 2016, assumiria a presidência da Editora Abril. Longo observa o deslocamento dos paulistanos pela vasta extensão da cidade e alerta Luiz e Carlão para a singularidade dos serviços de comunicação que suas empresas oferecem, tomadas em seu conjunto.

Todas mídias que elas operam – outdoors, painéis backlight e prismavision, relógios e mesmo o rádio – voltam-se prioritariamente a quem está na rua, circulando. Segundo o IBGE, 75% da população metropolitana circulam diariamente na Grande São Paulo, no final dos anos de 1990. São cerca de 12,5 milhões de pessoas, consumidoras potenciais, expostas às mensagens publicitárias que leem e escutam em todo o ambiente urbano.

As reuniões da consultoria inspiram a L&C a apresentar um novo posicionamento ao mercado, para incrementar as vendas de publicidade: a "Mídia em Trânsito". "Nós estamos trabalhando com uma grande metrópole, onde se permanece por longo tempo preso ao trânsito. Nessa hora, existem três formas principais de entretenimento: o rádio, a publicidade ao ar livre e o cuidado que se deve ter com os ladrões", diz Luiz ao jornal especializado *Ad Business*.

A publicação anuncia o novo posicionamento com destaque, na edição de 30 de novembro de 1998: "Cada vez mais, os anunciantes têm descoberto que há uma diferença muito grande entre o consumidor que repousa – aquele que fica sentado, parado dentro de casa – e o consumidor que está em movimento nas ruas", complementa Carlão ao jornal. "O consumidor em movimento está mais disposto, mais propenso e mais próximo de um momento de compra".[20]

Com esse apelo da Mídia em Trânsito, a L&C realiza uma de suas mais notáveis promoções. No Maximídia, um importante evento para veículos promovido pelo jornal *Meio & Mensagem* num hotel de São Paulo, Luiz e Carlão transformam o seu stand num check-in de aeroporto, onde os publicitários apresentam o voucher de voo que receberam em suas agências. Dali, eles são encaminhados a uma suíte do último andar, muito bem decorada como um *hospitality center*, e sobem para o terraço do edifício, onde há um heliporto.

Fazem um giro de helicóptero pela cidade, para ver do alto as ruas abarrotadas de carros e outdoors, e, na volta, são fotografados junto à aeronave, para registrar a vistoria. Depois recebem a foto emoldurada na agência. A promoção faz um sucesso arrasador, eclipsando os demais participantes do Maximídia. A reportagem do *Ad Business* dá a dimensão exata das atividades da L&C, neste momento em que a empresa ainda não encerrou as operações de rádio.

Ela possui nada menos que 560 tabuletas na Grande São Paulo, 110 *backlights,* 120 painéis *three vision* e dezenas de relógios. Possui também uma das três emissoras de rádio mais ouvidas na cidade. Indiscutivelmente, é uma potência, por quem a toma apenas por esses números. A situação real, entretanto, não é tão animadora. O novo posicionamento de mercado, por inteligente que seja, não eleva o faturamento como Luiz e Carlão esperavam.

Como já visto, a Musical FM estará em outras mãos no próximo ano. Mesmo na mídia exterior, as coisas rumam para o fim. De todas as frentes de negócio, apenas os cartazes dão lucro expressivo à L&C. O rádio é só prejuízo e os relógios urbanos apenas empatam os custos. Manter a estrutura de manutenção da Mídia Time, com sua escuderia de motoqueiros, custa caro. Os anunciantes, por outro lado, preferem ver a sua marca nos outdoors, muito maiores e mais visíveis do que os relógios.

Há dez anos, Luiz e Carlão lutam para rentabilizar seu investimento nessa mídia, que ainda representa uma fração pequena do vasto mercado da mídia exterior. Um problema que atrapalha bastante a lucratividade da Mídia Time é uma decisão financeira tomada poucos anos antes, aparentemente segura no momento, mas desastrosa mais tarde.

Quando o presidente Itamar Franco lança o Plano Real em julho de 1994, Luiz se anima com a paridade entre o real e o dólar e a L&C toma um empréstimo desse dinheiro barato, para alavancar a Mídia Time. O crédito é fácil, eles são bons clientes do Citibank. Pegam US$ 1 milhão ali, confiantes que o devolverão na forma equivalente de R$ 1 milhão. Em janeiro de 1999, entretanto, uma crise cambial leva Fernando Henrique Cardoso a desvalorizar brutalmente o real, o que dobra a dívida ainda pendente da L&C.

Com os anunciantes mais interessados em outdoors do que em relógios urbanos, o faturamento do negócio mal dá para cobrir as despesas operacionais e o pagamento das parcelas mensais do empréstimo. A gestão da Mídia Time torna-se um fardo pesado. Um conjunto de fatores torna o ano de 1999 decisivo na existência da L&C. O acordo com Carlos Apolinário na Musical FM encerra as operações no mercado de rádio. A Mídia Time está sob pressão financeira, agravada pela maxidesvalorização do real. A saúde da empresa depende exclusivamente dos outdoors. Exatamente quando completa 30 anos no mercado, o empreendimento de Luiz e Carlão parece fragilizado, tendo diante de si mais o passado de glórias do que um futuro radiante de novas realizações. Por mais dois anos, eles seguem na batalha do dia a dia. Um novo período de concessão para explorar os relógios urbanos em São Paulo permite que experimentem, finalmente, o doce sabor dos bons lucros com essa mídia, depois de 10 anos de "estica-e-puxa" para equilibrar o caixa.

Isso os reanima a prosseguir no negócio. Para melhorar ainda mais, ventos favoráveis ao investimento externo sopram fortemente na economia brasileira e vão mudar a configuração de vários mercados, incluído o da mídia exterior. Em 2000, Luiz e Carlão negociam com o Deutsche Bank a venda da L&C Outdoor. A intenção do banco é de comprar para revender adiante, como ele e seus concorrentes vêm fazendo com as mais diversas empresas, em vários setores de atividade. Mas, proposta gorda não se olha os dentes.

O que os alemães farão é problema deles. O negócio é fechado e o Deutsche Bank encarrega um grande escritório do Rio de Janeiro, com filial paulista, de produzir o contrato de compra. A equipe de Barbosa, Müssnich & Aragão Advogados capricha nas salvaguardas a seu cliente, estabelecendo um rosário de cláusulas severas e impondo uma multa de US$ 2 milhões, no caso de desistência de uma das partes. Obviamente, supondo que tal recuo poderia vir da L&C, não do colosso financeiro teutônico.

Pois é justamente dele que vem. A operação imaginada pelo Deutsche Bank é de usar a L&C Outdoor como "boi de piranha", chamariz para abocanhar outras cinco empresas de mídia de exterior brasileiras. Os alemães até pedem que Luiz e Carlão informem esses concorrentes que já assinaram com eles e fizeram um bom negócio. E vão comprando cada uma das cinco. Ocorre que, para efetivar a operação inteira, o banco depende de um aporte do GE Capital, um fundo de investimentos da General Electric norte-americana – e o dinheiro, por alguma razão, não vem. O Deustche Bank é obrigado a cancelar parte do negócio imaginado para o Brasil. Prefere manter as outras exibidoras, talvez porque não lhe custem tanto, mas rompe o contrato com a L&C Outdoor. Prejuízo para Luiz e Carlão? Nem sombra disso. Os próprios advogados do banco fazem o seu cliente ver que demandar na justiça o não-pagamento da cláusula de rescisão será inútil. O contrato está tão detalhado, tão preciso, tão amarrado para impedir um calote que não resta outra alternativa ao Deutsche Bank, a não ser a de encaixar o prejuízo e pagar os US$ 2 milhões de multa à L&C.

Assim é que, graças à prudência germânica e o providencial desamparo dos americanos aos seus parceiros europeus, chove na horta de Luiz e Carlão uma dinheirama muito bem-vinda, que não lhes custa mais do que várias horas de reuniões intensas e a surpresa com a inimaginável desistência do Deutsche Bank. Depois do banco, quem se habilita a comprar a L&C Outdoor é ninguém menos que a centenária Clear Channel Outdoor Holdings Inc., a maior empresa de mídia exterior do mundo, com mais de 750 mil "faces" (placas) em 43 países e liderança nos Estados Unidos.

A companhia quer disputar o mercado de mídia exterior brasileiro com o banco alemão, que já detém aquelas cinco empresas e, para tanto, mira na L&C e em duas outras marcas ainda sob controle nacional. É, novamente, uma ótima oportunidade para Luiz e Carlão passarem o seu negócio adiante. O empreendimento está no auge, faturando muito bem, o que assegura um valor muito expressivo na proposta da Clear Channel. E os dois sócios já se sentem cansados, com justa razão, depois de 42 anos corridos de muito trabalho.

A negociação dá muito trabalho, pela extrema preocupação dos americanos com todos os aspectos contratuais, que eles querem discutir em minúcias. Depois de uma semana de reuniões intermináveis, das quais Luiz e Carlão participam acompanhados de seus advogados, o acordo é fechado em Phoenix, no Arizona. Fechado no berro, diga-se. Saturados de tantas exigências, em certo momento eles batem na mesa, dizem que as conversas estão encerradas e saem da sala, na tentativa de assustar os americanos – e torcendo para que, de fato, eles se assustem.

Funciona perfeitamente. Os executivos da Clear Channel correm atrás deles, todos voltam à mesa de negociação e o contrato é finalmente assinado. Desta vez, não haverá nenhum recuo dos compradores. "A rede L&C de outdoor virou multinacional", noticia o *Caderno de Propaganda e Marketing*, em 21 de maio de 2001. "Mais de 50% do seu controle acionário foi adquirido pela Clear Channel (...), empresa americana com sede em Phoenix, nos Estados Unidos. A nova identidade do negócio será L&C/Clear Channel Outdoor".

O jornal acrescenta que "a empresa nasce com um patrimônio de 945 placas, 100 backlights, 100 front-lights e 300 faces do sistema Prismavision, na Grande São Paulo". Diz ainda que "Luiz Casali será o presidente da nova empresa, Álvaro Almeida e Carlos Colesanti vão para o conselho administrativo e Francisco Carlos Marin atuará na direção de vendas".[21] De fato, Luiz é convidado a permanecer na companhia, em atividade executiva. Mas é jogo de cena. Os "mais de 50%" adquiridos pela Clear Channel são na verdade 80%, quase a totalidade das ações.

Os americanos dão aos parceiros brasileiros uma participação provisória de 20% na sociedade, sob uma cláusula de *hold back* com vigência de 5 anos, que lhes permitirá retomar essas ações, caso alguma mudança regulatória no mercado de mídia exterior venha a comprometer o seu investimento, ou algum passivo inesperado apareça. A presença de Luiz à testa da nova empresa se destina tão somente a facilitar a fusão da L&C com a Clear Channel e a Klimes Propaganda, que os americanos também compraram, e transferir know-how de gestão no mercado paulistano.

Nas primeiras ordens que dispara internamente, e que não são obedecidas, ele percebe que está, de fato, "nas mãos do gigante", como disse o jornal *Meio & Mensagem* em manchete, também de 21 de maio de 2001, ao noticiar a venda.[22] Dois meses depois, sem ter nada de útil a fazer na empresa, Luiz pede demissão da presidência de fantasia, para cuidar da vida real. Mas o presidente da Clear Channel América Latina, o peruano Augusto Cloux, insiste para que ele fique por mais um semestre, apenas mantendo o nome conhecido no expediente da empresa.

Cloux faz uma proposta financeira excelente para que Luiz concorde com esse "franchising" da sua marca pessoal e exerça por algumas horas semanais o doce cargo de "rainha da Inglaterra", bem pago e sem atividade nenhuma. Ora, assim sendo, se é para o incremento fácil de seu saldo bancário e a felicidade geral do parceiro americano, ele diz ao povo que fica.

Quando a L&C Outdoor é vendida para a Clear Channel, vai com ela todo o departamento comercial da empresa, que já havia encerrado também a comercialização de rádio. Mas resta ainda a Mídia Time e, sem a antiga estrutura, Luiz e Carlão não têm a mesma facilidade para vender publicidade nos seus 369 relógios urbanos.

Em 2004, então, eles fecham um acordo com a multinacional francesa J.C.Decaux, outra potência dos mercados de mobiliário urbano e publicidade exterior. Ela está entrando no mercado brasileiro e vai se encarregar da representação comercial da Mídia Time. Medida acertadíssima, porque os franceses são ótimos de vendas. Se quiserem, Luiz e Carlão poderão agora curtir a vida na "maciota", com os rendimentos de sua longa e exitosa carreira, e da Musical FM, além do faturamento dos relógios.

Eles começam a cogitar se já não é hora de pendurar as chuteiras, ou, no mínimo, de reduzir bastante o ritmo de atividades. Luiz está casado com Isabella desde 1998 e o casal gosta de viajar. Carlão descobre a astronomia como hobby e se envolve nela cada vez mais. Talvez seja mesmo o momento de curtir mais a vida, aproveitando o patrimônio que conseguiram amealhar, em tantos anos de esforço. Quando Gilberto Kassab proibir os outdoors em 2006, a carência de 5 anos da cláusula de *hold back* no contrato com a Clear Channel já terá terminado, para alívio de Luiz e Carlão e desastre dos norte-americanos, que têm o seu negócio paulistano arruinado.

Dupla sorte dos sócios da L&C, aliás, porque a proibição não inclui o mobiliário urbano e o negócio da publicidade em relógios urbanos explode em lucratividade. A decisão do prefeito paulistano, ainda polêmica dez anos depois, é mais uma das muitas circunstâncias em que a política cruza a vida de Luiz e Carlão, ou eles transitam pelos seus caminhos. Às vezes desfrutam, às vezes penam com as idiossincrasias dos governantes de turno, mas eles sempre podem observar muito de perto como o poder se exerce no Brasil.

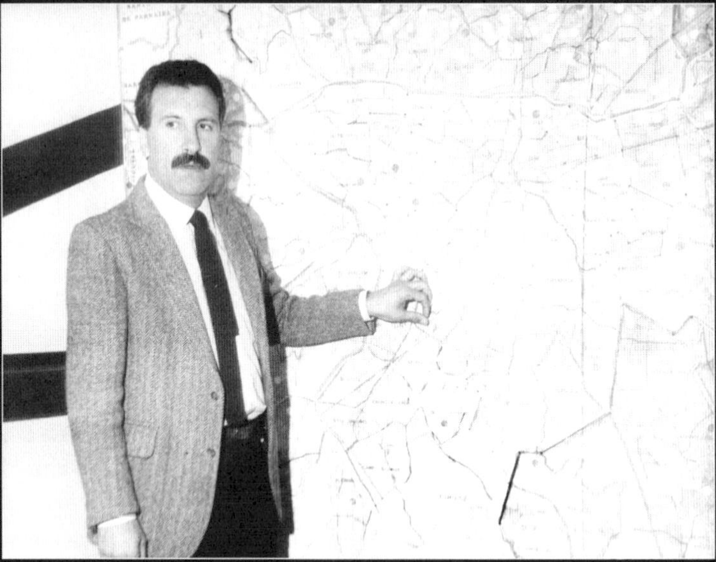

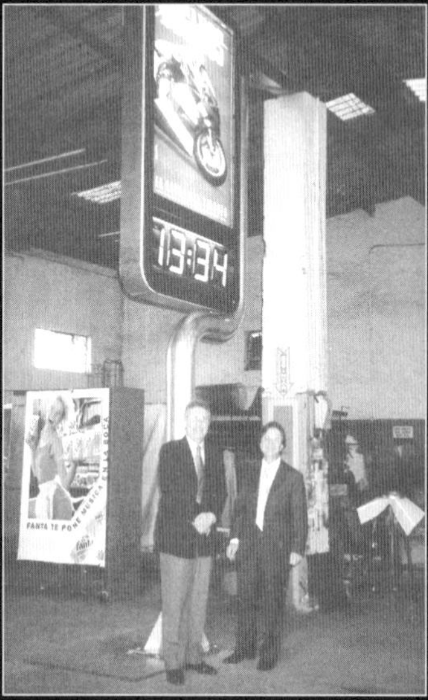
13:34

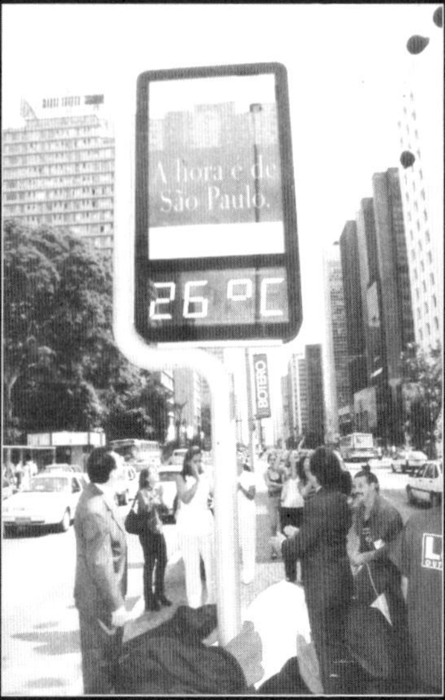
A hora e de
São Paulo.
26 °C

Outdoors, backlights e relógios de rua são as plataformas que a L&C opera na mídia exterior, em São Paulo. O trabalho exige bom planejamento dos pontos de exibição e oficinas bem equipadas. Luiz, Carlão e o sócio Álvaro Almeida se destacam também nesse mercado.

NÓS TÍNHAMOS UMA ESTRUTURA DE DAR GOSTO

ATÉ 1971, A L&C MEXIA SÓ COM RÁDIO. Eu tinha muita experiência em outdoor, porque a Wallace era uma grande investidora em mídia exterior. Surgiu, então, a oportunidade de representarmos uma empresa do Rio de Janeiro, a Sign Propaganda. Luiz e Carlão ficaram um pouco inseguros, porque o negócio deles era rádio, ainda não haviam mexido com outdoor. Mas eu insisti que era um caminho, um dinheiro certo que iria entrar, e eles concordaram. Ali, começou a nossa caminhada na publicidade ao ar livre.

O trabalho que nós fizemos para esse cliente, eu em particular, foi muito grande. A Sign foi um baluarte da nossa receita durante anos. Depois, o esquema de rádio cresceu, o outdoor como um todo também cresceu, mas, por muito tempo, a agência carioca foi a nossa maior cliente individual. Com a Sign, a L&C conseguiu construir uma marca forte em outdoor.

A coisa caminhou na mídia exterior e nós conquistamos uma empresa pequena de Curitiba, a ENA. Era do mesmo dono da Rodofer, a maior e melhor empresa de outdoor do Paraná, se não a melhor do Brasil, em estrutura. Fizemos um bom trabalho e mostramos a nossa força para o empresário, que nos entregou a Rodofer, o nosso grande objetivo. Assim fomos crescendo. Pegamos uma empresa de Porto Alegre, a Heliolux. Depois a Eldorado, em Joinville. Em seguida, a Wolney Outdoor, em Salvador. Fizemos sociedade com Wolney em Recife, mas, acabou não dando certo, porque ele era um sujeito muito malandro, muito sem vergonha, não cumpria o que era contratado. Desistimos dele em 1977.

Álvaro Almeida

O paulistano Álvaro Almeida ainda iniciava a carreira numa pequena agência, a Walland, quando Luiz e Carlão se tornaram seus vizinhos. A Walland ficava na Rua João Adolfo, no Centro, e a L&C mudou-se para a Rua Álvaro de Carvalho, ali ao lado. Como os três eram "duros" e não tinham verba para almoços finos, comiam mesmo na Pensão do Gabriel, que ficava nas redondezas. "Comida ruim, uma farofada", lembra Álvaro. "Mas era a que podíamos ter". A amizade se forjou, então, pelo CEP e pelo estômago. Quando Luiz e Carlão precisaram de alguém para tocar as vendas da L&C e desenvolver a área comercial, foi Álvaro que eles convidaram. O trabalho conjunto se estendeu por 30 anos e a sociedade dos três permanece ainda hoje.

Durante esses primeiros seis anos de operação com outdoor, sentimos a necessidade de ter uma empresa em São Paulo. Então, eu vi que estava nas ruas da cidade uma nova empresa de mídia exterior, a Alvo Publicidade. Fui atrás dela e o dono chamava-se Carlos Vilaça. Ele tinha uma estrutura operacional média e a comercial era péssima. Nós tínhamos o contrário, zero de conhecimento operacional e 100% de vendas. Pegamos então essa Alvo como representada e fizemos crescer. Era uma empresa pequena, insignificante, mas, na nossa mão, ela virou uma empresa média, quase importante. Não ficava fora da programação de nenhum cliente. E nos permitia operar em São Paulo.

Em 1977, surgiu a oportunidade de comprar a Americana. Fizemos o negócio e mudamos a marca para L&C Outdoor. Partimos decididos para o esquema próprio, porque a Americana era uma empresa parruda, com placas nos locais mais antigos de São Paulo, bons locais.

O outdoor foi o carro-chefe do faturamento da L&C por muitos anos, mas, no auge da Rádio América, nós ganhamos muito dinheiro. Era uma rádio de São Paulo, da capital, e isso tinha muito mais valor do que as rádios do interior que representávamos. Com a Musical, também ganhamos dinheiro, até porque a emissora era 100% nossa. Mas, na América, faturamos mais. Faturamos muito mesmo. Eu diria que grande parte do nosso desenvolvimento, do nosso crescimento, de tudo que conquistamos, nós conseguimos com a rádio dos Paulinos. Aquilo era uma mina de dinheiro.

Quando abrimos mão de todo o negócio de representação de rádio, ele já estava com uma curva descendente de vendas muito grande. Depois abrimos mão também da representação de mídia exterior, que nos dava muito trabalho e tirava o foco da nossa empresa, a L&C Outdoor. Foi, então, que ela passou a ser a nossa principal operação, maior do que a Musical. Criamos a divisão de luminosos, os backlights, e crescemos mais ainda.

Quando Luiza Erundina foi prefeita de São Paulo, a Shell fez a reforma do autódromo de Interlagos e ganhou em troca uns vinte terrenos da prefeitura, em comodato, para fazer postos de gasolina. Fez isso usando um decreto-lei, que criou um tal "Termo de Compromisso". Nós soubemos do negócio, fomos atrás dessa possibilidade e assinamos com a prefeitura, para fazer reforma e manutenção de pontes e viadutos, de praças e monumentos, e também de jardins. Saímos na frente da concorrência e isso ficou exclusivo nosso, no mercado de mídia exterior.

A Varig era uma grande anunciante nossa e vendemos a ela toda a parte paisagística da Avenida Rubem Berta, do DETRAN ao Aeroporto. Nós cuidávamos, eles pagavam o custo da jardinagem e faziam publicidade. As pontes da Marginal Pinheiros e da Marginal Tietê, da primeira até a última, eu sabia o nome de todas. Reformamos cada uma delas, demos manutenção e vendemos o patrocínio. Eu botava um Trivision com duas faces para publicidade e uma com utilidade pública. Montamos uma estrutura imensa para cuidar disso. Caminhão, guincho, munck, tínhamos tudo isso nas oficinas do Jardim Bonfiglioli. Uma estrutura de dar gosto. E eu vendia, nossa senhora, como pão quente!

Os clientes ficavam loucos para participar. A Brahma assumiu os jardins da Marginal Pinheiros, da Ponte do Morumbi à Ponte da Cidade Jardim. Patrocinava todo o canteiro central, entre a pista expressa e a local. Nós fazíamos a manutenção e tínhamos três peças ali, sendo que uma delas era uma lata de refrigerante enorme. Era tráfego na esquerda, tráfego na direita e aquele baita guaraná Brahma no meio. Impossível não notar.

Se acontecesse nos dias de hoje, Luiz, Carlão e eu, em parte, estaríamos na mídia dia sim, dia não, pelo sucesso que foi a L&C. Eles sempre tiveram uma visão muito boa, na forma de gestão, na contratação das equipes. Muitos funcionários, como os que estão conosco ainda hoje, ficaram 20 anos, 25 anos na empresa. Ninguém fica tanto tempo, se a empresa não for boa. Os dois são realmente grandes empreendedores, capazes, leais, honestos. Não têm um senão.

MICR
F
DO P

O
ONES
ODER

Um discurso de Epitácio Pessoa no centenário da Independência, em 1922, inaugura o rádio no Brasil – e as relações da política com a radiodifusão.

11

São quatro da tarde do dia da Pátria, 7 de setembro de 1922. Desta vez, a data cívica é mais redonda do que nunca, porque assinala o centenário da independência do país. Desde cedo, o povo do Rio de Janeiro se aglomera na exposição internacional comemorativa da grande efeméride, onde agora Epitácio Pessoa se aproxima do microfone para fazer o seu discurso, tendo ao lado os reis da Bélgica, Alberto I e Isabel.

Em instantes, quando a sua palavra soar para saudar o primeiro século de vida autônoma da Nação, o presidente da República não será ouvido apenas no recinto da feira. Será escutado também em 80 alto-falantes distribuídos pela capital, na transmissão que inaugura oficialmente a era da radiodifusão no Brasil. A simbologia deste episódio é expressiva.

Ao ecoar a voz do mais alto mandatário do país, o rádio brasileiro já nasce embricado com a política. Nasce, cresce, amadurece e com ela vive em união carnal e espiritual, pelos quase cem anos posteriores. A convivência não é necessariamente tranquila, como ocorre com os mais sólidos casamentos. Mas é sempre íntima, porque, se a política depende do rádio para chegar ao coração – e aos votos – dos brasileiros, o rádio depende dela simplesmente para existir.

O espectro radioelétrico onde trafegam os sinais das emissoras é patrimônio público gerido pelo Estado e depende da boa vontade dos governantes conceder a sua exploração à iniciativa privada. Os governos regulam a atividade, escolhem quem atua nela e detêm verbas publicitárias que podem ser decisivas para a sua viabilização.

Ao longo de sua carreira, não somente no rádio mas na publicidade exterior, a política ronda Luiz e Carlão. Quando não são os poderosos de turno pedindo acesso aos microfones e outdoors que a L&C controla, ou apoio material às suas campanhas eleitorais, são os dois sócios negociando com eles, para resolver assuntos de suas empresas e também das congêneres. Desde muito cedo e de várias formas, Luiz e Carlão exercem, eles mesmos, a política classista, como líderes respeitados dos segmentos onde atuam.

Presidem ou integram a diretoria de instituições representativas e trabalham duro nelas, em paralelo ao expediente na L&C, para disciplinar, valorizar e defender o vasto mercado da comunicação, onde arriscam seu dinheiro e ganham o pão. O primeiro contato dos dois sócios com a política ocorre logo no início da L&C. Representantes de emissoras do interior, eles são amigos do prefeito de Campinas, Orestes Quércia, desde os tempos em que ele era locutor da Rádio Cultura de sua cidade.

Tal como ocorrera com Álvaro Dias, nas rádios Atalaia do Paraná, entre os anos 1960 e de 1970, a combinação infalível de voz bonita, habilidade ao microfone e contato com o público favoreceu uma carreira política para Quércia. Depois de passar pela vereança e por um mandato de deputado estadual, ele governa a segunda cidade paulista e, como todo político, quer e precisa fazer o sucessor.

Seu candidato é Lauro Péricles Gonçalves e é em auxílio dele que Luiz e Carlão são chamados a atuar, na campanha eleitoral de 1972. Carlão estuda a população de Campinas com as mesmas técnicas que utiliza nas pesquisas de rádio. Pelo perfil etário e socioeconômico, classifica as diversas regiões da cidade e produz um mapeamento muito útil para a propaganda de Lauro Péricles.

A mídia mais usada na campanha são os impressos – folhetos, filipetas, "santinhos" – e, com o estudo de Carlão, a distribuição desse material é feita com eficiência e economia, sem dispersão. Para cada tipo de eleitor, em cada bairro, uma mensagem específica, entregue em mãos. Todo o eleitorado é coberto com as devidas palavras de incentivo e responde nas urnas. O candidato de Quércia vence bem, num pleito em que o MDB sofre uma grande derrota da ARENA em todo o país.

Dois anos mais tarde, em 1974, o amigo campineiro já é praticamente o "dono" do MDB paulista e se elege para o Senado Federal com uma esmagadora vitória sobre o senador e ex-governador Carvalho Pinto. Mas Quércia está na oposição ao regime militar e, sem trânsito nos gabinetes do governo de Ernesto Geisel, não pode retribuir a ajuda de Luiz e Carlão. Como visto anteriormente, eles estão em busca da sua primeira emissora de rádio própria, para avançar de representantes a radiodifusores.

Sonham com uma outorga de AM na poderosa Campinas, rico mercado interiorano, mas têm de se contentar com as concessões para Agudos, São Roque e Caçapava, igualmente paulistas, mas incomparavelmente mais modestas. É tudo que obtêm do ministro das comunicações, Euclides Quandt de Oliveira, com quem negociam, auxiliados pelos deputados Cunha Bueno e Jorge Maluly Netto.

De qualquer forma, se não conseguem nesse momento uma emissora de rádio de grande valor, nem por isso Luiz e Carlão desanimam de obtê-la. Muito menos arrefecem o seu empenho pela valorização do veículo e de sua efetividade publicitária. Esta é a sua principal bandeira política e por ela lutam desde o início da L&C, das mais variadas formas, como a sua trajetória demonstra bem.

A meta de sempre é convencer as agências e, mais ainda, os anunciantes, de que o rádio é tão boa mídia de massas quanto a televisão, até porque já vendia todos os tipos de produtos e serviços muito antes que a primeira tela de TV acendesse diante dos olhos do consumidor brasileiro. Das muitas ações coletivas que Luiz e Carlão impulsionam nessa direção, à parte dos seus esforços individuais junto aos clientes, a primeira delas é a fundação da ABRE, a Associação Brasileira dos Representantes de Veículos de Comunicação.

A data precisa se perde no tempo e na falta de registros. A ABRE é fundada em meados dos anos de 1970, no escritório da L&C. Luiz colabora na redação dos estatutos e nas articulações entre os seus clientes. A presidência fica a cargo de Luiz Lebre Pinto, como ele, um publicitário e representante. Mas a entidade não tem maior expressão, nem longevidade. Desaparece em pouco tempo.

Este será o mesmo destino da iniciativa seguinte de Luiz e Carlão no mundo da política empresarial, para o qual já estão irreversivelmente atraídos e que haverá de lhes sorrir mais tarde: a criação da Central do Rádio. Em 1980, na abertura de uma nova década, o mercado de comunicação brasileiro está bastante agitado. Em julho desse ano, sai do ar a Rede Tupi e as emissoras de televisão controladas pelo condomínio dos Diários e Emissoras Associados são redistribuídas para Silvio Santos, que põe no ar imediatamente o seu SBT, e para Adolpho Bloch, que virá com a TV Manchete, em 1983.

Outro grande acontecimento de 1980 é a criação do CONAR, o Conselho Nacional de Auto-Regulamentação Publicitária. Paira no ar a possibilidade do governo federal regular rigidamente a atividade, impondo uma lei que pode derivar em pura e simples censura, como a que a prejudicou a imprensa até recentemente. Antes que a ameaça se materialize, o mercado se antecipa e aprova as próprias regras de ética e bom funcionamento, obrigando-se a cumpri-las.

Inspirados no CONAR e também nos quatro anos de experiência já acumulada na Central do Outdoor, Luiz e Carlão participam da fundação da Central do Rádio, em 1981. Para defender e promover o veículo que ainda é o centro dos seus negócios. "Depois de 60 anos de existência do rádio no Brasil, o número de aparelhos receptores ascendia a 55,7 milhões, enquanto a televisão tinha ao redor de 22 milhões", diz o pesquisador Clóvis Reis, da Universidade Regional de Blumenau.

De acordo com ele, o número de receptores na década de 1980 se situava atrás apenas dos Estados Unidos e do Japão. "Quanto ao número de estações, o país contava com cerca de 1.500 emissoras, sendo 1.100 de ondas médias e 400 de FM". O professor observa que "a Central do Rádio deu o primeiro passo na conquista dos anunciantes de âmbito nacional, que tinham se transferido para a televisão atraídos pela perspectiva de se dirigir a grandes massas de telespectadores".[23]

A entidade é presidida inicialmente por Joaquim Mendonça, da Rádio Eldorado, e Luiz também estará à sua frente depois. Mas os passos que a Central do Rádio consegue dar, na verdade, não a levam a lugar nenhum. Os anunciantes nacionais, contentes com a Globo, e as agências, ainda mais felizes com a BV da Globo, não se sensibilizam com a sua pregação. A iniciativa dura apenas até 1983, no entanto.

Nesse terceiro ano da década, entretanto, as atividades políticas dos sócios da L&C dão um salto espetacular. Em 15 de setembro, Luiz é eleito presidente da AESP, a Associação das Emissoras de São Paulo. A vitória é uma decorrência direta da vasta rede de representação comercial que a L&C articulou em todo o Brasil, particularmente na radiodifusão paulista, e do grande poder que ela confere a Luiz e Carlão, para falarem em nome do segmento.

O arrebatamento da candidatura e a combatividade do processo eleitoral, que tem episódios de áspero enfrentamento, demonstram bem o grau de insatisfação dos radiodifusores com o organismo que deveria atuar por eles e o entusiasmo com que se lançam no projeto de renovação. Fundada em 1935, a AESP é presidida desde 1948 por Edmundo Monteiro, diretor-executivo do condomínio Associados, em sucessivas eleições com chapa única.

São 35 anos consecutivos de imobilismo para a radiodifusão paulista e de sinecuras para os dirigentes da entidade. Durante a maior parte desse tempo, Monteiro foi considerado intocável, dada a grande força de pressão que os jornais, as rádios e as televisões de seu grupo tinham junto aos governos de todos os níveis do Estado e de todos os partidos políticos. Mas agora, em 1983, os Associados declinam, sobretudo depois de perderem a Rede Tupi.

Aproxima-se a hora de acabar o seu reinado também sobre a AESP. A insatisfação dos sócios da entidade é grande, só falta quem queira segurar a lança para enfrentar o dragão. E quem vai empunhá-la já está entrando em campo. Em meados do ano, Luiz reúne um grupo de radiodifusores dispostos a tomar o controle da AESP.

Eles traçam um roteiro de visitas aos sócios votantes e saem percorrendo as cidades do interior paulista, de emissora em emissora. Argumentam com os colegas que o rádio já teve uma participação de 22% do bolo publicitário no final dos anos de 1960, quando a televisão já era forte, mas que esse percentual foi caindo e agora está abaixo de 5%. Uma das razões para isso é que o setor não tem quem o defenda.

A AESP não tem representatividade e é inoperante. A diretoria ocupa-se apenas de cobrar as mensalidades e de usufruir das benesses que obtém na área pública. Consta, por exemplo, que governo federal destinou uma verba polpuda à AESP, para financiar o envio de fitas de videotape da Inglaterra ao Brasil, com os jogos da Copa do Mundo de 1966. Mas o dinheiro foi desviado para escanteio e sumiu pela linha de fundo. Ninguém soube do seu paradeiro, que certamente não foi o caixa das emissoras de TV. Elas próprias tiveram de custear o tráfego das fitas, para não deixar os telespectadores na mão. Mas há mais problemas na AESP. Além de buraco negro para dinheiro público, ela também serve de cabide de emprego para gente amiga. A própria secretária particular de Edmundo Monteiro é empregada pela associação. Os radiodifusores vão ouvindo sobre essas irregularidades e dão apoio ao projeto de renovação.

Como o estatuto admite que os associados votem por procuração, muitas vezes Luiz já sai da emissora visitada com o voto do proprietário na mão. Monteiro demora a reagir, mas vem com fúria à campanha eleitoral. Usa cabos eleitorais de peso, na tentativa de conter a rebelião que se alastra entre os radiodifusores. Certa vez, Luiz está em Presidente Prudente, reunido com o dono de uma emissora, quando toca o telefone. É o prestigiado apresentador José Blota Jr, ex-secretário de comunicação de Paulo Maluf, em missão de convencimento.

Sem saber que o empresário para quem ele ligou tinha visita e quem era ela, Blota faz o apelo. "Você vai ser procurado por um grupo de aventureiros, mas não dê atenção. Edmundo conta com o seu apoio na eleição". Isso mesmo, "aventureiros". É a imagem que a situação, em risco, procura colar na oposição. Outro apoio importante que ela obtém é o de Jayr Mariano Sanzone, dono da Jaraguá Promoções, empresa forte em seu ramo e muito ativa nas campanhas políticas.

Ela possui dezenas de Kombis para serviços publicitários e também trabalha com balões, que todo candidato cobiça para elevar o seu nome na visão dos eleitores. Essa estrutura é colocada a serviço de Monteiro, que conta também com o empenho pessoal de Sanzone nas articulações políticas. Com muita insistência sobre os radiodifusores, ele consegue fazer com que alguns voltem atrás, retirando o apoio a Luiz.

Mas a reação situacionista começa muito atrasada, não tem tempo de virar o jogo. "Luiz Casali é o novo presidente da AESP", noticia o jornal da entidade, em 15 de setembro de 1983.

"A chapa Consenso obteve 113 votos contra 61 dados à chapa Representatividade, liderada pelo então presidente Edmundo Monteiro, registrando-se apenas um voto em branco e nenhum nulo."

A importância que a classe dos radiodifusores paulistas deu à eleição pode ser avaliada pelo número de votantes – 175 – ou seja, a grande maioria das 188 emissoras filiadas em condições de votar". O informativo destaca a "grande movimentação" que o pleito provocou, "constituindo-se num bonito exemplo de democracia".[24]

O que a reportagem não conta, nem poderia, é que a votação e a apuração acontecem em clima tenso, de verdadeira guerra política. Com receio de que a turma de Monteiro intimide ou produza alguma fraude, a chapa de Luiz chama a Polícia Militar para dar segurança aos eleitores e fiscalizar a urna. A sede da AESP situa-se no 11º andar de um prédio da avenida Faria Lima e, no piso de baixo, fica o escritório do desolado presidente, que se vê arrastado por uma enxurrada de votos contrários.

Quando Monteiro descobre que a oposição havia cooptado o veterano Emílio Amadeu Beringhs, dono de rádios em Taubaté, e tinha, portanto, o respaldo de um decano, um homem muito conceituado na radiodifusão paulista, ele passa mal. "Dr. Edmundo está tendo um enfarte!", anuncia pelos corredores o assessor José Cavalcanti, agoniado. Não é dessa vez, entretanto, que o eterno presidente da AESP vai conferir pessoalmente o que há no céu, além das ondas de rádio sobejamente conhecidas.

O enfarte fica no mal-estar e ele sequer tem tempo de limpar as gavetas, quando recobra o fôlego. Assim que Luiz assina a ata da eleição e o termo de posse como presidente, seu pessoal manda vir um chaveiro e troca as fechaduras das portas de acesso à entidade. Os derrotados não terão condições de esconder evidências comprometedoras, muito menos de conter as ações moralizantes que irão acabar com os seus privilégios.

Figuras arcaicas da AESP tentam resistir à destituição, mas não têm a menor chance de êxito. "Eu não posso sair daqui! Eu vou processar vocês!", ameaça Enéas Machado de Assis, um dos dirigentes, também oriundo do condomínio Associados. Luiz tem afeição por ele, um homem normalmente simpático e afável, e o convence da insensatez de um processo, que perderia com absoluta certeza.

A demissão de José Cavalcanti, diretor-executivo, também não é fácil. É mais um veterano simpático, conversador e ótimo contador de casos, que se envaidece do seu sucesso com moçoilas desprevenidas, mesmo sendo um provecto senhor que se equilibra em bengala. Mas o que interessa a Luiz é cortar um outro tipo de apoio a idosos, o dinheiro que sustenta a boa vida da casta dirigente na velha AESP.

O governo estadual sempre deu verbas à associação, na expectativa de que chegassem às rádios, e mantém a prática. Mas o dinheiro fica retido em proventos e mordomias, quando não evapora simplesmente. Está mais do que na hora de encerrar essa era de promiscuidade e inação, e fazer da associação dos radiodifusores uma trincheira efetiva de luta, não mais um clube recreativo da terceira idade.

Com esse exato objetivo, uma das primeiras medidas da nova gestão é acabar com a perpetuação dos dirigentes. Os mandatos de três anos ficam limitados a uma única recondução. Um marco da nova era inaugurada na AESP é o 6º Congresso de Radiodifusão do Estado de São Paulo, que acontece em setembro de 1984.

Nas edições anteriores, o evento teve um caráter praticamente festivo, não indo além do congraçamento dos associados e do lazer em Águas de São Pedro, onde ele sempre se realizou em permuta com o SESC-SENAC. A contribuição para o debate dos problemas do setor e, sobretudo, a dimensão política foram nulas. Mas agora Luiz quer fazer do congresso um grande ato de afirmação nacional do rádio, o que exige tirá-lo das águas calmas onde relaxa anualmente e trazê-lo para o frenesi da capital da mídia.

Pela primeira vez, o evento se realiza em São Paulo, onde é possível agregar toda a indústria da comunicação e obter a ressonância desejada. O congresso é aberto pelo ministro das comunicações, Haroldo Correia de Matos, e pelo governador Franco Montoro, além de secretários federais e presidentes de entidades e empresas públicas, todos figurões da época: Rômulo Villar Furtado (MiniCom), Carlos de Paiva Lopes (Telesp), José Roberto Maluf (Sindicato das Empresas de Radiodifusão) e João Jorge Saad (Grupo Bandeirantes), entre outros. Das mesas de debates, todas com temas candentes, participam jornalistas renomados (Joelmir Betting, Ethevaldo Siqueira), políticos em evidência (Herbert Levy, Guilherme Afif Domingos) e empresários de peso (Nelson Sirotsky, da RBS; Paulo Salles, da agência Salles Interamericana).

O documento de encerramento –a *Carta de São Paulo*, lida pelo vice-presidente Oscar Piconez –, expressa as preocupações da AESP com o ambiente político agitado, em plena campanha das Diretas Já. Mas vai ao ponto que mais interessa às dezenas de radiodifusores que acompanham o congresso com entusiasmo. "No campo das verbas publicitárias, ainda que por caminhos diversos, urge uma ação mais efetiva da radiodifusão", diz o documento. "É preciso desmistificar a 'dinastia dos mídias', fazendo-se com que as agências de publicidade modifiquem sua política de interesses imediatistas, voltando os olhos para o Rádio, com a criação de especialistas na área, já que, cobrindo 96% do País e fazendo parte dos hábitos do povo brasileiro como o comer e o respirar, somos o maior e o mais poderoso veículo de comunicação de massas".[25]

Como ás na manga para demonstrar ao mundo da mídia o seu poder e prestígio como empresários do rádio, Luiz e Carlão oferecem aos participantes do 6º Congresso um show de encerramento inimaginável. Ninguém menos que Roberto Carlos, o artista mais caro e de maior sucesso no país, entretém os radiodifusores e todo o *grand monde* publicitário no Centro de Convenções do Anhembi – sem custar um centavo de cachê à AESP.

A figura chave para isso é Suzana Sherman, diretora de eventos e relacionamento da L&C, que tem um papel importante na atração de parceiros para a rede nacional de rádios articulada pela empresa. Suzana é filha de um requisitado engenheiro especializado em radiodifusão, tem conexões no mundo do espetáculo e convence o empresário de Roberto a retribuir a forte divulgação que as emissoras de rádio dão ao seu contratado, um apoio que alavanca a venda de discos e de ingressos para seus espetáculos.

Desta vez, então, o *Clube do Rei* da Rádio América, aquele momento exclusivo de culto à obra do ídolo no rádio, acontece de viva voz e carne e osso, com Roberto Carlos diante do público ouvinte – nada menos que a elite do mercado e da mídia. O rei da noite é ele, mas quem firma a coroa na cabeça, como líder dos radiodifusores paulistas, é o presidente Luiz Casali. A primeira decorrência do 6º Congresso é uma ideia inspirada na palestra de Daniel Flamberg, vice-presidente do Radio Advertising Bureau, que abriu o evento.

Essa entidade congrega cinco mil emissoras dos Estados Unidos e atua na defesa e valorização da mídia radiofônica, que está em outro patamar no maior mercado publicitário do mundo. O setor de rádio faturou nada menos que US$ 5 bilhões em 1983, uma cifra assombrosa para os padrões de penúria de seu congênere brasileiro. Não seria improvável, portanto, que o grupo à frente da AESP, com o entusiasmo do início de gestão, ficasse impressionado com o sucesso do RAB no impulso ao rádio e procurasse implantar uma estrutura semelhante por aqui.

É isso que acontece, tão logo Flamberg pega o avião de volta para Nova York. O novo organismo concebido leva o nome de Escritório do Rádio. Em boa medida, ele retoma a experiência recente e fracassada da Central do Rádio, mas agora com outro ânimo e muito mais radiodifusores envolvidos. Todas as emissoras paulistas aderem ao projeto e as fluminenses também, o que é um ganho político importantíssimo porque, nessa época, nada tem dimensão efetiva no rádio se não incluir a Bandeirantes e, sobretudo, a Globo.

A assembleia de fundação deixa isso muito claro. Ela acontece no Nacional Clube, em Higienópolis, e os articuladores pactuam que o primeiro presidente do Escritório deve ser José Roberto Marinho, o filho do patriarca da Rede Globo que comanda os negócios de rádio do império. Não há nome com peso maior para alavancar a iniciativa. Mas nem por isso ele está imune a contestações – ou ao que parece com isso.

Como combinado pelos articuladores, o diretor da RBS Nélson Sirotsky pede a palavra na assembleia e indica Marinho para a presidência. Era para sobrevir a aclamação dos presentes, tão somente. Não se imaginava outra coisa. Mas um gaiato interpela Sirotsky com uma pergunta incômoda, mais para brincar do que para contestar, embora certas brincadeiras tenham sempre um fundo de verdade. "Espera aí, Nelsinho! Por que o José Roberto Marinho?" Sirotsky se surpreende, pensa por uns dois segundos e devolve um argumento incontestável, que dispensa maiores explicações. "Ora! Porque ele é o José Roberto Marinho!"

O plenário gargalha e o novo presidente é consagrado com a escolha unânime. A grife Marinho, entretanto, e o empenho da equipe montada para tocar o Escritório do Rádio, não produzem nada parecido com o sucesso do RAB norte-americano. Falta à entidade, talvez, um vice-presidente executivo como Daniel Flamberg, um graúdo do meio integralmente dedicado a fazê-lo funcionar, com uma interlocução mais intensa e persuasiva com as agências e os anunciantes.

José Roberto Marinho tem poder para isso, mas não toca o Escritório de fato, como se esperava. Dessa forma, o organismo acaba definhando como a Central. A função diplomática de vender a excelência do rádio, que ele deveria desempenhar, permanece a cargo da AESP e das demais entidades de representação política do segmento.

A grande conquista da gestão de Luiz, no primeiro ano de atividades, materializa-se dois meses depois do 6º Congresso, em 20 de novembro de 1984, numa reunião em Ribeirão Preto. A AESP fecha um valioso acordo de permuta com as duas empresas de energia de São Paulo – a CESP e a CPFL –, que tem impacto imediato e notável no caixa de suas associadas. Luiz negocia o pagamento da conta de energia elétrica, um dos itens mais caros do orçamento das emissoras de rádio, em publicidade para as energéticas e o governo paulista.

Um projeto-piloto de implementação do acordo é testado na região administrativa de Ribeirão e depois estendido a todo o estado, para enorme desafogo financeiro dos radiodifusores e relativa satisfação das empresas públicas. Para uma ideia da economia envolvida, considere-se que a rádio Musical FM paga uma conta mensal de energia de R$ 24 mil em 2017. Valores equivalentes em cruzeiros, proporcionais à potência de irradiação das emissoras, deixam de ser gastos em 1984.

Convertem-se em saliva e vinhetas musicais, nas mensagens institucionais e de prestação de serviços retribuídas à CESP, à CPFL e ao governo paulista. O acordo é um inequívoco benefício aos radiodifusores e uma vitória política espetacular, para o segmento que reclama de ser – e não deixa de sê-lo – o "primo pobre" da mídia nacional. O contrato com as energéticas é possível graças ao prestígio e as conexões políticas da L&C.

Em 1982, na disputa eleitoral ao governo de São Paulo, a empresa atendeu o candidato vencedor, o então senador Franco Montoro. A campanha foi coordenada pelo filho dele, o economista André, e os publicitários Mauro Motoryn e João Dória, que buscaram a L&C para a comunicação via rádio e mídia exterior. Luiz, Carlão e equipe fizeram o bom trabalho esperado, Montoro se elegeu bem e estreitou-se o relacionamento entre eles.

Agora, a ideia da permuta é vendida diretamente a quem pilota a caneta. "Governador, nós podemos informar sobre as medidas de segurança no uso da energia elétrica, os cortes de luz que tiverem de ser feitos para reparos, as obras de expansão das linhas", argumenta Luiz. "Todas as nossas rádios vão participar. A permuta vai gerar um bom volume de comunicação para as empresas de energia e para o seu governo, a sua marca".

A resposta não podia ser mais positiva. "Perfeitamente, Casali", concorda Montoro. "Vamos fazer essa permuta". Político tarimbado, ele entende bem o que a proposta pode representar, em ganho de imagem. Quem não gosta do acordo, determinado pelo governador, são as empresas de energia e suas agências de propaganda. A perda de receita em seu orçamento, pelo não-pagamento das rádios, tem de ser coberta pela verba de publicidade, que é inevitavelmente reduzida na mesma proporção.

As agências perdem faturamento e as empresas, a autonomia em escolher o veículo para o qual direcionam as suas mensagens. Luiz enfrenta muita cara feia e olhares dardejantes do pessoal das energéticas e tem de driblar as mais variadas tentativas de obstrução do negócio, entre a decisão de Montoro e a efetivação do contrato. Mas, afinal, o acordo sai, entusiasma os radiodifusores e consolida o poder de Luiz no comando da AESP.

JORNAL DA AESP

ÓRGÃO OFICIAL DA ASSOCIAÇÃO DAS EMISSORAS DE SÃO PAULO
ANO III - N° 21 - SÃO PAULO, SETEMBRO DE 1983

O JÁ NO VI CONGRESSO GAÚCHO DE RADIODIFUSÃO

Na bonita cidade de Canela a Agert estará realizando, de 21 a 23 deste mês, o VI Congresso Gaúcho de Radiodifusão, quando serão debatidos os principais temas de interesse do setor. Além de sua conclusão normal, esta edição do JORNAL DA AESP será distribuída aos congressistas, em Canela. Pág. 3

LUIZ CASALI É O NOVO PRESIDENTE DA AESP

Chapa *Consenso* vence a *Representatividade* por 113 x 61

As eleições na Associação das Emissoras de São Paulo, que deram a vitória a Luiz Arnaldo Casali, da Rede L&C de Emissoras, foram um bonito exemplo de democracia (há 21 anos não havia chapa de oposição) e uma prova "da maturidade do radiodifusor do Estado de São Paulo", como definiu Emílio Amadei Beringhs Filho, que presidiu a assembléia. Pág. 19

Empossado, Luiz saúda os companheiros

Emílio Beringhs 2° abre a urna

A nova diretoria: Osmar, Elienir, Osório, Luiz, Pisanes, Espíndola Pizani e Santos.

REDUÇÃO DA TARIFA DE ENERGIA PARA AS EMISSORAS — A nova diretoria da Aesp deixará com a Abert a continuidade dos entendimentos iniciados com o ministro César Cals, de Minas e Energia (Pág. 3). Ainda nesta edição — renovações de cuidados no preenchimento das fichas de cadastramento; direitos autorais: 1) projeto garante a audiência, eliminando a bitributação; 2) muda a sistemática de pagamento; entrevista: Brasil tem condições de absorver as 3 redes de TV; fiscalização - a competência para fiscalizar aspectos referentes ao exercício da profissão de jornalista nas emissoras é do Ministério do Trabalho.

O 6º Congresso da AESP, que teve o ministro das comunicações Haroldo Correa de Matos e o governador Franco Montoro na abertura, demonstra a força da nova gestão da entidade, presidida por Luiz. Políticos, radiodifusores e personalidades participam do evento, que tem um show exclusivo de Roberto Carlos.

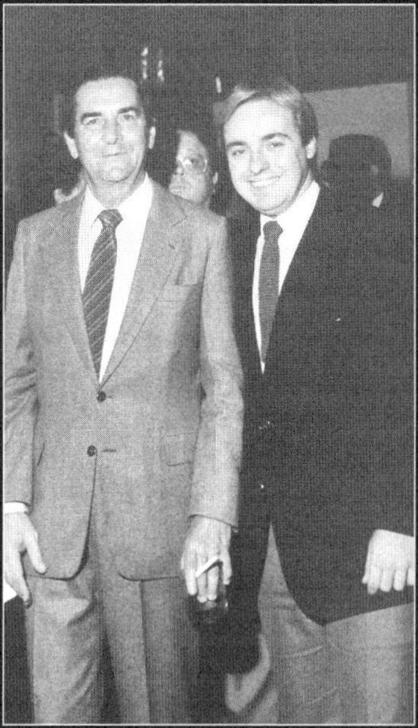

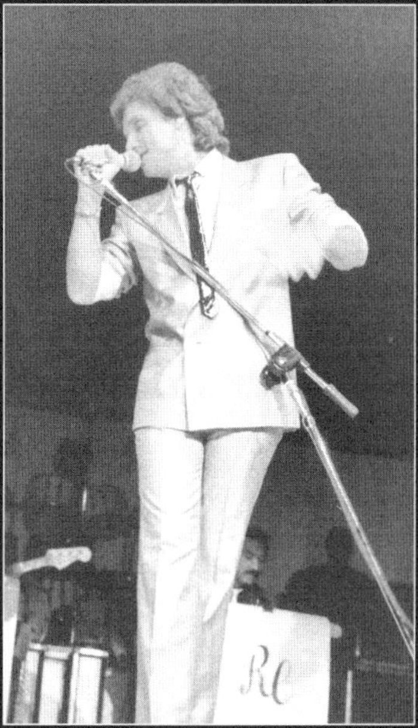
RC

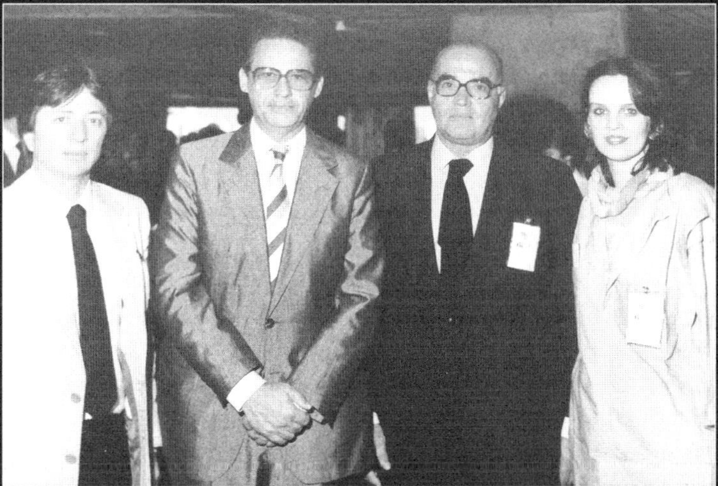

O RÁDIO ELEGIA OS POLÍTICOS, MAIS QUE A TV.

Luiz e Carlão me chamaram porque eu conhecia muitos donos de rádios. Primeiro, eu atuei trazendo novos representados e depois, quando montamos a Rede L&C, fui incumbida de articular os afiliados. Eu viajava o Brasil inteiro, ia a congressos, captava emissoras para a rede. Mas o melhor cartão de visitas que eu podia apresentar era levar o cliente até a sala dos gravadores, onde as máquinas ficavam copiando fitas o dia inteiro. Aquele espaço cheio de gravadores Akai impressionava muito quem chegava lá.

O lançamento da Rede L&C nós fizemos durante um congresso da ABERT, em Brasília. Foi em 1982, ainda na ditadura, quando Figueiredo era o presidente. Carlão inventou de montar uma estação, só para transmitir notícias e entrevistas do congresso, e eu trabalhei com ele e Luiz para organizar tudo. A rádio funcionou dentro do Hotel Nacional. Pegamos uma suíte e montamos a parafernália toda, não só o estúdio, mas a estrutura de copiagem das fitas, os gravadores Akai, para mostrar aos radiodifusores como o esquema funcionava.

Ali, nós dávamos uma aula sobre a nossa programação e a operação da rede. A gente dava uma chave às pessoas onde estava escrito "a chave do sucesso". Era a chave da suíte. A Rede L&C foi lançada assim.

Nesse aspecto das promoções, Luiz e Carlão foram imbatíveis. As coisas que eles bolavam, ninguém fez igual. A L&C foi um marco nas ideias promocionais. Eu trabalhava diretamente com Luiz e ele, especialmente, tinha ideias sensacionais. Como aquela do rádio em lata. Nós tínhamos de avisar as emissoras de que a Rede L&C existia e não queríamos simplesmente mandar um folhetinho. Pensamos em mandar uma fita cassete com um piloto da programação, mas queríamos que os donos das rádios ouvissem o piloto. Então, Luiz bolou de mandar a fita dentro de uma lata.

Eu fui parar na Cica, que produzia salsicha, ervilha, molho de tomate, vários produtos enlatados, e pedi que eles fizessem cem latinhas para a gente. Nós gravamos o piloto, pusemos as fitas dentro das latas e elas foram hermeticamente fechadas, como se tivesse um extrato de tomate dentro delas. No rótulo, estava escrito apenas: "O enlatado mais consumido do Brasil". Mandamos para rádios de todo

Suzana Schermann

A paulista Suzana Schermann começou a vida profissional no Estúdio Free, de Walter Guerreiro. Trabalhou na L&C por cinco anos e saiu de lá para a Associação das Emissoras do Estado de São Paulo, em 1983, quando Luiz assumiu a presidência da entidade.

o Brasil, com um abridor no mesmo pacote. O cara recebia a lata, sacudia e via que tinha alguma coisa lá dentro. Para saber que diabo era, tinha de abrir. Dentro estavam a fita e as informações para o contato conosco. Não tinha como ele não gostar. Fez um sucesso enorme. Nós ficávamos o dia inteiro bolando essas coisas. Cada emissora que a gente pegava para trabalhar, nós comunicávamos ao mercado de uma maneira diferente. Quando eles compraram a Rádio Independência, de Goiânia, e rebatizaram para Rádio Universal, devia ter uns quinhentos profissionais de mídia em São Paulo. Todos receberam um ovo de galinha, dentro de uma caixinha, com uma mensagem carimbada: "Uma ideia universal está nascendo". A produção do material foi toda caseira. Produzimos eu, Luiz e o pai dele, Seu Túlio. A gente carimbava a mensagem e embalava os ovos. Um monte deles quebrou na nossa mão. Carlão dizia que Luiz tinha enlouquecido. Mas os quinhentos mídias receberam os ovos no mesmo dia e ficaram sabendo do que se tratava.

Três ou quatro dias depois, compramos quinhentos pintinhos na Cooperativa Agrícola de Cotia e fizemos tudo de novo. Aí o pacote seguiu com um cartãozinho, onde estava escrito: "Piu! Nasci, sou a Rádio Universal de Goiânia, a mais nova integrante da Rede L&C!". O cartão era amarrado na pata do pintinho, com uma fitinha. Imagine o que foi amarrar quinhentos cartões em quinhentos pintinhos! Foi uma piação infernal na L&C (*risos*). Quando os pacotes chegaram nas agências, foi aquela zona. Era pinto piando em toda parte e gente enchendo o nosso saco. Uns pedindo mais, porque tinham mais de um filho e tinha de ter pinto para todos. Outros porque não sabiam o que fazer com os pintos. Uma loucura!

Outra que a gente fez, das muitas que Luiz bolou, foi a dos balões. Seu Túlio parava com a Kombi na porta da agência, pegava umas bexigas e enchia com gás hélio, que faz a bexiga subir. Aí ele enfiava cada uma delas numa caixa grande, onde estava escrito o nome do mídia. Deixava na agência uma caixa para cada mídia. Quando o cara abria, a bola subia até o teto e ficava esticado um barbante bem comprido. Na ponta tinha um cartão, com a frase: "Rádio Cultura de Campinas, um som leve está no ar". Eram assim as ideias de Luiz. Coisas muito diferentes, com muita criatividade. Por isso, Carlão dizia que nosso setor era a ilha da fantasia da L&C.

Luiz e Carlão sempre tiveram muita penetração em Brasília e no mundo político porque eles criaram uma rede muito forte. A L&C foi um marco muito grande no rádio, virou do avesso a coisa do veículo ser o primo pobre da televisão, deu uma revigorada nisso. Eles movimentaram muito a área do rádio, muito mesmo. Claro que, com isso, veio o prestígio, inclusive no cenário político. Porque o rádio, embora fosse mais pobre que a televisão, elegia políticos. Mais do que a televisão. Então, eles eram assediados e começaram a entrar na área das campanhas eleitorais. Depois, na própria política, como representantes do setor de radiodifusão.

O OV
GALI

OE A
NHA

*Mais do que abrir microfones para os políticos,
Luiz e Carlão se engajam em campanhas eleitorais.
Jânio Quadros, candidato à prefeitura de São Paulo
em 1985, é um dos primeiros apoiados por eles.*

12

ATÉ MEADOS DOS ANOS **1980,** Luiz é a face pública da L&C para os assuntos políticos. Carlão atua mais nos bastidores, discutindo as estratégias com ele e fazendo articulações. Os dois mantêm a divisão informal de tarefas que vem desde o início da empresa e que responde melhor à personalidade e aos interesses de cada um: Carlão no "ministério do interior", Luiz nas "relações exteriores".

Mas, agora, eles chegam a 1985, um ano-chave na vida política brasileira, que encerra em março a ditadura militar de 21 anos e ainda terá eleições municipais em novembro. É um tempo de realinhamento das forças, de novos líderes na cena, grandes esperanças e muitas ambições.

Nesse ano, Carlão e Luiz estarão bastante mobilizados pela política e irão atuar em lados distintos, sem qualquer ruptura em sua antiga união. Ao contrário, eles vão trabalhar separados em favor da L&C. Nas eleições de 1985, Jânio Quadros está na disputa, tentando reiniciar a carreira que interrompeu voluntariamente na renúncia à Presidência, em 1961.

As restrições à propaganda política no rádio ainda não são muito grandes, a Rádio América está no auge do sucesso e Luiz e Carlão olham à frente, para a boa posição que a L&C terá, se Jânio ganhar a prefeitura de São Paulo. Através do pai de João Paulo Arruda, de quem comprarão mais tarde a Musical FM, eles se aproximam do candidato e oferecem a produção de comentários diários sobre assuntos da cidade, para veiculação nos intervalos da América.

Fazem-no porque querem-no – e não se arrependerão. Político pré-televisivo, Jânio sabe o valor de uma rádio popular de grande audiência, topa a proposta sem hesitar e Carlão fica encarregado da interlocução com ele. Durante alguns meses, Carlão tem a chance de conviver diariamente com uma das personagens mais singulares da história brasileira.

Ele é obrigado a acordar às cinco da manhã, porque Jânio agenda as gravações para as seis e, obviamente, não é o caso de mandar um repórter sozinho ao encontro dele. Seria um desperdício da preciosa oportunidade do contato. O início da manhã é o momento adequado, por outro lado, para pegar o candidato sóbrio, algo indispensável para o trabalho previsto e uma chance rara nessa altura de sua vida.

Jânio responde a uma ou duas perguntas do repórter, para boletins que não ultrapassam dois minutos, e sempre sobra tempo para Carlão conversar com ele e aprender alguns de seus truques de sedução do eleitor. Como, por exemplo, o milagre de multiplicação das epístolas.

Um certo dia, Carlão chega cedo à casa de Jânio, por volta de 5h30, e ele já está sentado à escrivaninha, trabalhando. Escreve cartas compulsivamente, uma atrás da outra, e já tem uma pilha diante de si. Os destinatários são pessoas de São Paulo e de outras partes, especialmente cidades do nordeste brasileiro. Obviamente, Carlão fica curioso e quer saber a finalidade de tantas missivas, escritas por ele mesmo, quando poderiam estar a cargo de algum assessor.

Jânio explica: "Cada carta dessas que eu faço rende no mínimo uns cinco votos. Eu escrevo de próprio punho para a Dona Maria, que mora lá na Vila Guilherme, no Cambuci, na Penha. Quando ela recebe a carta e vê que sou eu quem escreve e assina, ela corre a mostrar para a família, os vizinhos, os amigos. As pessoas se sentem prestigiadas e eu ganho cinco, dez votos".

"Mas, e o Nordeste, presidente? Qual o sentido?", estranha Carlão. "São Paulo é a maior cidade nordestina", ele responde. "Imagine a senhora pobre (ouça-se 'senhôura', na pronúncia janista), do interior de Pernambuco, abrindo uma carta dessas e vendo quem lhe escreve. Ela não vai ligar, escrever, avisar de alguma forma os parentes que moram aqui? Na eleição de 1985, ela certamente liga. Assim como as senhoras e senhores de todas as partes de São Paulo".

Contra as pesquisas de intenção de voto, que dão Fernando Henrique Cardoso como eleito e o fazem cometer o maior deslize da carreira – o de deixar-se fotografar na cadeira do prefeito antes das urnas lhe darem esse direito –, Jânio ganha a disputa. Vai desinfetar a cadeira dos eventuais eflúvios deixados por FHC e fazer três anos de um mandato polêmico na capital paulista. Mas, não sem antes oferecer a Carlão um episódio que começa na maior irritação e termina em boas gargalhadas.

Pouco antes da eleição, o candidato dá uma entrevista à imprensa e refere-se aos boletins que vinha gravando..."para a Rádio Difusora". Difusora?!?! Carlão se enfurece com a inacreditável troca de nomes. Liga para os assessores de Jânio e solta a cachorrada, transtornado. "Vocês vão tomar ****! Eu não piso mais aí! Se eu vou gravar todos os dias e esse filho **** não lembra nem do nome minha rádio, o que estou fazendo aí? Vocês gravem com quem quiserem, não vou mais aí!"

O desabafo chega a João Paulo Arruda, que, evidentemente, dá ciência a Jânio. No dia seguinte, às 5h30, quando Carlão já deveria estar a caminho da casa dele, mas ainda dormia o sono dos indignados, toca o telefone ao lado da cama. Ele atende, ainda sonado, e escuta a voz inconfundível. "Alô? É Carlos Colesanti? Da Rádio América?", diz Jânio, escandindo bem cada sílaba dos nomes. E começa a falar de vários assuntos, menos do que enfureceu o interlocutor e que é o motivo da sua ligação.

A velha raposa tem o cuidado de repetir o nome de Carlão e da rádio muitas vezes, exaustivamente, sempre sem se referir ao episódio que gerou o mal-estar. Ligou só para dar o recado de que sabe sim, muito bem, quem está gravando com ele e qual é a rádio, e para dizer que tem apreço por esse trabalho. Faz isso assim, dessa forma sutil, subentendida, mas perfeitamente clara. Carlão morre de rir, quando Jânio desliga. Não é por falta de esperteza, certamente, que o homem está onde está e vai chegar onde pretende...

Enquanto Carlão faz a campanha de Jânio, Luiz tenta ajudar o desastrado Fernando Henrique. Durante o governo de Franco Montoro, quando negociou a permuta da energia elétrica, ele conheceu o jornalista João Rodarte, que trabalhava na equipe palaciana e namorava uma das filhas de FHC. Ficaram amigos, frequentaram-se por algum tempo. Agora que o sogro é candidato a prefeito de São Paulo, Rodarte chama Luiz para cuidar da parte de rádio da campanha.

Ele topa, mas não terá com FHC o mesmo contato intenso de Carlão com Jânio. Monta a estrutura de produção de rádio, convida o amigo Oscar Piconez a dirigi-la e tem contatos eventuais com o candidato, além de acompanhá-lo em duas ou três visitas à periferia paulistana. Mas é o suficiente para fazer uma camaradagem básica, que lhe permite tratar o futuro presidente da República por "você" e facilitará o acesso mais à frente.

Por enquanto, o presidente que mais preocupa Luiz e os radiodifusores brasileiros é o atual, José Sarney. Ele e seu ministro das comunicações, Antonio Carlos Magalhães. A dupla está no governo desde março de 1985 e não se inibe em usar as outorgas de rádio e TV como moeda de troca política, especialmente para obter a extensão do mandato presidencial de quatro para cinco anos.

A farra é grande. "Com a instalação da Constituinte, a partir de 1987, Sarney e ACM encontraram nas concessões uma maneira de agradar os seus aliados políticos e utilizaram-nas para a troca de favores", resume o *Informativo Intervozes*, de novembro de 2007. "Em três anos e meio, de 15/03/85 a 05/10/88, Sarney distribuiu 1.028 outorgas, sendo 25% delas no mês de setembro de 1988, que antecedeu a promulgação da Constituição Federal.

O *Diário Oficial da União* de 29 de setembro de 1988, "seis dias antes de promulgada a Constituição, trouxe 59 outorgas em um só dia, todas assinadas na noite anterior".[26] O derrame de concessões para políticos, a maioria delas de emissoras de rádio, é desastroso para os empresários da radiodifusão. Eles vivem do seu negócio, precisam de rádios lucrativas, não de estações que funcionem apenas como alto-falantes das virtudes políticas de seus proprietários ou aliados, e como arietes contra os seus adversários.

As emissoras de políticos permanecem no ar mesmo quando são deficitárias, financiadas sabe lá por que meios, e roubam dessa forma ilegítima a audiência de quem presta serviços profissionais de radiodifusão. Por medíocres que sejam – e em geral são, porque os políticos não têm interesse em investir a sério no negócio – algum público elas atraem e isso fragiliza as rádios efetivamente comerciais, que dependem da publicidade.

Essa farra, entretanto, a AESP e mesmo a ABERT não conseguem impedir. Os interesses políticos envolvidos são muito mais fortes que os argumentos comerciais. Em abril de 1988, Luiz fará uma avaliação pessimista da situação, em entrevista ao jornal *Meio & Mensagem,* quando atira pesado nos responsáveis. "O rádio está mudando de mão, deixou de ser negócio do empresário de radiodifusão para ser instrumento dos políticos", ele acusa.

Luiz bate duro. "Eles entram no mercado como predadores, não vão se preocupar em contratar bons profissionais, nem com tabela de preços. Está se fazendo um leilão de rádio. O que a classe política está fazendo com o rádio não tem nome. Em Monte Alto (SP), por exemplo, tem o caso do empresário de uma emissora AM com 20 anos de trabalho e aí entregam duas FMs para políticos".

À pergunta do repórter sobre o que a AESP faz diante disso, Luiz responde com desalento. "É o problema do ovo e da galinha. Nós somos concessionários. Como é que a gente fica na nossa retaguarda? Infelizmente, dependemos do poder".[27] De qualquer forma, se perde essa batalha na AESP, Luiz ganha outras. A começar da reeleição para um novo mandato, que irá se estender até 1989.

A associação salta de 162 para 407 filiadas e se fortalece como nunca, a ponto de emplacar um de seus membros, José Carlos Elmor, da Rádio Difusora de Pirassununga, como diretor do Departamento Nacional de Telecomunicações, em São Paulo. Luiz consegue padronizar e fazer cumprir uma tabela de preços de publicidade do rádio, o que não acontecia antes. Durante a sua gestão, o rádio dobra a participação no bolo das verbas publicitárias, saindo do piso inferior a 5% em 1983 para 6% em 1985, 7,8% em 1986, 9% em 1987 e 11% até o final de seu mandato.

Melhor ainda, a L&C expande enormemente a sua rede de representadas país afora nesses anos e atinge 165 emissoras, em 1988, graças à influência de seu diretor, embora ele passe mais tempo envolvido com a AESP do que com a própria empresa. Luiz também é indicado para o Prêmio Caboré desse ano, e concorre contra Silvio Santos e Washington Olivetto como "melhor empresário ou dirigente da indústria da propaganda".

O sucesso indiscutível na política empresarial anima Luiz a dar o passo seguinte e experimentar a política partidária. Com a mosca azul zumbindo em seus ouvidos, ele se filia ao PMDB de Moema e começa a cogitar uma candidatura a deputado federal, no pleito de 1990. É um enorme desafio eleitoral atingir uma posição tão elevada, para quem só passou pelas urnas duas vezes na vida, tendo apenas colegas como eleitores, num colégio eleitoral com poucas dezenas de votantes.

Mas Luiz confia na projeção que obteve como presidente da AESP e está certo de que terá uma infinidade de rádios impulsionando o seu nome junto ao povo paulista. Carlão é contrário ao projeto, outros amigos não recomendam. A filha Priscila se angustia com a hipótese de explicar na escola que o pai é político, algo que, de fato, não contribui exatamente para a boa imagem de ninguém.

Mas. o que sepulta definitivamente a candidatura na cabeça de Luiz é o receio de estragar o sossego familiar, na chácara que os Casali possuem em Tatuí. "Preste muita atenção, porque a sua chácara vai virar a casa do povo", os amigos alertam. "Quando você apontar na estrada, o povo vai falar 'olha, o deputado chegou!'. E vai ter fila lá na chácara, de gente pedindo coisas para você".

Luiz desiste da Câmara Federal, mas não sossega na política classista. Ele já acumulara as suas atividades na AESP com a vice-presidência da Associação dos Profissionais de Propaganda entre outubro de 1986 e setembro de 1988, na gestão de Guilherme Sztutman. Mais tarde, em abril de 1991, quando Carlos Alberto Nanô assume o comando da APP, Luiz volta à diretoria com ele, novamente como vice-presidente.

Na eleição seguinte, dois anos depois, ele assume a presidência. Como sempre, chega com todo gás, disposto a dinamizar as atividades associativas e a trazer os publicitários para um convívio mais intenso na casa. Uma das ideias para isso, a de reformar a sede, não resulta muito eficaz, mas entretém Luiz, enquanto é planejada.

A APP fica no mesmo prédio da Rua Hungria, pista local da Marginal do Pinheiros entre as pontes da Cidade Jardim e Eusébio

Matoso, onde a L&C vai se instalar posteriormente, em junho de 2001, para permanecer até o presente. A associação ocupa o 12º andar, que tem um piso adicional, um tipo de sobreloja, onde Clô Orozco manteve até recentemente o escritório da sua marca Huis Clos, pelo qual pagava um aluguel importante para o orçamento da locatária. Mas a estilista entrega o imóvel assim que Luiz assume.

O espaço fica disponível e o presidente convoca os arquitetos Gilberto e Patrícia Williams para projetarem um novo ambiente, que possa ao mesmo tempo sediar atividades lucrativas (eventos, cursos, teleconferências) e reunir os publicitários. Como não há dinheiro para financiar a obra, Luiz utiliza um truque hábil. Convoca o *big boss* da área de mídia da McCann Ericson, Altino João de Barros, para percorrer com ele os veículos de comunicação e "passar a sacolinha", pedindo contribuições.

Quem diria não ao dirigente de uma das maiores agências do mercado, com poder direto sobre o fluxo das verbas dos grandes anunciantes? Para dar o exemplo, a L&C compra a primeira cota de R$ 10 mil do fundo de apoio à obra, orçada em R$ 100 mil. Luiz e Altino batem na porta da Globo, ela compra a sua cota. Vão à Editora Abril, ela também compra. Da RSB, arrancam meia cota, quase a fórceps.

E na Editora Azul, uma derivada da Abril, Luiz ri consigo mesmo do olhar fulminante que o diretor Angelo Rossi lhe dirige, enquanto se derrete em mesuras e sorrisos a Altino, antes de assinar o cheque. É doce fazer uma venda que o comprador simplesmente não pode recusar... A nova sede fica muito bonita e o espaço, bastante agradável.

O melhor de tudo é o bar, para o qual o editor do *Caderno de Propaganda e Marketing*, Armando Ferrentini, doa um piano e Marcelo Matarazzo, presidente da Heublein do Brasil, abastece a adega com incontáveis caixas de uísque. O plano para o local é ambicioso. Nada menos que esvaziar o bar Pandoro da Avenida Cidade Jardim, um bunker do lazer executivo, oferecendo aos frequentadores publicitários bebida boa a preço de custo na APP.

Como convém a uma entidade de especialistas na arte de seduzir o consumidor, o bar é divulgado como um sofisticado "ponto de encontro ético-cultural". Funciona muito bem, inicialmente, junta gente todos os dias. Mas o público vai refluindo aos poucos e, semanas depois da inauguração, já está todo de volta ao Pandoro.

A hipótese de Luiz para o insucesso é que faltou atrair as mulheres, presença rara no pedaço. Bar sem mulher é tão sem graça quanto uísque aguado ou cerveja sem álcool... Mesmo sem o apoio dos associados às atividades "etílico-culturais", entretanto, a gestão de Luiz consegue bons resultados.

Em 1994, ele retoma a realização dos Jogos Publicitários, que não aconteciam há cinco anos. Reúne 800 atletas de 38 empresas entre abril e maio, em 40 dias de competições. Em setembro, realiza o 5º Fest'Up, o evento que destaca a produção dos estudantes de publicidade. Participam 1.010 alunos, de 19 escolas.

A gestão também promove cursos e teleconferências via satélite, na sala bem equipada para isso. Mas, para Luiz, ela serve mesmo para que ele se ocupe bastante e se distraia de um terrível, dolorosíssimo drama pessoal que está vivendo. Em abril de 1993, pouco antes de tomar posse na APP, Luiz está com Carlão em Las Vegas, nos Estados Unidos, na feira anual da NAB-National Association of Broadcasters. Ambos estão acompanhados das esposas, quando chega a notícia devastadora do Brasil: Marcelo, o filho do meio de Luiz e Maria Cecília, um adolescente de 17 anos, teve um acidente de carro na Marginal do Pinheiros e não resistiu aos ferimentos.

Daí para a frente, o que se passa é uma história de terror. Primeiro, uma luta para conseguir com urgência um voo de regresso, vencida com a ajuda providencial dos engenheiros Habib e Ciro Riskallah, da Musical FM, que também estão em Las Vegas. Depois, o problema de entrar rápido no país, sem retenção na alfândega, este resolvido com a intervenção de delegados amigos da Receita Federal.

São longas, intermináveis horas de agonia nessa *via crucis*, para, enfim, chegar e velar o filho morto, a pior experiência que um pai amoroso pode viver, sem que nada o prepare para ela. O drama é compartilhado do início ao fim com Carlão, que permanece inarredável ao lado do amigo arrasado, destruído pelo infortúnio. De novo, o destino determina que os dois estejam juntos, em um momento crucial.

Enquanto Luiz mergulha nas atividades da APP e aprende a conviver com uma dor que será indelével, quem vem ao primeiro plano das atividades políticas na dupla é Carlão. Em 1987, ele já havia trabalhado num projeto associativo do setor de rádio, derivado da experiência da L&C com pesquisas e motivado pela eterna desconfiança do mercado publicitário com a efetividade do meio radiofônico.

Inspirado no IVC, o instituto que atesta os números de circulação declarados pelos jornais e revistas, Carlão reúne diversas emissoras e funda, em 22 de setembro, o IVA-Instituto de Verificação de Audiência, onde comanda quase tudo. A ideia não é competir com o Ibope nem com o Datafolha, empresas com as quais Carlão se relaciona bem e ajuda em várias oportunidades. É apenas pressioná-las a darem mais atenção ao rádio e oferecerem as ferramentas que ele precisa, demandas que, com o IVA no seu encalço, Ibope e Datafolha acabam por atender.

Três ou quatro anos depois, o instituto é desativado. Mas o IVA pertence à década passada. Agora, em 1996, Carlão é eleito presidente do Sindicato das Empresas de Rádio e Televisão do Estado de São Paulo. Aqui, sua experiência é totalmente distinta de todas as anteriores e não apenas porque começa com o que poderiam ser maus presságios.

A cerimônia da sua posse, no mesmo Nacional Clube onde José Roberto Marinho fora aclamado presidente do Escritório do Rádio, é "prestigiada" pelo ainda juiz do trabalho Nicolau dos Santos Neto, que ficará famoso depois como o corrupto "Lalau", o gatuno que desviou R$ 169 milhões das obras do Fórum Trabalhista de São Paulo. Além disso, Carlão chega atrasado à própria festa, porque bate o carro a caminho dela.

A experiência no SERTESP difere das outras porque o sindicato não tem a dimensão política que a AESP conquistou. Exerce atividades especificamente sindicais, em particular as sempre delicadas negociações com o Sindicato dos Radialistas. Nos seis anos que passa ali, em dois mandatos sucessivos, o que Carlão mais exercita é algo não muito excitante: a arte e a ciência dos dissídios coletivos.

Mesmo assim, ele junta cacife para assumir um posto que Luiz cobiçou e quase teve anos antes: a vice presidência de rádio da poderosa ABERT. Ainda em seu primeiro mandato na AESP, quando ocupava também uma vice-presidência protocolar e inútil na ABERT, Luiz cogitou com radiodifusores paulistas de fundar uma associação nacional exclusiva para o rádio. Havia muita insatisfação com a ABERT, considerada uma entidade a serviço da televisão, e, mais particularmente, da Globo.

Antes que o movimento separatista crescesse, entretanto, a tradicional associação ofereceu a Luiz a relevante vice-presidência de rádio. Ele e os companheiros julgaram que era uma boa solução de compromisso e aceitaram o cargo, sem perceber que estavam levando um golpe político. Na assembleia que o formalizaria o acordo, o representante da RBS gaúcha, Fernando Ernesto Correa, argumentou que Luiz era muito novo na política classista, estava apenas começando, e indicou para a vice-presidência de rádio Emílio do Amadeu Beringhs – o mesmo veterano radiodifusor que Luiz havia retirado da base apoio de Edmundo Monteiro, para conquistar a AESP.

A indicação foi imediatamente apoiada pelo representante da Globo, Luiz Eduardo Borgerth, que iria assumir a vice-presidência de TV e era justamente quem negociara o acordo com Luiz. A armação se configurou claramente. Beringhs foi eleito e para Luiz sobrou apenas a vice-presidência de coisa alguma.

Mais de quinze anos depois, Carlão chega à virada do século como VP de Rádio da ABERT, convidado pelo então presidente Joaquim Mendonça. Em janeiro de 2000, ele coordena uma campanha publicitária contra as mais de 10 mil rádios piratas em atividade no país, um problema crescente para as emissoras legalizadas.

Sua passagem pela associação, no entanto, como ele temia antes de aceitar o cargo, não é satisfatória. A paisagem vista de dentro da entidade confirma a impressão que se tem de fora, a de que a Globo exerce um domínio absoluto ali e os assuntos de TV sempre têm prioridade sobre os de rádio. Nas reuniões quinzenais de diretoria que a ABERT realiza em Brasília, Carlão enfrenta brigas constantes com o representante da Globo, Evandro Guimarães.

Aos poucos, o seu desgaste se converte em desinteresse. Ele deixa a entidade para o desfrute do pessoal de TV e vai cuidar dos interesses do rádio por outras vias. Um espaço de representação que Carlão ocupa e no qual tem toda a satisfação de trabalhar é o CONAR, o Conselho Nacional de Autorregulamentação Publicitária. Ele se torna conselheiro em 1997, por indicação da Central do Outdoor.

Relata inúmeros processos que apuram denúncias de propaganda irregular, inclusive um bastante rumoroso, que opôs os dois principais jornais de São Paulo, *Estado* e *Folha*, numa disputa sobre qual dos dois lidera a oferta de anúncios classificados. O prazer de Carlão está em ver como o CONAR funciona bem como câmara arbitral, dirimindo conflitos no mercado de comunicação.

Sempre objetivo e pouco paciente com as idas e vindas da política, ele se encontra no organismo que tem rapidez e alta resolutividade nas questões que enfrenta. Ao mesmo tempo em que Carlão atua no CONAR, Luiz ingressa no CENP, o Comitê Executivo de Normas Padrão, igualmente representando a Central de Outdoor.

O comitê fora criado pelo mercado publicitário em dezembro de 1998, para fazer o que o nome diz: normatizar as práticas entre agências, veículos e anunciantes, tanto empresas quanto governos. A meta é, em especial, fazer com que todos esses agentes respeitem tabelas de preço, negociem descontos razoáveis, não canibalizem o mercado.

Luiz atua como tesoureiro adjunto do CENP e se espanta em testemunhar como a Globo fala grosso com o governo, quando há alguma questão que divida suas opiniões. Ainda está em sua memória, vinte anos depois, a cena em que Octávio Florisbal, dirigente da emissora, diverge do ministro-chefe da Secretaria de Comunicação Social do governo FHC, Andrea Matarazzo, em determinada proposta que este faz ao CENP, em reunião no Palácio do Planalto.

"Ministro, como diria a senhora minha mãe, que era uma pessoa muito educada, nem fodendo! Nem fodendo vamos aceitar isso, ministro!", diz Florisbal, obediente aos improváveis ensinamentos maternos e em pleno exercício da onipotência global. Luiz quer se enfiar embaixo da mesa, constrangido pela cena que o amigo fraterno Octavinho protagoniza, a poucos metros do gabinete presidencial.

Mas é frescura dele, para definir essa reação com um vocabulário também pouco polido. Seu pudor não tem muita razão de ser porque ele sabe, perfeitamente, que a relação entre o poder e a radiodifusão é de verdadeira simbiose, completa interdependência e, assim, é natural que os dois lados se tratem com toda a intimidade.

Luiz já deveria estar acostumado com isso. Há anos é um dirigente importante do setor e tem uma relação próxima com políticos de destaque, aos quais a L&C segue ajudando, nas campanhas eleitorais. Na eleição presidencial de 1989, a empresa ajuda a impelir a candidatura de Fernando Collor de Mello, pondo à sua disposição uma estrutura de rádio.

Na Central do Outdoor, os associados se dividem nos anos eleitorais, cada qual cuidando de um dos postulantes, para que o segmento como um todo se beneficie, qualquer que seja o eleito. Cada empresa exibidora recolhe a verba do seu candidato e encaminha ao fundo comum da Central, que distribui o total apurado entre os associados.

É assim que, em 1994, a L&C cuida da campanha de Mário Covas ao governo de São Paulo, à parte a de Franco Montoro ao Senado, este ajudado graciosamente, em gratidão pelo muito que fez pelo rádio em sua gestão. Em 1998, novamente na disputa pelo governo paulista, o candidato designado à L&C é Paulo Maluf, o que rende a Luiz mais um episódio esclarecedor do funcionamento real da política brasileira, nos bastidores.

Quem negocia com a L&C é Calim Eid, o braço-direito de Maluf, homem-forte de seus governos. Ele compra a publicidade exterior para a campanha em dinheiro vivo, repassado a Luiz, Álvaro ou o portador que for ao seu encontro os pacotes de cédulas que tira de um cofre em sua sala. Eventualmente, encaminha os portadores a um doleiro muito requisitado na São Paulo desses tempos, com escritório no Shopping Iguatemi.

Em determinada ocasião, Eid faz o pagamento e, quando Luiz e Álvaro abrem o pacote, na sede da L&C, percebem que há US$ 20 mil a mais nele. É caso de devolvê-los, certamente, porque não se trata de um erro de centavos. Mas, para fazer a devolução, Luiz e Álvaro encontram um jeito de também se divertirem um pouco, às custas do distraído pagador. Põem o dinheiro numa caixa de Caninha 51 e voltam ao escritório de Eid. "Trouxemos um presente aqui para o senhor, Dr. Calim", diz Luiz, desfrutando a situação.

O assessor de Maluf abre a caixa insólita, vê o dinheiro, mas não estranha nada, nem diz coisa alguma. Simplesmente abre o cofre, guarda as cédulas e faz como se nada houvera. "O senhor nos pagou a mais esse dinheiro", Luiz julga necessário esclarecer. "Obrigado", diz apenas e tão somente Calim Eid, de forma seca. Parece impassível, sem demonstrar qualquer incômodo com a situação incomum.

Certamente, um momento assim é inusual para Luiz e Álvaro, que não estão na política partidária. Mas quem a frequenta está mais do que habituado a esse tráfego de dinheiro em espécie, em geral a moeda norte-americana, nos períodos eleitorais. Só mais tarde, já no Século XXI, o controle sobre o financiamento eleitoral ficará mais rígido e a discrição dos agentes será a regra. Não haverá mais pacotes de dinheiro a céu aberto, nem coordenadores de campanha displicentes com eles. Não impunes, ao menos, ou amedrontados com a possibilidade.

Em mais de 30 anos de atividades na comunicação, Luiz e Carlão convivem com um grupo expressivo de políticos: Quércia, Lauro Péricles, Montoro, Jânio, Fernando Henrique, Covas, Maluf, Collor. Três deputados – Cunha Bueno, João Paulo Arruda e Carlos Apolinário – são seus parceiros comerciais. E há, ainda, Marta Suplicy e João Dória, que eles tiveram sob contrato, como comentaristas em suas rádios, antes deles também se projetarem na política.

Mas quem fecha a lista desse longo casamento de interesses ou flertes de ocasião dos sócios da L&C com políticos, no último episódio que ele registra, é novamente FHC. Em janeiro de 1998, ele recebe Luiz e a jornalista Roseli Tardelli no Palácio do Planalto, para uma entrevista exclusiva que vai ao ar no programa *Todas as Faixas*, no dia 28 daquele mês.

O presidente ao microfone da Musical é uma conquista de Luiz, que negociou a entrevista com Ana Tavares, sua assessora de imprensa. FHC fala à emissora quando o último ano de seu primeiro mandato está começando e já adota um tom de candidato para a reeleição que disputará em outubro. "Ele jogou farpas contra praticamente todos os políticos e entidades de destaque que fazem algum tipo de crítica ao seu governo", registra o repórter Fábio Sanchez, na *Gazeta Mercantil*.

Sanchez contabiliza os alvos: "Desde os opositores mais óbvios, como o petista Luis Inácio Lula da Silva, até o ex-tucano Ciro Gomes, contra quem até agora não havia feito críticas, mas que, na sua opinião, 'furou a fila' para poder 'abrir o seu espaço' político e se candidatar à sua sucessão".[28]

Apenas a cantora Elis Regina escapa da metralhadora giratória de FHC nessa entrevista. A pedido de Roseli, ele indica a canção "Falso Brilhante" como a sua preferida e fala da sua convivência com Elis. "Assisti esse show em São Paulo e depois ela me apoiou na campanha para o Senado, em 1978", conta Fernando Henrique, conforme reportagem de *O Globo*. "Um dia, eu recebi um bilhete dela. Ela queria me conhecer e eu pude ir a um outro show. O bilhete dizia assim: 'Será que eu vou ter de votar sem te conhecer?'". Ele confessa ter perdido o bilhete em meio a outros papéis.[29]

    Um presidente da República falando com exclusividade em sua emissora, sobre um episódio desconhecido que ele viveu com a maior cantora do país, é sem dúvida um fecho de ouro para Luiz e Carlão, em suas variadas aventuras na política.

    Luiz ainda assumirá por algum tempo um cargo na Associação Brasileira de Radiodifusores, a pedido do amigo Johnny Saad, que criou a ABRA para competir com a ABERT, farto da hegemonia da Globo. Mas é melhor deixar a voz de Fernando Henrique no ar, espinafrando Lula, Ciro e outros, para emoldurar as mais de três décadas de convivência da dupla L&C com o bom, o ruim, a crua realidade da política brasileira.

Foto: Gustavo Lima

Foto: Matheus Valadão Lopes

Foto: Agência Brasil / Chico

Foto: Agência Brasil

Foto: Divulgação

PROPAGANDA

Octávio Florisbal

Depois de 22 anos na área executiva da Rede Globo, ele agora assume uma posição no conselho do grupo da família Marinho.

A trajetória de Luiz e Carlão cruza com a de políticos destacados. Eles fazem campanhas para Mário Covas, Fernando Henrique, Paulo Maluf e Fernando Collor. O amigo fraterno Octávio Florisbal exercita a onipotência global em cima de Andrea Matarazzo, ministro de FHC. ACM e Sarney distribuem concessões de rádios a políticos.

Foto: José Cruz / Agência Brasil

A AESP SE TORNOU A
MELHOR
ENTIDADE.

Eu já fazia parte da AESP quando contratei a L&C. Era diretor regional da associação em Araçatuba. Foi quando conheci Luiz Casali. Comecei a discutir a situação do rádio com ele e nós concordamos que a AESP era muito inoperante. Fazia apenas um congresso anual e mais nada. Era a mais antiga associação de classe de rádio e televisão do Brasil, anterior à própria ABERT. Mas não tinha a representatividade que o rádio precisava ter em São Paulo.

Então nós fizemos aquele movimento maravilhoso de renovação. Percorremos praticamente todas as emissoras do interior paulista e realmente surpreendemos Edmundo Monteiro. Mas foi uma campanha muito tensa. Meu pai foi diretor nas Emissoras Coligadas por muitos anos e eu recebi uma pressão muito forte do pessoal de Edmundo, Jair Sanzone, Blota Jr, os graúdos da comunicação, para que a gente saísse da disputa. Nós parecíamos bobinhos, mas de bobinhos não tínhamos nada. E ganhamos a eleição. Nunca poderiam imaginar que acontecesse, mas acabamos vencedores.

Nós assumimos, fomos tocando e conseguimos uma série de coisas para o rádio. Construímos uma representação muito forte do estado de São Paulo. Muito forte mesmo. Colocamos a AESP na posição de melhor entidade estadual do Brasil, não tenho sombra de dúvida sobre isso. Até hoje ela tem o respaldo que foi conseguido naquela época. Faz muita coisa, tem representatividade e influência. Falar em nome da AESP hoje, dentro do rádio e da televisão brasileira, para nós é um orgulho, somos altamente respeitados. Porque fizemos o negócio certo.

A AESP tinha uma participação nos contratos de publicidade que fechamos com as empresas de energia. Então, havia dinheiro para fazer tudo. Contratamos profissionais de mídia, tínhamos gente para bolar texto para as emissoras, oferecemos uma série enorme de serviços. É aquela história: com dinheiro se faz tudo...

Oscar Piconez

Filho de um profissional de rádio, Oscar Piconez trabalhou para outros radiodifusores até 1974, quando comprou a Rádio Jovem Luz, de Araçatuba, hoje Jovem Pan. Foi onde ele conheceu Luiz e Carlão, e se tornou cliente da L&C. Piconez foi vice-presidente da AESP-Associação das Emissoras do Estado de São Paulo quando Luiz presidiu a entidade. Depois foi vice-presidente de rádio da ABERT – Associação Brasileira das Emissoras de Rádio e TV. Hoje com 70 anos, ele é novamente diretor da AESP.

A Central do Rádio trouxe anunciantes que nunca tinham anunciado no veículo, graças a uma estratégia que usamos. Na época, havia uma pressão tremenda sobre as manteigas, por conta das campanhas das margarinas, que apresentavam o produto como melhor, mais saudável e mais barato. Então a Central fez uma campanha maravilhosa em cima das manteigas, para mostrar aos anunciantes que, se o rádio anunciasse, elas também venderiam, tanto quanto as margarinas. A campanha foi patrocinada pelas próprias emissoras e veiculada gratuitamente.

Deu muito certo. As rádios do estado de São Paulo inteiro aderiram e o povo começou a comprar manteiga, o que demostrou o poder do rádio. As pesquisas confirmaram a eficiência da nossa propaganda para a Gessy-Lever, a Anderson Clayton, todos os fabricantes. Prováamos para todo mundo que, realmente, se anunciasse em rádio, vendia.

Também chegamos ao Mc Donald's e oferecemos uma campanha gratuita na hora do almoço, quando o pessoal escolhia o que ia comer. O rádio lembrava as pessoas. "Você que vai almoçar agora, vá ao Mc Donald's. Ele tem o Big Mac, um monte de coisas gostosas". Funcionou tanto que a empresa começou a fazer rádio, uma mídia que não usava.

Quando a gente diz que anunciar em rádio vende, isso acontece de verdade. Tem pesquisas do IBOPE demonstrando que a primeira ideia, a primeira notícia que o cidadão tem para uma compra, vem pelo rádio.

Eu vivi tudo isso, ao dividir as experiências com Luiz e Carlão. Testemunhei o sucesso deles. A L&C deu muito certo porque eles tiveram uma boa química. Dos dois, Luiz era eminentemente político e Carlão era o técnico, entendia de programação, era um profissional altamente gabaritado. Depois veio Álvaro, que era eminentemente comercial. Deu certo porque eles funcionavam independentemente, mas juntos. Um fazendo política, outro, programação e, o outro, o comercial. Deu certo também porque eles eram amigos, trabalhavam juntos, tinham alegria. Você ia na L&C e tinha alegria de estar no local, porque todo mundo tinha bom humor, era entusiasmado, vibrante.

NEGÓ
MEN
E GRA
ENCRE

CIOS
ORES
NDES
NCAS

Entre a antiga e a nova TV Record, tem a marca da L&C. Luiz e a equipe atuam na complicada venda da emissora.

13

Não é nenhuma revelação transcendental – ao contrário, é um truísmo – que toda história empresarial de sucesso tem por trás de si algum fracasso. Às vezes oculto, às vezes óbvio, às vezes múltiplo, às vezes tão grande que engole o sucesso. Pode ser uma decisão administrativa que parece inteiramente acertada, mas se mostra um completo equívoco.

Pode ser uma diversificação de negócios feita no entusiasmo, mas tão disparatada que dá, inevitavelmente, errado. Pode ser uma expansão correta de atividades no próprio ramo, que simplesmente não funciona. Podem ser oportunidades perdidas e situações incontroláveis, que resultam em amargas decepções.

Em 32 anos de atividades no mercado, Luiz e Carlão experimentam um pouco de tudo isso e, quase duas décadas depois de encerrar as atividades, ainda sofrem as consequências do que deu errado na experiência da L&C. O primeiro erro que eles reconhecem é o de manter a empresa por longo tempo sem uma gestão administrativa realmente profissional.

Ao longo de 18 anos, a L&C foi tocada sem uma administração central, um comando unificado nessa área estratégica. Luiz, Carlão, Álvaro, os gerentes, todos cuidavam das tarefas de gestão, sem coordenação. José Moysés fazia as vezes de diretor financeiro, sem formação técnica para isso. O planejamento era frágil e as metas estratégicas inexistiam.

A área que tinha o maior poder na organização, até pela origem dos associados, era a comercial. Em razão disso, era comum entrarem negócios que pareciam excelentes, mas que, apurados os impostos e descontados outros gastos para a sua execução, davam prejuízo.

É incalculável o dinheiro que L&C perdeu nesse período, escorrido pelo ralo da administração precária. As coisas só mudam – da água para o vinho – quando Akio Suzuki é contratado, em 1987, para o cargo de diretor administrativo-financeiro.

Ele desempenha a mesma função na *house agency* do Grupo Sílvio Santos, onde Álvaro o conhece, e, embora esteja numa grande organização, não se sente satisfeito lá. Os sócios da L&C não têm dificuldade para atraí-lo com uma boa proposta.

Akio, sim, é que tem enorme dificuldade para implantar o controle gerencial numa empresa indisciplinada, repleta de feudos, com práticas viciadas, que resiste obstinadamente a mudar. Com a orientação dele, Luiz e Carlão introduzem o tripé orçamento, previsão e metas no universo mental da L&C.

As três palavras provocam calafrios na equipe e todo tipo de negaceio e contestação. Mesmo assim, a nova metodologia é implantada a ferro e fogo, sem vacilação. Quando um gerente comercial da área de outdoor se insurge contra as mudanças e, na excitação de um debate acirrado, diz que não pode continuar na empresa daquele jeito, sua demissão é aceita na hora.

O fato dele ser sobrinho de Álvaro e de seu pai ser o chefe da oficina não muda a decisão. Luiz e Carlão resistem aos apelos de reconsideração, que são intensos e dramáticos. Mantêm-se firmes, passando a toda L&C o recado de que o novo padrão gerencial é para valer e que ele será implantado ao custo que for, incomode a quem incomodar.

Uma ferramenta importante para esse novo padrão é o Centro de Processamento de Dados que Luiz e Carlão criam, contratando o gerente Olavo Soares e os programadores Chau Sanh Hue e Denise Lopes para organizá-lo junto com Akio.

O CPD desenvolve um programa administrativo-financeiro que controla com o máximo de detalhe e rigor as atividades da empresa. Acabam as longas noites de trabalho às vésperas do faturamento, as horas-extras desnecessárias, as vendas de férias, os gastos descontrolados.

Para uniformizar o horário de entrada dos funcionários, já que cada um fazia o seu, o café da manhã que a empresa oferece passa a ter hora fixa para terminar. Quem se atrasa não tem mais chance de buscar o pão com manteiga na copa. Para regularizar o horário de saída, no momento determinado a luz é simplesmente cortada em toda a empresa, exceto na área do estúdio. Quem não fez o serviço de hoje, que trate de recuperá-lo no expediente de amanhã.

A batalha da reforma administrativa dura dois anos, entre 1987 e 1988. Luiz e Carlão vencem o desafio, graças à sua persistência e ao trabalho competente de Akio. Com previsão e planejamento é possível, por exemplo, aproveitar a oportunidade que o projeto de extensão da Avenida Faria Lima abre para a L&C Outdoor.

Luiz percorre as áreas que terão face para a nova avenida, fecha contratos de locação com os proprietários pagando um ano adiantado e, quando a concorrência acorda, a L&C já domina um dos melhores locais para cartazes em São Paulo.

Com a implantação das metas, é possível distribuir dividendos à equipe, quando elas são alcançadas. Parte dos funcionários chega a receber 14, 15, até 16 salários anuais, como bonificação pelo desempenho. Com a hiperinflação corroendo os vencimentos, a boa gestão permite também que eles sejam reajustados mensalmente, para que ninguém seja prejudicado.

Cogita-se até mesmo de fazer o reajuste quinzenal, mas dificuldades operacionais impedem o avanço até esse ponto. De qualquer forma, os empregados da L&C têm o privilégio de não dependerem do dissídio anual de suas categorias, para ver o holerite modificado. Todo mês, ele chega com aumento.

À parte a longa tolerância com a informalidade administrativa na L&C, que dura de 1969 a 1987, outro tipo de erro que Luiz e Carlão cometem – se é possível considerá-lo assim –, é o de contrariar servidores públicos com poder de prejudicá-los, como certos fiscais corruptos que sempre atormentaram a sua vida empresarial.

Em vez de resolver as coisas pelo método "tradicional" brasileiro, mais simples e barato, e ainda tão praticado, apesar de tanta crítica à corrupção e tanta cobrança por moralidade, Luiz e Carlão entendem de peitar as "autoridades". Ignoram a chance do "jeitinho" e recusam o jogo do achaque.

Nas vezes em que isso acontece, o resultado é igualmente brasileiríssimo: os servidores se dão bem e eles arrumam grandes problemas. Também são retaliados quando desconsideram gestores públicos graduados e presunçosos, que não têm qualquer inibição em abusar do poder.

É o que ocorre no Ministério das Comunicações, em 1980, quando adquirem a Rádio Independência, de Goiânia, e têm de transferir a outorga para o seu nome. Nesse período, Luiz tem boas relações e trânsito fácil no ministério, cultivados desde a negociação das suas três rádios iniciais.

Quando o processo da Rádio Independência começa a tramitar, os servidores amigos recomendam que ele faça uma visita de cortesia ao diretor-geral do DENTEL, o poderoso órgão concedente e fiscalizador das outorgas. O "beija-mão" do potentado – não necessariamente um ritual de corrupção, mas certamente de vassalagem –, é usual nesses casos e os radiodifusores se curvam obedientemente a ele.

Luiz, entretanto, num surto inexplicável de imprudência, não dá bola à recomendação. Simplesmente pretende que a sua outorga tramite como manda a lei, nas condições e prazos estabelecidos, sem obrigações protocolares adicionais. É um amargo equívoco. O diretor encontra um detalhe qualquer, entende que a situação da rádio está ilegal e determina a cassação da outorga.

Mudar a decisão se torna um inferno, porque despacho dado por uma autoridade é muito difícil reverter. A mudança só é possível com intervenção política do amigo deputado Cunha Bueno. Depois de meses de angústia, trâmite de papelada e muita canseira, que inclui um chá de cadeira de horas na antessala do presidente da República em exercício, Aureliano Chaves, Luiz consegue finalmente a assinatura dele na regularização da outorga, já em 1981.

Luiz e Carlão cuidam para que a L&C esteja sempre em dia com as obrigações fiscais e legais, o que é de especial serventia quando eles vendem a parte de outdoor para a Clear Channel e a compradora promove uma verdadeira devassa na empresa, sem encontrar um único problema. Fazer as coisas do jeito certo, porém, não tira os fiscais da porta da L&C. Nem do pé de seus proprietários. Certa vez, aparece um sujeito do INSS, que alega irregularidades no recolhimento da cota patronal da empresa, o que absolutamente não procede.

Está claro que ele não visa a quitação de nenhuma guia, mas um outro tipo de pagamento. Como não haverá negócio, a solução para esse caso é instalar o fulano em uma sala inóspita, quase um porão, e abarrotá-lo de documentos, para que ele faça a conferência. Depois de dias de auditagem insalubre e desconfortável, ele já não tem o mesmo ímpeto de autuar a L&C. Faz camaradagem com os funcionários da empresa, ganha ingressos da permuta que a Rádio Musical tem com a casa de shows Tom Brasil e esquece do seu rigor com as contribuições previdenciárias.

Outro caso curioso é de uma fiscal da Prefeitura de São Paulo, que aparece para contestar o IPTU ou alguma taxa de funcionamento da rebimboca da parafuseta. É uma senhora meio brava, que parece tomada de um legítimo fervor fiscalista e quer se mostrar durona. Mas, estranhamente, vem acompanhada do marido e não demora para a finalidade da visita ficar mais clara – e mais costumeira.

Durante a conversa, o casal revela que tem uma loja no Shopping Paulista, o que abre caminho para uma solução negociada, nem tanto à multa, nem tanto à mão úmida. Para encurtar logo a história e se livrar da mulher, Luiz oferece publicidade para a sua loja nos outdoors da L&C.

A fiscal topa, mas depois volta para reclamar da colagem dos cartazes, que considerou imperfeita, e para dizer que se arrependeu do acordo. Problema inteiramente dela, desta vez. Não consegue o agrado que queria. E com a sua marca anunciada pela L&C, já não pode fazer nada contra a empresa, a não ser ir embora batendo o pé e soltando fumaça pelas ventas.

Não é esse o caso, entretanto, de outros fiscais da prefeitura, que escasquetam exatamente com os outdoors. Os sujeitos aparecem para fazer uma cobrança esdrúxula da Taxa de Fiscalização de Anúncios, que as empresas de mídia exterior têm de pagar pela checagem das condições das tabuletas: se elas estão no tamanho autorizado, se estão firmes e seguras, coisas assim.

Os fiscais, no entanto, confundem espertamente a estrutura física dos cartazes com o conteúdo anunciado neles e argumentam que a TFA deve ser recolhida toda vez que muda o anunciante no outdoor. Como se essa troca alterasse o estado das tabuletas. Um despropósito evidente, que levaria a uma infinidade de pagamentos, quase semanais. Os espertalhões pedem R$ 30 mil reais para esquecer as taxas que estariam atrasadas. Luiz e Carlão, porém, não topam e a ameaça da multa se converte numa efetiva autuação. O assunto vai parar na justiça e os dois sócios acham que morrerá logo ali, por improcedência da cobrança.

Mas nada é "logo" na justiça brasileira. O problema segue adiante, ano após ano. Luiz e Carlão recorrem ao secretário Calim Eid, ao prefeito Paulo Maluf, depois a seu sucessor Celso Pitta e todos prometem resolver, mas nada acontece.

Com as sucessivas correções monetárias e os acréscimos de mora, a multa original atinge cerca de R$ 15 milhões. Luiz e Carlão ganham na primeira instância, a prefeitura recorre e o assunto vai escalando a pirâmide do Judiciário, sempre com vitória da L&C, até chegar ao Supremo Tribunal Federal.

A sorte de Luiz e Carlão é que têm um bom advogado, Carlos Alberto Rossi, e ainda são assessorados por Alexandre Jobim, filho do ex-ministro da corte máxima, Nélson Jobim. Somente em 2014, vinte anos depois de começar, a ação é finalmente encerrada com a vitória da L&C – e uma conta de honorários advocatícios superior a R$ 500 mil.

Fiscais são uma pedra no sapato. Mas, certas opções empresariais também doem em Luiz e Carlão. Alguns negócios em que os dois sócios se envolvem parecem exóticos e despropositados para o investimento de empresários da comunicação. Mas, considerando-se que eles têm em mãos duas mídias de grande efetividade publicitária – o rádio e a publicidade exterior –, esses negócios ficam mais compreensíveis.

Por exemplo, a participação em uma pequena indústria do Ipiranga, a malharia Raso & Angeli, em meados dos anos de 1980. O negócio é daqueles que só consomem dinheiro, não devolvem lucro nenhum, e um ano depois, é desfeito. Luiz e Carlão nem chegam a conhecer as instalações da empresa!

Mas a fiscalização da Secretaria da Fazenda sabe bem onde fica a Raso & Angeli. Poucos anos depois do fim da sociedade, já na virada para os anos de 1990, Luiz e Carlão são intimados a pagar ICMS não recolhido. O problema resulta em um *imbroglio* judicial que só vai se concluir em janeiro de 2009.

Para quem se interessou por uma malharia, por que não uma pizzaria? Não apenas os sufixos rimam, como é igualmente fácil para Luiz e Carlão anunciarem pulôveres ou calabresas. O caso da Raso & Angeli praticamente se repete. E na mesma época.

Em 1986, Luis Miguel Borghetti, contato na rádio Jovem Pan, toca com o irmão o Pizzaleto, um delivery de pizzas e galetos localizado em Moema. É um negócio de pequena escala que os dois querem incrementar e, para tanto, convidam os intrépidos L&Cs a compartilhar as azeitonas. Luiz e Carlão investem na montagem de um restaurante para a Pizzaleto, desta vez em endereço que eles vão conhecer, na rua Macuco.

Assim como no caso da malharia, não são eles que administram e o negócio dá prejuízo. Um ano e pouco depois, já estão fora. Mais tarde, quando a Pizzaleto fecha, o sabor da mussarela volta à boca dos dois, salgado e amargo ao mesmo tempo, na forma de uma nova cobrança inesperada. Os irmãos Borghetti não honraram os aluguéis e a conta sobra para Luiz e Carlão.

Também nesses imprudentes anos de 1980, os dois sócios se animam em investir numa fábrica de palhas de aço. A marca Assolan ainda não surgiu para competir com o Bombril e Luiz e Carlão decidem enfrentar o preferido das donas de casa com um produto tão similar que leva o nome de... Brilho Bom. A ideia é essa mesma, faturar com a similaridade.

Lançar o produto, valorizá-lo com boa publicidade e atiçar o concorrente a vir adquiri-lo, para tirar o incômodo da frente. A última parte acontece logo, como planejado. Luiz e Carlão espalham outdoors com a marca Brilho Bom por São Paulo e, em quinze dias, o jurídico da Bombril já está notificando os dois, com ameaça de processo.

Eles adoram a carta desaforada, porque ela confirma que o concorrente já os localizou no radar. Em breve, topará negociar. Mas o negócio naufraga, literalmente. Para instalar o maquinário, Luiz e Carlão haviam alugado um galpão na Avenida Aricanduva por um preço ótimo, tão bom que até estranharam. Na primeira chuva forte eles entendem o porquê. O galpão inunda, as bobinas com os fios de aço ficam embaixo d`água, boa parte delas enferruja.

Quando a fábrica começa, enfim, a operar, os empreendedores descobrem que a sua máquina não consegue produzir fios muito finos, como os da Bombril. Os fios quebram, enroscam, simplesmente não produzem uma palha de aço equivalente à da líder do mercado. Logo, jamais interessará a ela absorver a Brilho Bom.

O negócio se sustenta por mais algum tempo, com a produção de uma palha mais grossa, para uso não-doméstico. MAS acaba em nova frustração e mais prejuízo. O desatino de Fernando Collor em 1990, de confiscar os investimentos e congelar as contas bancárias de todos os brasileiros, com o propósito de conter a inflação estratosférica, inspira Luiz e Carlão a uma outra aventura: uma Bolsa de Permutas para empresas.

Como praticamente não há dinheiro em circulação e todos precisam tocar os negócios, a proposta é organizar o escambo de produtos e serviços. Luiz e Carlão se associam com um amigo, Ricardo Cury, e alugam uma casa na Avenida Indianópolis, onde instalam um *call center*. Mas o negócio não avança porque não há um sistema eficiente e rápido (como a futura internet) para acelerar as trocas.

Os interessados se cadastram, mas demora até que encontrem quem queira permutar e a sua necessidade é de extrema urgência. Além disso, Luiz e Carlão não estão no dia a dia da empresa, não participam da gestão, o problema de sempre. O projeto logo fracassa, tão rapidamente quanto as esperanças do país em Collor e no sucesso de seu plano econômico tresloucado.

Nenhum desses fracassos narrados até aqui teria acontecido se Luiz e Carlão dessem ouvidos a um cliente importante da L&C, que sempre foi uma referência para eles de sabedoria em negócios. Yoshimi Morizono, mais conhecido por Nélson, é uma lenda no mundo empresarial brasileiro.

Nissei paulista de origem simples, ele começou com uma farmácia em Marília, nos anos de 1960, e construiu uma fortuna superior a R$ 1,2 bilhão, com mais de 20 empresas espalhadas por seis estados brasileiros, deixando um rastro de marcas comerciais famosas em sua caminhada de sucesso: Monange, Avanço, Vitasay, Doril, Benegrip, Biotônico Fontoura.

Morizono chega à L&C com o seu laboratório Dorsay por meio de Álvaro Almeida, nos anos de 1980. Eles se conhecem jogando tênis e Álvaro exerce com ele a sua proverbial capacidade de seduzir as pessoas, fazer amizades em poucos instantes e administrá-las com visão de negociante.

Fica muito próximo do empresário, porque, afinal, à parte a amizade que constroem, onde há Morizono, há negócio grande à vista. Ele se torna um cliente importante da L&C, anuncia fortemente em outdoors. Um único contrato seu envolve 80 painéis backlight em São Paulo. Os aparelhos são caros, o número de peças é muito alto e adiantar o dinheiro para construí-los é um esforço financeiro brutal para a L&C. Mas o contrato dá um lucro astronômico à empresa.

Quem conhece Morizono, não imagina quanta visão há por trás de seus olhos puxados. Ele é um daqueles típicos sujeitos de jeito simplório que esconde uma inteligência descomunal e um invejável talento empresarial, em especial para antever problemas. Luiz e Carlão, entretanto, desperdiçam essa habilidade, que lhes é oferecida de bandeja.

Quando os dois se entusiasmam com a ideia de diversificar os negócios e abrir frentes de investimento, Nélson aconselha que os dois cuidem muito bem da escala dos novos empreendimentos. "Não comecem uma coisa nova menor do que a velha", é a sua dica. "Vocês não vão dar atenção". Eles ouvem, mas a atenção que deixam de dar, para seu grande arrependimento posterior, é ao conselho e não aos negócios menores.

Os parágrafos anteriores descrevem as tantas vezes em que Morizono revelou-se premonitório e correto no que disse. Na diversificação de atividades fora do campo da comunicação, a única que de fato funciona para Luiz e Carlão, e realmente compensa os desacertos anteriores, é um negócio de estacionamento de veículos.

Em outubro de 1991, eles abrem a L&C Park, em parceria com dois sócios, Mário Bastos Teixeira e Antonio Luis Lapa. Quem coloca Luiz e Carlão nesse mercado é a inflexibilidade de um de seus parceiros comerciais. A Estapar Estacionamentos aluga espaços em suas unidades para a L&C Outdoor instalar tabuletas.

Sempre que Luiz e Carlão têm de renovar os contratos de locação, é uma briga com os proprietários para acertar o valor. Eles rotineiramente ameaçam abrir a sua própria empresa de outdoor, para explorar a publicidade em seus terrenos. De tanto recorrer ao argumento, dão a ideia a Luiz e Carlão de fazer o inverso. Não é uma retaliação à Estapar. Tanto que a L&C Outdoor segue mantendo contrato com ela. A L&C Park surge como mais uma oportunidade comercial, particularmente interessante pelo modelo de negócio adotado, de não adquirir os terrenos para os estacionamentos e, sim, alugá-los, de modo a engrossar a remuneração aos locadores com a dupla remuneração pelo espaço cedido e a publicidade instalada nele.

O empreendimento funciona muito bem, divulgado por spots comerciais intensivos na Rádio Musical FM, como um escrito por Luiz e gravado por Carlão, que convida os síndicos de condomínios a negociarem a cessão das garagens nos prédios residenciais, que ficam quase inteiramente vazias durante o dia. Chovem telefonemas de interessados na L&C Park. Um dos estacionamentos que dá mais dinheiro, pelo intenso movimento, é o anexo à Dado Bier, uma cervejaria artesanal gaúcha que se instala na Avenida Juscelino Kubistchek e inaugura a moda das cervejas gourmet em São Paulo.

Mas, passados alguns anos, Mário Teixeira sai da sociedade, depois Antonio Lapa faz o mesmo, e Luiz e Carlão vão se desinteressando pelo negócio, que, é claro, não podem tocar pessoalmente, em razão de seus outros compromissos. Em abril de 2001, vendem a L&C Park. Já naquelas diversificações tentadas dentro do próprio campo da comunicação, o resultado que Luiz e Carlão obtêm é mais para pizzaria do que para estacionamento.

Além dos efêmeros negócios fonográficos já vistos anteriormente, o Círculo do Disco e a gravadora Play, eles experimentam se associar a uma empresa de mídia exterior de Salvador, a Wolney Propaganda, para abrir um negócio de outdoors em Recife. Tem tudo para dar 100% certo, mas dá totalmente errado. Luiz e Carlão põem dinheiro, sabendo que outdoor é ramo de lucro seguro, mas o deles não vem.

O tempo passa e nada de vir a remuneração de Pernambuco. Luiz decide auditar a empresa, leva o amigo Serafim Abrantes com ele e se enfurna três dias na papelada. Acaba descobrindo que a parte da L&C no negócio virou tijolos e telhas, porque fora usada pelo sócio baiano para construir uma bela mansão. É o fim da sociedade.

Ainda no campo da comunicação, Luiz e Carlão se animam a investir em uma gráfica. O irmão de Álvaro Almeida, Rui, trabalha no segmento e propõe que a L&C, grande consumidora de serviços gráficos, monte a sua própria empresa fornecedora, com ele na sociedade. O terreno da Avenida Giovanni Gronchi onde funcionou por algum tempo a Musical FM está vago, tem uma boa área construída, a estrutura é adequada para o novo negócio.

Ao investirem R$ 90 mil, eles compram uma impressora off-set e abrem a empresa. Rui Almeida comanda as operações e tudo vai bem no começo. Passado algum tempo, porém, Luiz e Carlão sentem que terão problemas com o parceiro. Pensam em excluí-lo da sociedade ou mesmo em passar o negócio adiante.

Em meio a essas cogitações, Rui simplesmente vende todo o maquinário da empresa e desaparece. Nem a família consegue saber do seu paradeiro. Luiz e Carlão evitam buscar as soluções legais por causa de Álvaro, para não constrangê-lo ainda mais. Engolem o prejuízo, encerram a empresa e seguem a vida.

Também fracassada por problemas com parceiros é a associação de Luiz, Carlão e Álvaro com a Editare. Em 2001, depois de venderem a empresa de outdoor e de alugar a Musical FM, eles têm dinheiro abundante para investir e entram com uma participação na editora de Ernesto Amado e Caco Alzugaray. Este, filho de Domingo Alzugaray, dono da revista *IstoÉ* e da Editora Três.

O plano é explorar um nicho bem específico e rentável do mercado editorial, o de catálogos turísticos, aproveitando incentivos fiscais da Lei Rouanet e outros mecanismos de fomento à cultura. Durante seis anos, Luiz, Carlão e Álvaro mantêm a sociedade na Editare, injetam um dinheiro considerável, mas não têm retorno.

Fica claro para eles que a empresa ruma para o buraco e vai arrastá-los junto. Antes que isso aconteça, saem do negócio, em 2007, certos de que se livraram de qualquer problema. Doce ilusão... Passam-se outros sete anos, quando chega uma notificação da justiça do trabalho.

Os três se tornaram réus numa ação trabalhista milionária. Os gestores da Editare não honraram o pagamento aos funcionários, estão inadimplentes e o débito sobra para os antigos sócios, que têm um bloqueio imediato de mais de R$ 600 mil em suas contas bancárias.

Em 2018, o dinheiro ainda está bloqueado e há um saldo de mais R$ 800 mil a quitar, perfazendo um débito total de R$ 1,4 milhão. A ação judicial se arrasta, de embargo em embargo, na tentativa de evitar ou reduzir o pagamento de uma dívida que Luiz, Carlão e Álvaro ganharam de "presente".

Apesar dos prejuízos, esse problema da Editare e também o tombo na gráfica são quase irrelevantes, se comparados à dor de cabeça que um outro negócio traz aos sócios da L&C: a intermediação da venda da TV Record, em 1989. O que começa com a corretagem de uma transação multimilionária, que rende aos três uma comissão polpuda de mais de US$ 2 milhões, vai acabar em publicidade negativa na imprensa, processos administrativos e criminais, e mais despesas com multas e honorários de advogados.

O episódio culmina uma longa trajetória de desacertos de Luiz e Carlão com a televisão, mídia tão próxima ao seu universo, mas que sempre decepcionou, mesmo quando lhes sorriu. A primeira relação dos dois amigos com a TV remonta ao início da L&C, nos anos 1970, quando assumem a representação comercial da TV Rodoviária, em São Paulo.

Primeira das emissoras segmentadas da cidade, a TV transmite em circuito fechado para a estação rodoviária central, na Praça Julio Prestes, bairro da Luz. Já com a metodologia que a L&C desenvolve ao longo de toda a trajetória, Luiz e Carlão fazem uma ampla pesquisa de audiência no local, demonstrando que os viajantes esperam entre 45 minutos e uma hora antes de tomar os ônibus, e assistem o canal.

Portanto, é uma mídia perfeitamente adequada. Mas a TV Rodoviária tem produção muito precária, é zombada pela mídia que desconhece a televisão segmentada, e o mercado anunciante desdenha. O trabalho de Luiz e Carlão morre na plataforma de embarque.

Anos depois, em fevereiro de 1988, o Governo de José Sarney regulamenta o uso da frequência UHF (*ultra high frequency*), que acrescenta mais 69 canais aos treze originais da TV aberta, até então operando apenas em VHF (*very high frequency*). Mais que regulamentar, o governo incentiva a ocupação da nova faixa do espectro.

O engenheiro do Ministério das Comunicações responsável pelo novo serviço, Roberto Blois, é amigo de Luiz, sabe do profissionalismo da L&C nos negócios de rádio e oferece à empresa quantos canais ela queira. Sugere São Paulo, Rio de Janeiro, Belo Horizonte, Porto Alegre, Curitiba, praças que são o "filé" do mercado televisivo brasileiro. Mas Luiz recusa. "Não, obrigado." Televisão, para mim, só Philco", responde ele, com um gracejo, sem se dar conta de que comete, certamente, naquele momento, um dos grandes erros empresariais de sua carreira. O amigo insiste, lembra que ele pode negociar os canais se não quiser operá-los, mas Luiz se mantém firme.

Por uma timidez inexplicável, ele e Carlão julgam que não entendem nada de TV, embora essa mídia seja de fato, para todos os fins operacionais e comerciais, nada mais que o rádio com imagens. Apenas para dimensionar o tamanho do erro que é desdenhar um canal de televisão, mesmo UHF, registre-se que em junho de 2016 a Editora Abril vendeu a sua concessão da MTV (canal 32 de São Paulo) para uma sociedade das empresas Spring e Kalunga, pela bagatela de R$ 350 milhões.

Outro equívoco televisivo no caminho dos dois amigos ocorre poucos tempo depois, no final de 1994, quando Carlão é convidado a reformular a Rede Mulher. A organização pertence a Roberto Montoro, dono da TV Morada do Sol, de Araraquara, que adquire o canal UHF-42 em São Paulo e inicia uma operação em rede com outras emissoras que possui no estado.

A proposta é que Carlão mexa na grade de programação e eleve a audiência, para que Rede Mulher seja viável comercialmente. O mesmo trabalho que ele cansou de fazer em rádio, nas mais diversas emissoras, Brasil afora, quase sempre com pleno êxito. Desta vez, ele deixa de lado as reservas com a televisão e aceita o desafio.

A Rede Mulher está instalada na Granja Julieta e Carlão começa a dar expediente ali. Sua primeira avaliação é de que a segmentação da emissora é bastante promissora, já que se volta ao principal público consumidor, o feminino, e oferece a ele um conjunto de atrações do seu agrado, sobretudo bons programas de culinária.

A grade de programação, no entanto, é caótica. Os conteúdos femininos são constantemente intercalados por programas independentes de todo tipo, em horários alugados. Carlão tenta interferir nisso, montando esquemas de programação que deem fluência às atrações para a mulher e a prendam ao máximo diante do televisor.

Mas a empresa tem compromissos comerciais inarredáveis com os locadores e fracassam todas as tentativas de alocar os programas independentes em faixas horárias mais convenientes para a emissora. Carlão insiste por quase dois anos, mas deixa a Rede Mulher sem ter ganho um centavo no percurso. Apenas a amizade da equipe e especialmente de Roberto Montoro, que o indica depois para a presidência do SERTESP.

Nesse quadro de insucessos televisivos, a participação na venda da TV Record para a Igreja Universal deveria figurar como uma grande virada de jogo. Inegavelmente, a experiência é um sucesso no início, dada a comissão vultosa que proporciona. Mas deriva depois para uma série de problemas que atormentam profundamente Luiz e Carlão.

A história começa de forma absolutamente fortuita, em maio de 1989, quando Álvaro está numa sauna de Santo Amaro e conhece o empresário Alberto Haddad Filho, o Bebeto, posteriormente deputado federal. Ambos fazem amizade e mais tarde, em setembro, Bebeto o procura, interessado em adquirir uma emissora de rádio.

Enquanto Álvaro colhe informações no mercado para atendê-lo, Bebeto volta a ligar, agora para falar sobre a TV Corcovado, do Rio de Janeiro, que, à época pertencia a Guilherme Stoliar, sobrinho de Silvio Santos. É das conversas que os três mantêm que surge o caminho para o milionário negócio da TV Record.

No final da década de 1980, depois de 36 anos sob gestão da família Machado de Carvalho, a terceira emissora a entrar em operação no Brasil está em situação falimentar. Outrora poderosa e líder de audiência na segunda metade dos anos 1960, a Record não tem mais uma programação competitiva para disputar um mercado nacional em que a Globo engole quase tudo, o SBT celebra a sua posição de "campeão da vice-liderança" e a Manchete e a Bandeirantes estão fortes no páreo.

Os acionistas principais estão realmente enforcados, descontando nos bancos o faturamento de cinco meses à frente. Silvio Santos ainda mantém sociedade na Record e vai comprando mais participação progressivamente, até atingir 50%, quando avisa os Machado de Carvalho que não porá mais dinheiro para tapar o rombo.

Enquanto isso, a polêmica Igreja Universal do Reino de Deus, que cuida de construir o paraíso aqui na Terra mesmo e faz dinheiro de forma impressionante, é fortemente atacada pela imprensa e sempre encontra dificuldades quando tem de renovar a locação dos horários que negocia nas emissoras. Conclui que precisa da sua própria rede de televisão para se livrar disso e conta com uma torneira de dízimos jorrando as facilidades necessárias.

As duas pontas do negócio estão prontas a serem atadas. Feitas as sondagens iniciais, quem atrapalha é, justamente, Silvio Santos. Ele não aceita vender a Record para nenhuma igreja. É nesse ponto que o assunto chega à L&C, via Álvaro, através dos seus contatos com Bebeto Haddad e Guilherme Stoliar.

Luiz e Carlão têm relação antiga com o pessoal da Record. Já representaram a Rádio Record através da sua filial de Brasília e já tiveram o empreendimento efêmero do Círculo do Disco com Paulo Machado de Carvalho Neto, o Paulito. Seu relacionamento com Silvio Santos é igualmente bom.

É com esse retrospecto que eles são apresentados ao bispo Odenir Laprovita Vieira, representante do líder máximo da Igreja Universal, o bispo Edir Macedo, e se oferecem para intermediar a delicada negociação. Sem muita dificuldade, eles sensibilizam os Machado de Carvalho para a proposta da igreja e depois se preparam para o mais difícil, convencer o empedernido Silvio Santos.

A reunião de formalização da proposta acontece na casa de Silvio, no Morumbi, em 8 de novembro de 1989. Vão Luiz, Álvaro, Bebeto Haddad e o bispo Odenir, este devidamente munido de um ostensivo maço de cigarros, que não fuma, mas que leva por ideia dos intermediadores, para se mostrar como um mundano qualquer, não um pastor de almas.

A estratégia é passar por um empresário próximo da igreja e não como o bispo representante da Universal. É pouco fingimento, convenha-se, para tapear um negociador astuto como o apresentador de auditório que se tornou o segundo maior empresário de televisão do Brasil. De qualquer modo, todos seguem esse roteiro do "me engana que eu gosto".

As conversas se estendem, dão muito trabalho, até que, finalmente, Silvio Santos cede e fecha o negócio. Luiz corre de volta para a sede da TV Record na Avenida Miruna, no Aeroporto, datilografa pessoalmente o contrato e volta para colher a assinatura de Silvio. Às duas horas da madrugada, a Record está vendida à

Universal por US$ 45 milhões, sendo 33%, ou US$ 15 milhões, na primeira parcela e o restante dividido em dez outras parcelas.

Em 23 de novembro, no escritório de Silvio, na rua Jaceguai, a Universal honra o pagamento de entrada e os sócios da L&C recebem a primeiro terço de sua comissão de 5% sobre o total do negócio. Fulgurantes US$ 750 mil dos US$ 2,25 milhões inicialmente acertados, mas que acabam fechados em US$ 2,15 milhões. Tudo divino e maravilhoso, diria Gal Costa na canção famosa, composta por Caetano Veloso. Mas o poeta também recomenda estar atento e forte, e os sócios da L&C vão precisar muito disso.

Seu último sorriso tranquilo na venda da Record acontece na hora de receber o cheque do sinal. Dali para a frente, os problemas vão predominar sobre qualquer alegria e o primeiro aparece já em janeiro de 1990, menos de dois meses depois da assinatura do contrato.

Os Machado de Carvalho se recusam a cumprir uma das cláusulas: a de dar a cogestão da Record aos pastores da Universal, assim que eles pagarem a primeira das dez parcelas restantes. Dizem que só farão isso quando tudo for quitado. A confusão se instala, a igreja deposita a parcela em juízo e as partes voltam a discutir os termos do negócio.

Com o que, evidentemente, o restante da comissão de Luiz, Carlão e Álvaro fica pendurado na incerteza. O que salva a situação, enquanto desgraça o país inteiro, é o confisco que o Governo Collor faz de todas as aplicações financeiras dos brasileiros, a título de controlar a inflação. Da noite para o dia, os Machado de Carvalho ficam sem dinheiro, enquanto os seus milhões de dólares estão parados no depósito judicial.

Pressionados pelas circunstâncias, rapidamente eles concordam com a cogestão imediata. O dinheiro é liberado e o fluxo financeiro do contrato se restabelece. Inclusive para os sócios da L&C. Os problemas, no entanto, não param por aí.

A venda de uma tradicionalíssima marca da comunicação paulista a uma igreja evangélica, de origem carioca e polêmica em suas práticas litúrgicas, não é "metabolizada" de forma alguma pela elite que controla a imprensa de São Paulo. Apenas reforça o paiol de munição e aumenta a artilharia contra o bispo Edir Macedo, seu empreendimento e tudo que o envolve.

Nesse contexto, o radialista e deputado estadual em primeiro mandato Afanásio Jazadji atenta para o fato de que as três rádios de Luiz e Carlão no interior paulista têm o nome Universal e enxerga uma vinculação inexistente entre a L&C e a igreja. Faz escândalo, no seu tom sempre muito pouco ponderado, denunciando ilegalidade na venda de uma concessão pública.

A Receita Federal abre uma investigação sobre as partes envolvidas na transação. Exige a comprovação do recolhimento de impostos e da origem legal do dinheiro movimentado nas contas de Luiz, Carlão e Álvaro, e em suas aplicações financeiras. Nesse momento, o país ainda vive sob a cultura da hiperinflação, com as aplicações do tipo *overnight* sendo obrigatórias para a preservação de qualquer dinheiro investido.

Quando receberam a comissão, em novembro passado, os sócios da L&C depositaram as suas partes em diversas aplicações que mantinham, em variadas instituições, e é possível que a Receita tenha interpretado essa pulverização do dinheiro como tentativa de encobrir alguma coisa. Agora, exige explicações, "dindin por dindin".

Luiz e Álvaro não são, propriamente, exemplos de organização com os seus papéis pessoais e Carlão toma a seu encargo a tarefa de conferir centavo por centavo do dinheiro que os três mantêm aplicado, onde quer que seja. Trabalha durante três meses na movimentação de valores das contas bancárias e consegue justificar com precisão cerca de 80% dos investimentos.

Comprova que os impostos foram recolhidos sobre o total da comissão recebida na venda da Record. Mas sobram 20% para uma pesquisa mais aprofundada e falta tempo para ela. A Receita lavra multa pesada sobre os valores envolvidos. Aliás, três multas para cada um dos sócios, com datas distintas, para evitar o prazo legal de prescrição, de cinco anos.

Todas são contestadas no Conselho de Contribuintes da Receita e, depois de muita canseira, e muito gasto com advogados, Luiz e Álvaro se livram inteiramente delas. Mas não Carlão. Ele derruba duas das multas, mas seu advogado perde o prazo de ingresso do recurso da terceira e o Conselho mantém a autuação.

Isso obriga que Carlão vá à Justiça e tenha de lutar por mais de dez anos para se livrar de um pagamento que já atingia R$ 3 milhões. Apenas em 2015, beneficiando-se do programa federal de recuperação fiscal, o REFIS, ele quita a dívida, renegociada para R$ 1 milhão.

Se Luiz tem mais sorte na parte fiscal, para ele sobra o pior dissabor jurídico: um processo criminal. Alertado pela Receita Federal e não contente com uma investigação meramente administrativa, o Ministério Público Federal abre inquérito e pede à Justiça a quebra do sigilo bancário e fiscal de todos que participaram da venda da Record.

Mal orientados, os sócios da L&C não impetram mandado de segurança para impedi-la, como Odenir Laprovita, os Machado de Carvalho, Silvio Santos e Bebeto Haddad fazem com êxito. E o acesso aos seus dados é concedido. A investigação do MPF finalmente resulta em denúncia contra Luiz, sob a acusação de aumento patrimonial a descoberto.

Por que apenas Luiz é denunciado, é mistério para os sócios até hoje. Luiz enfrenta o inferno comum dessas situações. É chamado à Polícia Federal, toma prensa de um delegado para confessar o que não existiu, sofre um constrangimento inimaginável. Ele mobiliza gente da política e do empresariado para depor em seu favor, como os amigos Cunha Bueno e Johnny Saad, entre outros nomes de peso.

Leva um bom tempo envolvido em reuniões com advogados e audiências na Justiça, até finalmente provar a inocência e se livrar do processo. Luiz paga o preço de estar no meio de uma briga de interesses e idiossincrasias da mídia, no momento em que ela trava uma "guerra santa" contra o avanço do televangelismo no Brasil, representado por Edir Macedo e sua máquina de converter católicos em pentecostais fervorosos e dizimistas fiéis.

Foto: Rob C. Croes / Anefo / Nationaal Archief

Foto: Divulgação

Foto: Divulgação

Aureliano Chaves autoriza a venda da Rádio Independência de Goiânia para Luiz e Carlão, mas o plano econômico de Collor quase impede a venda da TV Record. Luiz convence Silvio Santos a fechar negócio com Edir Macedo, o que rende comissão milionária, mas problemática. Uma editora em parceria com Caco Alzugaray, dono da revista Isto É, acaba em prejuízo.

Foto: Ricardo Stuckert / Palácio do Planalto

O DONO DE RÁDIO ERA UM SENHOR FEUDAL.

Quando Luiz e Carlão entraram no mercado, me chamou muito a atenção a forma deles atuarem. Deu para sentir muito bem, já naquele começo, que a L&C não era apenas mais uma empresa de representação comercial, uma concorrente normal. Eles usavam ferramentas modernas. Baseavam-se muito em pesquisa, o que pouca gente fazia e menos gente ainda fazia corretamente.

Poucos também ousavam o que eles começaram a fazer: um rádio realmente lastreado no que o ouvinte queria, nos apresentadores que ele preferia, nos âncoras que tinham empatia popular. Aqui no Brasil, as rádios não conseguiram se organizar de forma tão ordenada quanto as televisões. O dono de rádio que eu via era um senhor feudal. Cuidava de uma emissora, de duas, talvez de outras, fechado no seu negócio. Mas quem operava uma rede inteira? Quem se organizava nacionalmente, com um sistema comercial todo sincronizado, estudado com pesquisa, padronizado? Eram eles, nós e pouca gente mais. Raros grupos pensavam assim. Por isso, chamou muito a atenção essa diferenciação que a L&C teve no setor. Ela foi um ponto muito fora da curva, uma operadora de comunicação incomum.

O rádio pagou uma conta. Deixou de ter participação maior no bolo publicitário, em função da sua não organização como estrutura nacional. A L&C enxergou isso claramente e procurou atuar para organizar. Nós também já havíamos enxergado e trabalhávamos com essa mesma linha de raciocínio. Luiz e Carlão fizeram um bom trabalho defendendo a classe. Souberam brigar por ela, uma classe que já foi mais unida, em tempos passados. Com o desaparecimento da geração mais antiga, houve uma separação entre os radiodifusores e cada um começou a olhar para as suas próprias coisas. Quem voltou a unificar o setor e lutar por ele, quando passou pelas associações, outra vez foi essa duplinha. Mais Luiz do que Carlão, porque é mais político.

Johnny Saad

João Carlos Saad, ou Johnny, como é mais conhecido, já estava no mercado de comunicação quando Luiz e Carlão criaram a L&C. Filho de João Jorge Saad, fundador Rede Bandeirantes de São Paulo, ele era ainda um garoto e começava a trajetória na empresa que agora preside, aos 65 anos.

A marca mais famosa associada à Bandeirantes era a da Cadeia Verde Amarela – uma rede de rádio precursora, com alguns veículos próprios e vários outros representados. Era nela que Johnny estava, quando soube de uma certa L&C e seus sócios. Foi o começo de uma longa e forte amizade.

Luiz e Carlão são duas das melhores pessoas que já passaram pelo nosso setor. Pena que não ficaram mais. Acho que os problemas pessoais e familiares influenciaram nisso. Especialmente o que Luiz teve. A perda do filho foi uma coisa que o machucou muito profundamente e mudou a rota da sua vida. Acho que tem um ciclo até esse acidente e outro depois. A perspectiva dele mudou. E isso mudou a história da L&C.

Deus sabe o que faz e, poxa, é perfeitamente compreensível que Luiz tenha se desanimado com a dor que sofreu. Mas creio que os dois, ele e Carlão, teriam feito uma trajetória diferente, se o acidente não tivesse acontecido. Depois dele, muitas vezes eu chamei Luiz, propus, convidei, estimulei. Mas ele sempre respondia: "Não, não quero, não quero quais". Falta de vontade de trabalhar não era, porque aquilo é um supertrabalhador. A perda mexeu muito profundamente na alma e possivelmente afetou as decisões que ele tomou, em parte da carreira.

Sou um psicólogo de botequim, reconheço. Mas imagino que o desânimo de Luiz influenciou Carlão na decisão de parar. Um não seguiria sem o outro. Até porque os dois são geniais, mas o mais atrevido talvez seja Luiz. Negócio de baixinho, sabe como é. Sempre procurando briga *(risos)*. Acho que Carlão olhou bem aquilo e pensou: "Eu, hein? Vou olhar as estrelas" *(risos)*.

Quando vejo hoje um Murdoch fazendo coisas aos 80 e tantos anos, fazendo cesta de três pontos, me dá uma pena ver gente tão boa parar mais cedo. Eu sou fanzoca deles mesmo, de coração. Gosto, admiro, respeito. Enriqueceram muito o setor com a passagem deles e se eu tenho alguma coisa a lamentar, é apenas essa. Saíram muito cedo.

DEP
DE T

OIS
UDO

Depois de chegar ao topo nos negócios de rádio e mídia exterior, o céu não é o limite para Luiz e Carlão. A galáxia supernova 2005af é uma prova disso.

14

Dezesseis anos depois de se mudar da Bela Vista para o Jardim Paulistano, a estrutura remanescente do grupo de empresas L&C segue instalada no mesmo prédio da Rua Hungria, pista local da Marginal do Pinheiros, a poucos metros do clube A Hebraica. O espaço amplo e agradável ocupa todo o segundo andar. Tem vista para o rio Pinheiros e, além dele, para o Jockey Clube de São Paulo.

Luiz e Carlão têm amplos escritórios, com sofás excelentes para uma soneca depois do almoço e estantes repletas de pastas e documentos encadernados, que testemunham os mais de 50 anos da sua parceria profissional. No andar de cima, o tercciro, está instalada a Isabella Blanco Jóias, empresa da mulher de Luiz, onde trabalham também a sua filha Mariana e a gerente administrativa, Rosângela Cassano Moraes, diretamente vinculada a ele.

Assim como Rosângela, que está com Luiz há 23 anos, toda a equipe tem longo tempo de casa, evidenciando que a L&C é uma boa empresa para trabalhar. O diretor Akio Suzuki, como visto anteriormente, veio do Grupo Silvio Santos em 1987. Carlos Alberto

Machado, gerente financeiro, chegou em 1999 e a assistente de diretoria Ana Paula Amaral de Rezende Silva entrou em 2001, o ano da mudança.

Silvia Helena Silva, também assistente de diretoria, cuida dos assuntos de Álvaro Almeida há 22 anos. Completam o grupo de funcionários o motorista Paulo Takeshi Kuada, com 26 anos de casa, e a auxiliar de limpeza Mara Regina da Mota, com 22.

É um ambiente de trabalho muito tranquilo, longe de toda a agitação do mundo do rádio e mesmo da mídia exterior. A tarefa da equipe é gerenciar os contratos e os compromissos fiscais relativos aos negócios que foram repassados a terceiros, ou nos quais os sócios da L&C mantêm participação.

Luiz e Carlão não têm expediente fixo, nem razão para tê-lo. Carlão passa no escritório uma ou duas vezes na semana, em geral às terças ou quartas, sempre no período da tarde. Já Luiz, em razão da atividade profissional de Isabela, que toca diariamente a sua atividade de confecção de joias, todas elas releituras de adornos antigos, é um pouco mais assíduo na Rua Hungria.

Vai três ou quatro vezes por semana e, em geral, passa o dia por lá. As tarefas dos dois não vão além de conferir o andamento das atividades do escritório, receber visitas, fazer contatos e cuidar dos seus guardados. Comparada com o ritmo frenético de atividades que os dois tiveram entre os 15 e os 56 anos de idade, quando enfim decidiram viver a vida e usufruir do seu sucesso, é uma agenda que caberia numa única manhã, de um dia mais calmo dos tempos passados.

Exatamente como convém a dois senhores já septuagenários, aposentados, com saúde ótima, que ainda têm pela frente muitos anos de ócio criativo e de convívio com a família e os amigos. A vida pós-L&C não é desfrutada apenas no Brasil. Desde 2008, Luiz tem uma residência no Mizner Country Club, um condomínio de Delray Beach, divisa com Boca Ratón, no agradável litoral da Flórida.

Ele se entusiasma tanto quando descobre o lugar que, desde o momento em que fecha o negócio, inicia uma campanha obstinada para convencer Carlão a fazer o mesmo investimento imobiliário e ser seu vizinho. É tão insistente nisso que leva uma bronca de Isabella, por estar constrangendo o amigo. Mas não está, absolutamente. Carlão e Anne estão inclinados a dar o mesmo passo rumo aos Estados Unidos.

Em outubro de 2011, eles também compram uma casa no mesmo condomínio, a duas quadras de Luiz e Isabella. Agora, os quatro vão para lá duas vezes por ano. Entre junho e julho, e no início do ano, entre janeiro e março. Além da casa na Flórida, Luiz mantém um apartamento em Madri, no bairro de Salamanca.

A Europa tem diversas atividades ligadas ao negócio de joias de Isabella e, em vez de ficar em hotéis nas viagens constantes, os dois acham melhor ter o seu próprio espaço. Luiz é um parceiro ativo da mulher, sempre a acompanha nas andanças profissionais e a ajuda bastante no trabalho. É a atividade que mais o ocupa.

Em São Paulo, eles moram na Granja Viana, onde Luiz cultiva o gosto por automóveis antigos, herdado do pai. Tem uma coleção respeitável de oito veículos: um Packard Clipper 1942, um Ford Fairlane 1957, um Jaguar 1965, um Fiat Topolino 1951, uma perua Rural Wyllys 1968, um jipe Land Rover 1997 e duas Lambrettas, de 1965 e 1967. Sempre que o mecânico contratado vai dar manutenção à frota, Luiz mergulha com ele nos óleos e graxas.

Carlão já não tem mais gosto pelo piano, que manteve em casa e tocou por muito tempo. Também não é mais um ouvinte assíduo de rádio. Escuta uma estação de Palm Beach quando está nos Estados Unidos, dedicada ao jazz e aos grandes da canção norte-americana, como Frank Sinatra ou Nat King Cole. Mas, lá ou no Brasil, não tem mais paciência para radiojornais ou telejornais. Informa-se lendo o Estadão e vasculhando a internet.

Gosta do Facebook (onde Luiz não tem perfil), sobretudo para reencontrar pessoas e não esquecer a data do aniversário delas. Carlão não tem, nem remotamente, o mesmo interesse por rádio de seus tempos no mercado. Muito menos é atraído pelos novos formatos de distribuição de áudio, como os *podcasts* ou os serviços como Spotify, Deezer, SoundCloud.

Aliás, ele faz uma distinção rigorosa entre rádio e áudio, entendendo que a oferta de música contínua é uma coisa e o rádio, mesmo musical, é outra, muito distinta. Rádio, para ele, é e sempre foi presença, interação, companhia. Algo muito vivo. Não um mero pano de fundo sonoro, que mal atrai a atenção do ouvinte.

Carlão e Anne residem num apartamento do Real Parque, junto ao Morumbi. Ali, ele exercita a leitura, uma de suas grandes paixões. Leitor compulsivo, é daqueles que empilha livros e abarrota caixas periodicamente para enviar aos sebos, porque não há estante que dê conta de acomodá-los.

Quando não está em São Paulo, Carlão está passando alguns dias com Anne na chácara que possuem em Mairinque, município localizado a 50 minutos de São Paulo, vizinho a São Roque. É onde ele cultiva as duas outras paixões da sua vida: a fotografia e a astronomia.

Fotógrafo praticante e em plena atividade, ele tem um laboratório para revelação de filmes e ampliação das chapas, que captura indistintamente em câmaras mecânicas ou digitais. Tem predileção especial por imagens que imponham desafios técnicos, como natureza morta ou objetos, e também gosta de retratar paisagens.

É como astrônomo, porém, que Carlão vai muito além dos limites do hobby e transpõe o amadorismo mais usual. Ele tem o nome inscrito na história da ciência como um descobridor de estrelas, o que é mais uma conquista em sua vida repleta delas.

A proximidade de Carlão com os astros data dos tempos da Rádio América, quando ele inventa a Professora Iris para rivalizar com o famoso astrólogo Omar Cardoso, atração da concorrência. Enquanto Iris não pega a mão de prever o destino humano nos movimentos celestes, é ele quem pega mesmo os horóscopos disponíveis nos jornais, faz um cozido e diz aos ouvintes o que lhes vai acontecer.

Não é nada científico, evidentemente. Sequer astrológico. Mas, em fevereiro de 1986, este pequeno planeta azul do Sistema Solar recebe a visita do celebérrimo cometa Halley e a passagem do grande bloco de gelo deixa um rastro indelével no coração de Carlão.

Interessado em astronomia desde menino, ele desperta para essa vocação e vai estudar a disciplina a sério. Bem ao seu estilo metódico e rigoroso, ele compra toda a bibliografia de astrofísica disponível em português e dá um salto adiante, para superar a limitação linguística. Contrata uma professora de inglês com a missão específica de lhe ensinar a leitura dessa matéria na língua de Carl Sagan, os detalhes do jargão, qualquer aspecto técnico que a envolva.

Depois, junta-se ao pessoal da União de Astrônomos Amadores, que se reúne no Colégio Dante Alighieri, em Cerqueira César. Segue se aprofundando na matéria, torna-se diretor da entidade, mas logo bate no limite do amadorismo predominante. As pessoas ali querem se divertir ao telescópio, olhar o céu como lazer, e Carlão já está a anos-luz delas em aplicação nos estudos. Quer evoluir cada vez mais.

Ele deixa a UAA com um grupo que tem a mesma perspectiva e, em janeiro de 1988, fundam a REA, a Rede de Astronomia Observacional. A sigla é uma referência a Reia, uma das 62 luas de Saturno. A essa altura, já tem duas disciplinas cursadas na Física da USP, como ouvinte: astronomia de posição e astrofísica.

Carlão também tem um observatório na chácara de Mairinque, coisa de profissional, que lhe custou um investimento de US$ 10 mil. O equipamento automatizado acompanha sozinho o movimento do céu, mesmo que ninguém esteja operando o telescópio.

E faz isso metodicamente, noite após noite, porque a REA está associada à AAVSO-American Association for Variable Stars Observers e o trabalho de seus membros agora é coisa séria. Tem valor científico real. A astronomia exige incontáveis horas de observação, regulares, e os observatórios profissionais são muito caros.

A hora de uso é custosa demais para os cientistas. Eles se apoiam, então, nos astrônomos amadores, que fazem esse trabalho "braçal" sob a sua orientação. "Munido de muita paciência, máquinas e filmes fotográficos, tripés, binóculos e lunetas, Carlos costuma invadir as madrugadas apontando os instrumentos para o céu para aferir a magnitude de uma estrela, observar aglomerados estelares, nebulosas e galáxias ou simplesmente admirar as fases da Lua e suas crateras", relata Dante Grecco na revista *Galileu* nº 89, de agosto de 1998.

O repórter descreve o método de trabalho. "Ele anota cuidadosamente os dados em fichas específicas para cada objeto. Como Carlos, cada membro da REA faz os registros com muito rigor para depois compará-los com as observações de outros associados".[30]

Até o momento da publicação da matéria, a rede havia desenvolvido 226 projetos e tinha mais de 22 mil observações astronômicas registradas. A REA é particularmente importante para as associações astronômicas dos Estados Unidos e da Europa porque há pouca observação do céu desde o Hemisfério Sul. E ela é a única organização do gênero no Brasil.

A grande conquista de Carlão na astronomia, entretanto, vem através do BRASS – Brazilian Supernovae Search, um projeto da REA dedicado especificamente à identificação de "supernovas", estrelas que estão na sua fase final de evolução e brilham enormemente, antes de perderem temperatura e luminosidade.

Na caça desses exemplares cósmicos, a equipe trabalha com um catálogo de oito mil galáxias registradas, apontando o telescópio para elas e vasculhando de 400 a 500 por noite. Mas não faz isso de olho no aparelho. Um programa de computador comanda as lentes na busca de alguma supernova, corpo celeste que não é especialmente raro no Universo, mas é difícil de localizar.

A tarefa é imensa, mas o resultado compensa. O sucesso da investigação é total. "Nos dois primeiros anos de operação do programa BRASS, obtivemos mais de 60 mil imagens e descobrimos 12 supernovas", relata Tasso Napoleão, co-fundador da REA e parceiro de Carlão nessa e em outras pesquisas.

Segundo ele, "todas elas foram confirmadas e validadas pela União Astronômica Internacional, recebendo os nomes de SN 2004cw, 2004cz, 2004ew, 2005af, 2005al, 2005aw, 2005cb, 2005cn, 2005dn, 2006D, 2006ci e 2006co. Várias foram do interesse da comunidade profissional. Entre elas está a supernova mais próxima descoberta nas últimas duas décadas, a 2005af."[31]

Essas conquistas todas ocorrem na primeira década deste Século XXI. O tempo passa e as condições ambientais mudam na região de Mairinque, comprometendo o trabalho no Observatório Órion, o já afamado posto de trabalho de Carlão. A nebulosidade noturna aumenta, provavelmente por causa de uma represa construída nas proximidades, que eleva a umidade do ar.

O fato é que não há mais um céu totalmente limpo para se trabalhar, como antes. Isso desestimula Carlão, que já não se dedica tanto às observações. De qualquer forma, mesmo com dificuldades, o trabalho científico ainda é feito em sua chácara. Quem programa o computador para as varreduras celestes e põe o telescópio para funcionar, entretanto, é o caseiro da propriedade, um rapaz também interessado em astronomia, que o patrão treinou para esse serviço.

Carlão prefere se enfurnar mais, agora, no laboratório fotográfico ou nas leituras. A procura do que há no céu tem uma outra perspectiva para Luiz. Nada científica, totalmente espiritual. Assim como Carlão tem fascínio por astronomia desde menino e sua mente racional faz dele um ateu convicto, embora curioso do aspecto cultural da religião, Luiz tem uma alma decididamente religiosa e, depois do catolicismo, se interessa pelo espiritismo kardecista. Todas as segundas-feiras, atualmente, participa de um grupo de conversas e orações. Quando moço, ele frequenta um centro espírita de Jundiaí levado por um tio, depois vai sozinho a um centro em Santana. Bem mais tarde, a morte de seu filho Marcelo reforça nele a crença em uma outra dimensão da existência, eterna e menos atribulada do que esta terrena.

Como é comum em pessoas que sofrem um trauma dessa proporção e acreditam na vida após a morte, Luiz busca contato com o menino. E o faz logo através do mais afamado médium do país, Chico Xavier, a quem ele chega através da mãe de uma amiga de Marcelo. Luiz vai diversas vezes à casa de Chico em Uberaba. Almoça sempre com ele, tornam-se amigos.

Como planejado, o médium psicografa mensagens de Marcelo. Mas, mesmo que Luiz seja crente no espiritismo e dê como efetivo o contato entre mundos, as mensagens não suprem de forma alguma a carência do filho. Não aliviam nada. Luiz compreende que a realidade da morte está na pura ausência da pessoa amada que se perde.

A vida continua igual, os problemas continuam iguais, tudo segue do mesmo jeito. Apenas a pessoa não está mais lá. Nada há neste universo, da mais distante supernova física aos confins do mundo dos espíritos, que reponha essa ausência. Que preencha o espaço, físico e afetivo, que a pessoa ocupou. Sobretudo o filho querido Marcelo, que sempre preocupou Luiz mais do que as meninas, talvez em premonição de que ele corria risco e poderia lhe faltar.

Essa é, ao menos, a sensação que Luiz tem hoje, quando evoca o seu drama. Algo lhe diz que ele sempre soube do que iria acontecer. É uma forma dele aceitar melhor o peso tão brutal do inexorável. Luiz entende que, por esse caminho doloroso, ele se encontrou consigo mesmo e desse encontro resultou uma pessoa melhor.

No auge do seu sucesso, quando é um empresário poderoso e um líder de classe respeitado, a vertigem do dinheiro, da notoriedade e das adulações mexe com a sua cabeça. O jovem de origem humilde, que veio realmente de baixo e suou muito para ascender, dá lugar ao homem presunçoso, cheio de si, quase prepotente na convicção de que tudo pode, tudo faz e tudo vence.

Mas a bofetada que a morte lhe dá na cara o devolve à realidade. Primeiro, derruba-o ao chão, em anos de penitência inclemente e de dor constante. Mas, depois, permite que ele se reerga, amadurecido, mais humilde, mais compassivo com os dramas alheios. Mais humano, numa palavra.

É assim, então, que se conta a trajetória paralela de Luiz Arnaldo Casali e Carlos Alberto Colesanti, dois meninos da Vila Nova Conceição que sonharam atingir as estrelas na vida empresarial e chegaram lá. Nas derrotas e nas vitórias, nos traumas e no êxtase, em todos os momentos de uma convivência íntima e praticamente diária que atinge 65 anos em 2017, os dois sempre estiveram umbelicalmente juntos.

Aprenderam tudo juntos. Experimentaram tudo juntos. E juntos refletem sobre o que viveram. Numa tarde de gravação, das muitas que foram necessárias para este livro, eles respondem àa pergunta que cabe fazer, para entender como tudo foi possível e como chegaram até onde conseguiram ir. Ao fim e ao cabo, como explicam essa amizade? O que permitiu que ela atravessasse o tempo intacta, quando a vida costuma separar as pessoas?

Carlão
Eu não sei se tem explicação. O que eu posso arriscar é que houve um entrosamento muito grande entre eu e a família dele. Quer dizer, não foi só com ele. Porque você, de repente, tem uma amizade com um menino, conhece o pai e a mãe dele, convive com essa criança no colégio, nas brincadeiras de rua e tal, mas não tem assim um contato íntimo com a família dele, não é?
No meu caso, foi diferente. Eu tive um entrosamento fantástico com a família dele. Fui acolhido como um filho. Essa amizade, então, transcendeu. Virou coisa de irmãos. Nos deu uma aproximação muito maior do que normalmente acontece.
Além disso, nós tivemos sempre uma convivência muito harmoniosa. Brigamos muito, claro, brigamos na empresa, brigamos pra cacete, mas sempre que esgotávamos o assunto, a briga morria com ele. Todas ficaram circunscritas ao assunto.

Nunca deixamos que as brigas nos envenenassem, comprometessem o lado pessoal, sabe? Todas as vezes que havia uma discussão e cada um ia embora para a sua casa, no dia seguinte os dois tinham pensado a respeito e aquele que julgou que tinha extrapolado, vinha e pedia desculpas. Isso aconteceu muitas vezes. Então, acho que essas coisas nos uniram de uma forma muito grande. Na juventude, nós já começamos a inventar coisas, era isso, era aquilo, era não sei o quê. Era fazer teatro, era tentar montar uma empresoca, sei lá. Foi indo, foi indo, até montarmos a coisa de verdade, e isso uniu a gente. Deu certo e continua dando certo até hoje.

Luiz
Essa amizade é caracterizada por uma coisa chamada hombridade.

Carlão
E lealdade, fundamentalmente lealdade.

Luiz
Eu sou o testamenteiro dele e ele é o meu testamenteiro. Eu só lamento que eu vou ter trabalho, porque ele vai morrer antes *(risos)*.

Carlão
Isso é porque ele é alguns meses mais novo do que eu.

Luiz
E eu sou espírita.

Carlão
Então, você deveria morrer antes, oras! Você vai ser reencarnado, eu não.

Luiz
Não, eles me falaram que o que você tinha que fazer, já fez...

Os dois caem na gargalhada.

Luiz
A verdade é que eu sempre entreguei a chave da minha casa para ele e ele sempre entregou a chave da casa dele para mim. Então, é uma amizade baseada numa lealdade profunda. Uma coisa difícil de acontecer, né? Nem entre irmãos você tem isso.

Carlão
Não tem.

Luiz
Porque irmão é parente, você não escolhe. Amigo você escolhe.

Carlão
Muitas vezes, você tem rachas comerciais, de profissão etc. Muitas vezes isso acontece por uma teimosia irracional, né? O sujeito não abre mão daquilo que pensa e aí acaba rompendo com o sócio, o parceiro. Conosco, sempre foi diferente. Sempre tivemos essa vantagem de reconhecer os nossos erros, entende? De ceder ao argumento do outro. A gente sempre teve isso.

Luiz
Nós sempre fizemos muitas coisas juntos e, por outro lado, fizemos muita coisa separados. Isso fez as coisas menos automáticas, tivemos uma divisão de mundos muito natural.

Carlão
Isso é muito interessante. Nós temos uma divisão de mundos absoluta. Ele tem um mundo completamente diferente do meu e, mesmo assim, continuamos unidos.

Luiz
Porque ele é um cara muito mais ligado às Exatas,

apesar dele ser um estudioso de tudo. E eu sou muito mais para as Humanas, não é? Ele é um cara para o qual um relacionamento humano é restrito, já eu sou de relacionamentos mais amplos.

Carlão
Isso está bem explicado. Essas são as nossas diferenças.

Luiz
Então, isso acabou promovendo uma divisão automática, quase mecânica, de tudo. Das nossas responsabilidades, dos nossos interesses, quem cuida de uma coisa, quem cuida de outra. A questão é de conteúdo, de programação, ah, isso é coisa de Carlão, ele resolve. O assunto é o fiscal que apareceu? Chama Luiz, quem sabe lidar com fiscal aqui é ele.

Carlão
É isso mesmo. Duas personalidades bem diferentes, bem diferentes.

Luiz
E isso acabou fazendo uma complementação. Não só do trabalho, mas da própria amizade.

Carlão
Concordo.

Luiz
Eu acho que aprendi e ele também aprendeu a enfrentar as nossas más qualidades. E, em paralelo a qualquer coisa, sempre tivemos uma vontade enorme de vencer.

Carlão
Isso. Vontade de vencer. Isso nós sempre tivemos.

Luiz
Mas, acima de tudo, o que nos garantiu foi a amizade.

Se não fosse sólida da maneira como ela é, se não fosse especial como é, não resistiria. Porque nós passamos muitos perrengues, muita tensão, muitas dificuldades.

Carlão
Mas nós sempre soubemos separar as coisas.

Se há algum legado, então, que Luiz e Carlão possam deixar, além da trajetória em si da L&C, com tudo que ela reformou e inovou no rádio, com o impacto que a Rádio América e a Musical FM tiveram sobre os ouvintes em seu tempo de glórias, com o profissionalismo e a organização que a L&C trouxe ao mercado da mídia exterior, com o exemplo de empenho e criatividade no empreendedorismo que ela constitui, esse legado se condensa numa única ideia.

Uma ideia generosa, que fica como testamento, esperança e fecho desta história. Um sucesso empresarial que se ancora na lealdade e na mais profunda fraternidade dos parceiros é muito mais sólido. E vale muito mais a pena vivê-lo. Foi o que fizeram. E continuam a fazer. Com uma indisfarçável expressão de orgulho em seus sorrisos.

Foto: Divulgação

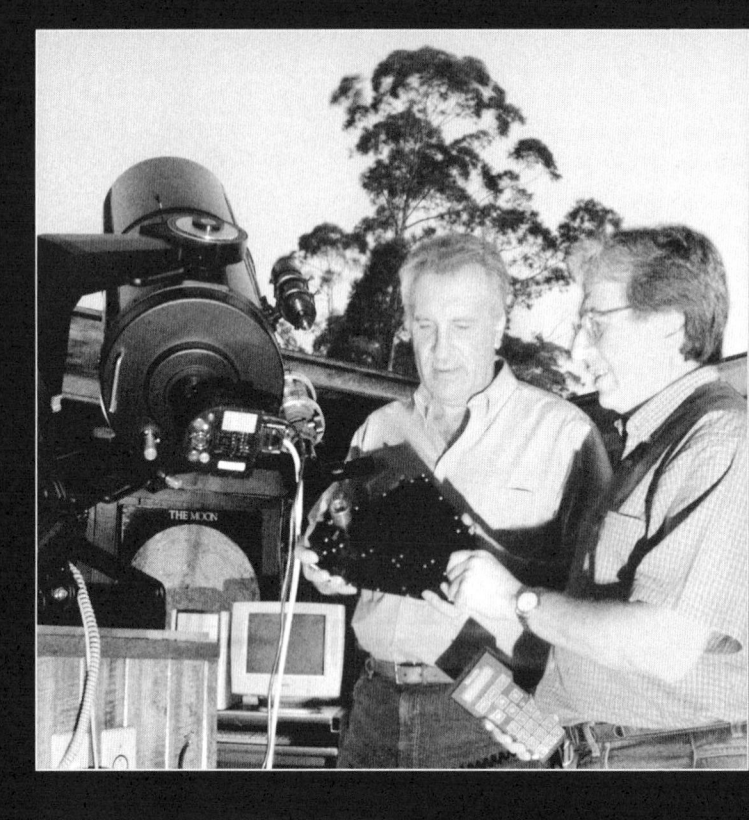

Enquanto Carlão vasculha o espaço em seu Observatório Orion, Chico Xavier ajuda Luiz a buscar conforto no espiritismo. Os dois amigos devolvem o carinho da infância a Dona Clorinda, já bem idosa; festejam a vida com Isabella e Anne; e brincam com uma L&C "concorrente" na Espanha.

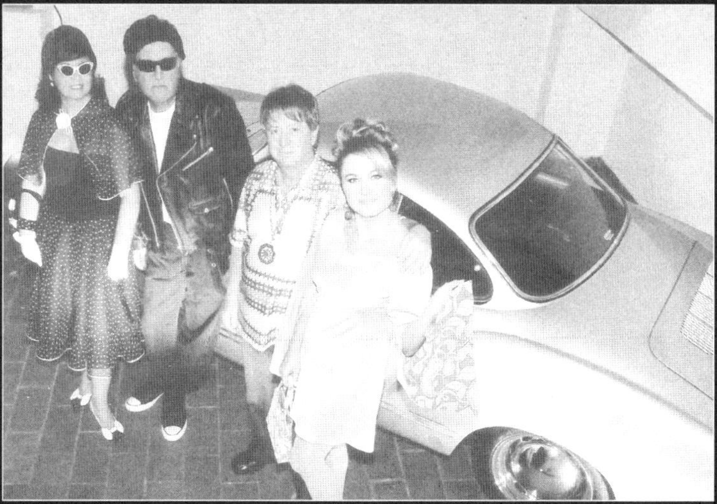

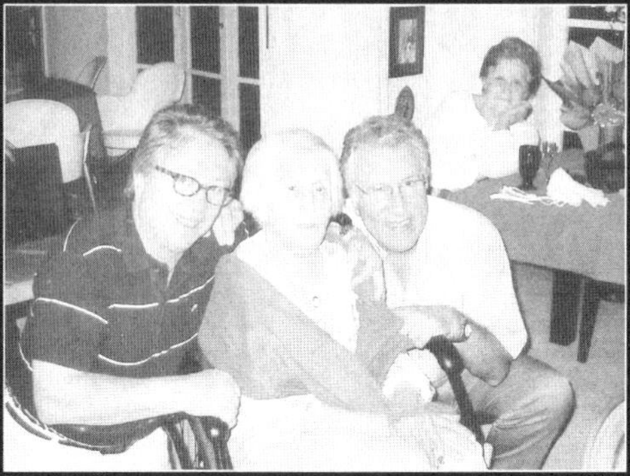

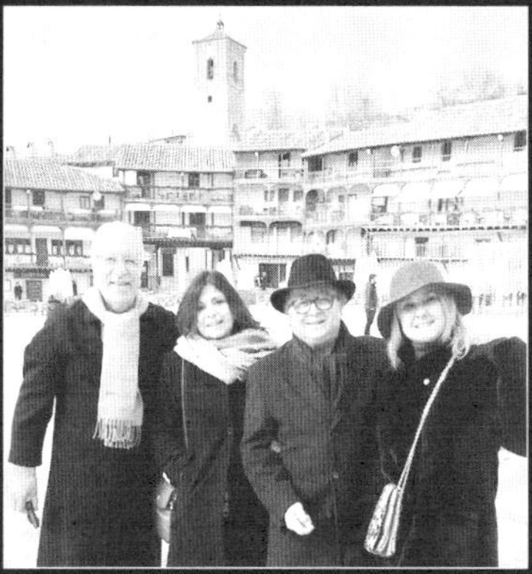

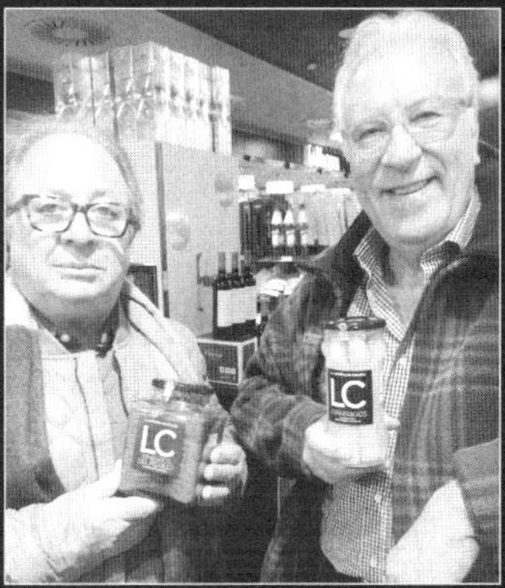
LC
LC

CRONOLOGIA

1922_ Com um discurso de Epitácio Pessoa, na abertura da Exposição Internacional do Centenário da Independência, começa o Rádio no Brasil. A primeira emissora é a Rádio Sociedade do Rio de Janeiro.

1929_ Em agosto, é inaugurada em São Paulo a primeira empresa comercial de outdoors do Brasil, a Publix. No mesmo ano, surge a Empresa Americana de Propaganda.

1945_ Nascem, em São Paulo, Carlos Alberto Colesanti (3 de abril) e Luiz Arnaldo Casali (10 de setembro).

1950_ Começa em São Paulo a televisão brasileira. Em maio, acontece uma transmissão experimental no prédio dos Diários Associados e do MASP, na rua 7 de Abril. Em 18 de setembro, é inaugurada a TV Tupi.

1952_ Aos 7 anos, Carlos conhece Luiz e começa a conviver com a sua família, quase como um novo membro. Como Luiz tem um irmão, Carlinhos, ele passa a ser chamado de Carlão – para a vida toda.

1955_ A Rádio Imprensa, do Rio de Janeiro, é a primeira emissora FM do país.

1958_ Aos 13 anos, os primeiros empregos dos dois amigos. Luiz começa a trabalhar na Isnard. Carlão começa na Wella Cosméticos e, em seguida, vai para a Caixa Econômica Federal.

1960_ Luiz e Carlão criam a Eco Publicidade, uma startup precoce que dura apenas uma Páscoa.

1963_ Luiz começa a trabalhar com Hélio Barroso, na HB Promoções. Ele e Carlão fundam com amigos a CATE-Companhia Amadora de Teatro Estudantil. Apresentam-se no Teatro João Caetano.

1966_ Luiz cursa Direito no Mackenzie e ganha na loteria. Carlão sai da Caixa e vai para a Sitral. Hélio Barroso é o mestre dos dois amigos para o negócio do rádio.

1967_ Os dois amigos entram no Grupo O Porão e vencem o V Festival de Teatro Amador do Estado de São Paulo, com *Os Fuzis da Senhora Carrar*, de Bertold Brecht. Carlão é o melhor ator. Luiz, melhor ator coadjuvante.

1968_ O Porão ensaia *A Revolução na América Latina*, de Augusto Boal, mas a peça não estreia. Em outubro, Hélio Barroso morre de infarto, aos 37 anos.

1969_ Em junho, Luiz e Carlão constituem a L&C Promoção, Pesquisa e Publicidade Ltda. Em setembro, o *Jornal Nacional*, da TV Globo, inaugura a televisão em rede.

1970_ Primeiro casamento de Carlão, com a prima de Luiz, Maria do Carmo Rossati. Luiz se forma bacharel em Direito. Álvaro Almeida entra na sociedade da L&C., que muda da avenida Cásper Líbero para a rua Álvaro de Carvalho, próxima à Praça das Bandeiras.

1971_ Primeiro casamento de Luiz, com Maria Cecília Moysés. A L&C pega a representação da Sign, empresa de mídia exterior.

1972_ Começa a TV em cores no Brasil. A telenovela derruba a radionovela na programação do rádio popular brasileiro e a música ocupa o seu lugar, nas emissoras representadas pela L&C. Luiz e Carlão dão apoio à campanha de Lauro Péricles para prefeito de Campinas, a pedido do amigo Orestes Quércia.

1974_ Com direção de Carlão, a L&C faz a primeira pesquisa de audiência líquida no rádio brasileiro. A sede muda para a rua Almirante Marques Leão, na Bela Vista.

1976_ Luiz e Carlão ganham concessões de rádio em três cidades paulistas: Caçapava, São Roque e Agudos.

1977_ Luiz e Carlão assumem a representação da Rádio América, de São Paulo. Adquirem a Americana de Propaganda e fundam a L&C Outdoor. Em agosto, a L&C e outras dez empresas criam a Central do Outdoor.

1978_ A Rádio América lidera a audiência em São Paulo; o faturamento foi multiplicado por três e o número de ouvintes, por oito. A emissora realiza o primeiro *Show do Ano*, no ginásio do Palmeiras. A L&C conquista o prêmio Top de Marketing, da ADVB – Associação dos Dirigentes de Vendas do Brasil.

1979_ No verão, a Rádio América promove campanha de auxílio às vítimas de enchente em Minas Gerais. As roupas, alimentos e remédios arrecadados abarrotam aviões Búfalo da FAB. O *Show do Ano* é transferido para o ginásio da Portuguesa de Desportos.

1980_ Luiz e Carlão abrem a Contato, empresa subsidiária da L&C, em sociedade com Raul Nogueira e Joaquim de Souza Pereira. Lançam também a Gravadora Play. Surge o CONAR – Conselho Nacional de Autorregulamentação Publicitária.

1981_ Luiz e Carlão lançam o Círculo do Disco. Participam da fundação da Central de Rádio. Em outubro, Carlão reencontra Anne, o que mais tarde encerrará o seu casamento com Maria do Carmo e produzirá uma nova união.

1982_ Entra em operação a Rede L&C de Emissoras. A L&C dá apoio de rádio e mídia exterior à campanha de Franco Montoro ao governo de São Paulo.

1983_ Em setembro, Luiz é eleito presidente da AESP – Associação das Emissoras do Estado de São Paulo.

1984_ A Rede L&C de Emissoras é desativada. Em setembro, a AESP realiza com grande sucesso o 6º Congresso de Radiodifusão do Estado de São Paulo. Em novembro, a associação fecha excelente acordo de permuta com o governo paulista, com a troca de energia elétrica por publicidade. O negócio fortalece Luiz.

1985_ Carlão participa da campanha de Jânio Quadros à prefeitura de São Paulo. Luiz faz a campanha de rádio de Fernando Henrique Cardoso. Também é reeleito para novo mandato na AESP.

1986_ A passagem do cometa Halley pelo céu da Terra reaviva a paixão infantil de Carlão pela astronomia. Ele começa a estudar a disciplina a sério e monta o Observatório Orion, em sua chácara de Mairinque, no interior paulista.

1987_ Instala-se a Assembleia Constituinte e o presidente José Sarney promove uma derrama de concessões de rádio e TV a políticos, para obter o aumento do seu mandato de quatro para cinco anos. Carlão trabalha para a criação do IVA –Instituto de Verificação de Audiência. Luiz conhece Isabella Blanco, que será sua segunda esposa.

1988_ Luiz e Carlão compram a concessão da Rádio Musical FM e a L&C Promoções atinge 165 emissoras representadas. A L&C Outdoor introduz o backlight no mercado de mídia exterior. Luiz é indicado para o Prêmio Caboré, concorrendo com Silvio Santos e Washington Olivetto como "melhor empresário ou dirigente da indústria da propaganda". Carlão e outros astrônomos amadores fundam a REA – Rede de Astronomia Observacional e se filiam à AAVSO –American Association for Variable Stars Observers, para exercer o seu hobby com o máximo de apuro científico.

1989_ Em fevereiro, entra no ar a Rádio Musical FM, que enfrenta um incêndio no transmissor em junho. Luiz e Carlão encerram as atividades de representação de rádios, vendem a Contato e entregam a Rádio América. Também atuam como intermediários na venda da TV Record para a Igreja Universal do Reino de Deus. A L&C começa a explorar publicidade em relógios urbanos, sob a marca L&C Mídia Time. A empresa dá apoio à campanha presidencial de Fernando Collor.

1990_ Luiz se filia ao PSDB e cogita se candidatar a deputado federal. Desiste por recomendação de Carlão, da família e de amigos.

1992_ Em setembro, altera-se a outorga da Musical FM, que se converte em rádio Classe A, de alta potência e cobertura, e muda para a frequência de 105,7 MHz.

1993_ Em fevereiro, a Musical FM é relançada como "a Rádio MPB". Em abril, Luiz perde o filho Marcelo em acidente de carro e, em maio, é eleito presidente da APP – Associação dos Profissionais de Propaganda. Em dezembro, a Musical ganha o prêmio de "emissora FM do ano", da Associação Paulista de Críticos de Artes (APCA). A L&C Outdoor lança o Prismavision, painel com três faces.

1995_ Luiz é reeleito presidente da APP. A L&C põe no mercado o L&C Vision, software para compra e venda de mídia exterior. A empresa apoia as campanhas de Mário Covas ao governo de São Paulo e de Franco Montoro ao Senado.

1996_ Carlão é eleito presidente do SERTESP – Sindicato das Empresas de Rádio e Televisão no Estado de São Paulo, com mandato até 1999.

Carlão é indicado conselheiro do CONAR, pela Central do Outdoor.
1997_ A Musical FM ganha pela segunda vez o prêmio da APCA, com a "melhor programação de música popular brasileira".

1998_ Entre janeiro e fevereiro, o projeto *Verão Musical FM* realiza 14 shows no Memorial da América Latina, para público superior a 16 mil pessoas. O presidente Fernando Henrique Cardoso dá entrevista exclusiva para a Musical FM. A L&C realiza a primeira pesquisa de audiência de rádio em automóveis, em parceria com 12 emissoras. Também lança o conceito de "Mídia em Trânsito", para integrar a comercialização de rádio e mídia exterior. Em dezembro, é criado o CENP – Comitê Executivo de Normas Padrão e Luiz representa nele a Central do Outdoor. A L&C dá apoio à campanha de Paulo Maluf ao governo paulista. Luiz se casa pela segunda vez, com Isabella Blanco.

1999_ Em junho, o deputado Carlos Apolinário assume a operação da Musical FM, como representante de três igrejas evangélicas. Carlão é reeleito para a presidência do SERTESP até 2001 e se torna vice-presidente da ABERT –Associação Brasileira de Emissoras de Rádio e Televisão.

2000_ Luiz e Carlão vendem a L&C Outdoor para o Deutsche Bank. Os alemães desfazem o negócio, mas pagam multa contratual de US$ 2 milhões.

2001_ Em maio, a L&C Outdoor é vendida para a Clear Channel Outdoor Holdings. Luiz e Carlão reduzem as atividades profissionais, mantendo apenas a L&C Midia Time e cuidando de gerenciar seus rendimentos e participações em negócios. Mudam o escritório para a Rua Hungria, na Marginal do Pinheiros.

2004_ A multinacional J.C.Decaux assume a venda de publicidade da L&C Mídia Time. Na REA, Carlão participa do BRASS – Brazilian Supernovae Search, um projeto astronômico dedicado à identificação de galáxias. Em dois anos, o projeto encontra 12 supernovas, entre elas a 2005af, a mais próxima da Terra descoberta até então.

2006_ Luiz se torna vice-presidente da ABRA – Associação Brasileira de Radiodifusores. Os outdoors são proibidos na cidade de São Paulo.

REFERÊNCIAS

(1) "A História da Vila Nova Conceição" - O Estado de S.Paulo - 24/11/2015 http://sao-paulo.estadao.com.br/noticias/ geral,a-historia-da-vila-nova-conccicao,1801463

(2) "Ernesto Pereira Lopes: Um Homem, Três Dimensões" - VALENTE, Célia e HUMBERG, Fábio - Editora JMJ Ltda - 1994 - 121 p.

(3) "TV Tantã - Canal 12" - Roteiro de Luiz A. Casali, Carlos A. Colesanti, Nelson J. Ferreira - Cópia mimeografada - 1963

(4) "A Assembléia dos Deuses" - Peça teatral de Carlos A. Colesanti - Cópia Mimeografada - Sem data (circa 1965)

(5) "A Revolução na América do Sul - Oportuno Rever a Obra" - Diário da Noite - São Paulo - 25/07/1968

(6) "Atividades de Marketing das Rádios FM Paulistanas: Um Estudo Exploratório". DOTT, Claudio Arpargaus. Universidade Metodista de São Paulo, São Bernardo do Campo, 1998 (http://www.smgmarketing.com.br/consultoriaemmarketing/downloads/mktacademy/Atividades_de_Marketing_nas_Radios_Paulistanas.pdf)

(7) "Líder Biônica" - VEJA nº 531 - São Paulo - 08/11/1978 - Pg. 102

(8) "Gire o Botão e Ligue o Rádio no Brasil" - Rede L&C de Rádio - Folheto Publicitário - São Paulo - 1982

(9) "Rádio também serve para descansar os ouvidos" - Sérgio Crusco - Folha da Tarde - Caderno "Show" - 14/06/1990 - Pg. 24

(10) "Projeto de Reformulação da Musical FM" - Carlos A. Colesanti - Apostila - Março/1992

(11) Jornal "Meio e Mensagem" - 09/02/1998

(12) "Villaggio Café, a saga. Capítulo 5 - A parceria com a Rádio Musical FM" - Zé Luiz Soares - 02/11/2006 - Blog Lente do Zé - http://lentedoze.blogspot.com.br/2006/11/villaggio-caf-saga-captulo-5-parceria.html

(13) "Rumos da Rádio Musical FM"- Carlos A. Colesanti - Apostila - Maio/1998

(14) "Lei Municipal de São Paulo 14223 de 2006" - Wikisource - https://pt.wikisource.org/wiki/ Lei_Municipal_de_S%C3%A3o_Paulo_14223_de_2006

(15) "Semana Ilustrada: História de uma Inovação Editorial" - IN: Cadernos da Comunicação, Série Memória, Nº 18 - Secretaria Especial de Comunicação Social, Prefeitura da Cidade do Rio de Janeiro, 2007 - 102p.

(16) ANTACLI, Bianca M. Bilton Signorini. "Aspectos Jurídicos da Poluição Visual". Dissertação de Mestrado na PUC S.Paulo, em 2004. Citada por FACCIONI MENDES, Camila, IN: "As Interferência da Lei 'Cidade Limpa" na Paisagem Urbana de São Paulo" - FAU/USP - pg. 1 http://www.fau.usp.br/depprojeto/labcom/produtos/2008_mendes_cidadelimpa.pdf)

(17) QUEIROZ, Adolpho; GOMES, Ingrid; BAREL, Moisés Stéfano - "Outdoors: recados políticos na paisagem urbana" - IN: "Estudos metodológicos: Interfaces, Abrangências e Conteúdos da Comunicação Visual" - 1º Simpósio sobre Comunicação Visual Urbana - Faculdade de Arquitetura e Urbanismo - Universidade de São Paulo - Novembro, 2005

(18) Central do Outdoor - Os Objetivos - http://www.centraldeoutdoor.com.br/?page_id=715

(19) "Mídia ganha software para agilizar venda de outdoors" - Folha da Tarde – Caderno de Propaganda e Marketing - 04/04/1995 - pg. 6

(20) "A Mídia em Trânsito é a Bola da Vez" - Ad Business - Ano II - Nº 83 - 30/11/1998 - pg. 4

(21) "Mídia Exterior - L&C é vendida" - Caderno de Propaganda e Marketing - 21 a 27/05/2001 - pg. 20

(22) "Nas Mãos do Gigante" - Meio & Mensagem - 21/05/2001 - pg. 30

(23) REIS, Clóvis - "A evolução histórica da publicidade radiofônica no Brasil (1922-1990)" - II Encontro Nacional da Rede Alfredo de Carvalho - Florianópolis - 15 a 17/04/2004 - http://zip.net/bqtJ6y

(24) "As eleições na AESP mostram 'a maturidade do radiodifusor paulista'" - Jornal da AESP - Ano III - Nº 21 - São Paulo - Setembro/1983 - pg. 19

(25) "Radiodifusão Livre de Ingerências - Carta de São Paulo" - Jornal da AESP - Ano III - Nº 32 - São Paulo - Setembro/1984 - pg. 4

(26) "Concessões de Rádio e TV - Onde a Democracia Ainda Não Chegou" - Intervozes-Coletivo Brasil de Comunicação Social - https://pt.slideshare.net/julofego/concesses-de-rdio-e-tv-intervozes

(27) "Entrevista - Luiz Casali" - Meio & Mensagem - Ano IX - Nº 301 - 04/04/1988 - pg. 8

(28) "Fernando Henrique fala como candidato e critica adversários" - Fábio Sanches - Gazeta Mercantil - 29/01/1998 - pg. A9

(29) "Presidente é disk-jockey por um dia" - Antonio Carlos Miguel - O Globo - 29/01/1998 - Pg. 5

(30) "Amadores com talento de profissionais - Como fazer um hobby se transformar em ciência" - Dante Grecco - Revista Galileu - Nº 89 - http://galileu.globo.com/edic/89/universo1.htm

(31) "Agulhas no Palheiro Cósmico - Busca de supernovas extragalácticas exige disposição para combinar técnica e determinação" - Tasso Napoleão - IN: Blog Mistério... Somos os Únicos no Universo? http://somososunicosnouniverso.blogspot.com.br/2007_01_17_archive.html

CONHEÇA AS
biografias
DA EDITORA **NOIR**

EDITORA**NOIR**.COM.BR